DUMONT
RICHTIG WANDERN

Wallis

Erika Schumacher

Lac de Neuchâtel
Freiburg
Lac de Gruyère
Bulle
Simmental
Frutig
Freiburg
Vevey
Gstaad
Adelboden
Genfer See
Montreux
Lenk
Le Bouveret
Villeneuve
34
Wildstrubel 3244 m
Wildhorn 3248 m
Bella Lui 2548 m
17
Aigle
Waadt
Les Diablerets 3210 m
Montana
Sierre
Derborence
33
Collombey
20
18
Monthey
Sion
Bex
19
Rhone
Troistorrents
Lizerne
Ardon
Val d'Anniviers
St-Maurice
21
Champéry
32
Saillon
Nendaz
Bendolla
Rhone
Isérables
Pas de Lona
27
Val d'Hérémence
Val d'Hérens
Eison
23
Pierre Avoi 2473 m
31
Evolène
Finhaut
Cabane des Aiguilles Rouges
Lac d'Emosson
Martigny
Les Haudères
Le Chargeur
24
Verbier
Lac des Dix
Bricola
30
25
Champex
26
Arolla
Val de Bagnes
Val d'Entremont
Col de Riedmatten 2919 m
Dent Blanche 4357
Frankreich
Val Ferret
Liddes
Aiguille d'Argentière
28
Ferret
Chamonix
Mont Gelé 3518 m
29
Großer St. Bernhard 2469 m
Grandes Jorasses 4208 m
Mont Blanc 4807 m

WALLIS
20 km
Sarnen
hun
Thuner See
Brienzer See
Interlaken
Uri
Galenstock 3583 m
Grindelwald
Wengen
Eiger 3970 m
Mönch 4099 m
Finsteraarhorn 4274 m
Grimselpaß
Furkapaß
Bern
Jungfrau 4158 m
Mittaghorn 3897 m
Oberwald
Münster
Nufenenpaß
Kandersteg
Lötschberg-tunnel
Großer Aletschgletscher
Goms
Blatten
Kippel
Kühboden
Blinnenhorn 3374 m
mmipaß
eukerbad
Lötschental
Riederalp
Ernen
Binn
Binntal
Albrunpaß
Bietschhorn 3934 m
Rotten/Rhone
Gampel/Steg
uk
Hohtenn
Brig
Visp
Ergisch
Simplon-tunnel
Simplonpaß
Gruben/Meiden
Gspon
Turtmanntal
St. Niklaus
Grächen
Saastal
Gabi
Gando
Weissmies 4023 m
Saas Grund
Domodossola
Saas Fee
Villadossola
Mattertal
Täsch
Feegletscher
Zermatt
Britannia-hütte
atterhorn 4478 m
Gornergrat 3090 m
Staffa
Monte Rosa 4554 m
Gravellona
Omegna
Italien
1
2
3
4
5
6
7
9
10
11
12
13
14
15
22

Meinem Vater gewidmet.
Er hat mir das Wallis gezeigt, als ich noch ein Kind war.

Titelbild: Blick von Burge bei Törbel in das Saastal
Titelvignette oben: Büschelnelken und Alpen-Pippau
Titelvignetten unten: Kirche von Rekkingen im Goms; Kuh; Matterhorn
Vignette S. 1: Ziegen

Über die Autorin: Erika Schumacher, Jahrgang 1962, arbeitet als freie Journalistin und Autorin, spezialisiert auf Tourismus-Themen, in Bern.

Die Deutsche Bibliothek –
CIP-Einheitsaufnahme:
Schumacher, Erika: Wallis /
Erika Schumacher
Köln: DuMont, 1996
[DuMont – Richtig Wandern]
ISBN 3-7701-3096-0

Druck und buchbinderische
Verarbeitung: Boss-Druck, Kleve

Printed in Germany ISBN 3-7701-3096-0

Danke

Ich danke all jenen, die mit Fachwissen, moralischer Unterstützung oder sonstwie zum Gelingen dieses Buches beigetragen haben – im besonderen Gotthard Klingler aus Basel, meinem Vater Hansruedi Schumacher, Géraldine Philippe, René Grossmann und Franz Schwendimann aus Bern, Oskar Andres aus Ergisch, der Vereinigung für Walliser Wanderwege, dem Walliser Verkehrsverband in Sion und den lokalen Verkehrsbüros.

Inhalt

Natur und Kultur im Wallis

Die Wanderungen

Lötschental und Leukerbad

Die Vispertäler

Das Mittelwallis nördlich der Rhone

Zwischen Rhoneknie und Genfer See

Von Spanien bis Spitzbergen

Wir haben die Qual der Wahl: Entweder wir überwinden Pässe von über 2000 m Höhe, durchfahren sie in Tunneln, oder aber wir treten durch den einzigen ohne Hindernisse begehbaren Weg ins Wallis ein. Vom Genfer See der Rhone flußaufwärts folgend, stehen wir an der Talenge von St-Maurice: Bis in die Felsen dieses natürlichen Bollwerks eine moderne Straße gehauen wurde, stand der Reisende hier vor einem einzigen Torbau. Nach Belieben wurde er geöffnet oder blieb geschlossen, friedlich gesinnte Gäste ließ man hinein, unwillkommene sperrte man aus. Heute steht uns der Eingang zum ›eigentlichen Wallis‹ weit offen.

Rasch wird uns klar: Dies ist ein Bergland. Gleichzeitig fällt jedoch ins Auge: Es ist das Tal, von den firnbedeckten Viertausendern umschlossen, welches die Struktur dieses Landes bestimmt. Und es ist das Tal, welches ihm den Namen gibt: *vallis* (lateinisch), *vallée* (französisch). Nirgendwo in den Alpen finden wir ein Tal dieser Art – so lang und weit und zugleich so abgeschlossen.

Unser Blick schweift das Tal hinauf, folgt dem Lauf der Rhone und der ausgedehnten Ebene, die der Rhonegletscher einst geschaffen hat. Auf der rechten Talseite öffnen sich zahlreich die Seitentäler, führen, sich später oft wiederum verzweigend, hoch hinauf bis zu den mächtigen Gipfeln der Walliser Alpen. Linker Hand sind, oberhalb weitläufiger Sonnenterrassen, die Seitentäler kürzer und geringer an der Zahl, entspringen zwischen den gewaltigen Schneeriesen der Berner Alpen. Es sind diese zwei Bergketten, welche, parallel zueinander verlaufend, das Wallis behüten, ihm seine geographischen Grenzen zumessen.

Das Wallis ist aber nicht nur ein Tal-, sondern auch ein Paßkanton. Die bereits in vorchristlicher Zeit genutzten Alpenübergänge sind von historischer Bedeutung, haben dem Wallis Macht und Einfluß verliehen, aber auch dazu geführt, daß es eroberungslustige Völker und Feldherren zeitweilig seiner Unabhängigkeit beraubten. Bergketten und hochgelegene Pässe bilden den Rahmen für eine beeindruckende Einheit, nicht aber für eine Gleichförmigkeit: Reisende aus nah und fern rühmen seit Jahrhunderten die Vielfalt dieses Tales und seiner Seitentäler, erzählen von einem Europa im kleinen, beschreiben die ›mediterrane Glut‹ des unteren Rhonetales – die sie an die Provence oder Spanien gemahnt – wie auch die ›polare‹ Gletscherwelt. Treffend hat es der Naturforscher Albrecht von Haller formuliert: »Von Sitten bis auf den Sanetsch sind es fünf Stunden. Auf den Felsen von Sitten verlässest du die indische Stachelfeige und den Granatenbaum; dann die Kastanienbäume, Nussbäume und Weinreben von vortrefflichem Gewächs, hierauf die schönsten Weizenfelder, fortschreitend die Buchen, Eichen und Tannen; bald siehst du auch die Arve nicht mehr, und beim höheren Ansteigen stehst du mitten unter Steinbrechen und anderen Pflanzen Lapplands und Spitzbergens.«

Das Wallis ist geschlossen und vielfältig zugleich – eine eigene, ›apartige‹ Welt. Wer sie erwandern will, tut sich mitunter nicht leicht. In manch abgelegenem Dorf des französischsprachigen Unterwallis bereitet der Dialekt auch Sprachkundigen Mühe. Und wer glaubt, zumindest im deutschsprachigen Oberwallis diesem Hindernis ausweichen zu können, wird schnell eines Besseren belehrt: Der urwüchsig klingende alemannische Dialekt, ›Wallisertiitsch‹ genannt, ist für viele Besucher deutscher Zunge zunächst eine Fremdsprache. Wer sich von diesen Hürden nicht abschrecken läßt, wird jedoch mit großer Wahrscheinlichkeit immer wieder ins Wallis zurückkehren: Fühlen wir uns in anderen Talschaften rasch beengt, öffnet sich der Horizont hier weit, umfaßt eine große, reiche Welt, eine für alpine Verhältnisse schier unabsehbare landschaftliche Vielfalt und Großzügigkeit.

Viertausender-Panorama oberhalb von Saas Fee, vom Kreuzboden aus gesehen

Natur und Kultur im Wallis

Eine vielgestaltige Landschaft

Erkunden wir auf einer Reliefkarte den Alpenraum, springt als erstes das Wallis ins Auge. Kein anderer Talkessel der Alpen reicht an die Abmessungen des riesigen, bis zu 50 km breiten Einzugsgebietes der Rhone und ihrer Nebenflüsse heran. Das Rhonetal mißt bis zu 3 km, weitausholend krallen sich die tiefen, steilen Seitentäler in den Alpenkämmen fest, schmücken sich mit den wuchtigsten Massiven, den meisten Viertausendern der Alpen – der imposanteste Rahmen, den sich ein Land wünschen kann.

Die **Rhone** ist die Lebensader des Wallis. Zuerst sprudelnd und geschwätzig, später würdig und gemächlich, hat sie eines der tiefsten Alpentäler geschaffen. Von seinem Ursprung auf 2274 m am Rhonegletscher im Osten des Kantons bis zur Mündung in den Genfer See legt der Fluß – im deutschsprachigen Kantonsgebiet Rotten genannt – rund 170 km und 1900 Höhenmeter zurück.

OBERWALLIS

Der Rotten macht sich auf den langen Weg Richtung Südwesten und durcheilt an den Südhängen des Berner Oberlandes zunächst die drei sanften Stufen seines Heimattales, des Goms. Bei Fiesch strebt ihm zu seiner Rechten das Fieschertal und einige Kilometer später, unterhalb von Ernen, zu seiner Linken das Binntal zu. Bald durchfließt er Brig, den Hauptort des Oberwallis, und strebt dem Industriestädtchen Visp zu. Hier mündet das Vispertal – weiter südlich hat dieses bereits Matter- und Saastal, mit ihren berühmten Hauptorten Zermatt und Saas Fee, vereinigt – ein. Nach Raron gesellt sich von Norden her das Lötschental, wenig später das Tal von Leukerbad hinzu. Von den schluchtartigen nördlichen Seitentälern der Rhone sind nur diese beiden besiedelt.

UNTERWALLIS

Der Pfynwald zwischen Illgraben und Sierre bildet die Sprachgrenze, der Rotten wird zur Rhone. Nördlich von Sierre liegt auf einer sonnigen Geländeterrasse das Ferienzentrum Crans-Montana, im Süden öffnet sich das Val d'Anniviers. Ruhiger und gelassen – da mittlerweile den Kinderschuhen entwachsen und von einigen Seitenflüssen genährt – erreicht die Rhone die Kantonshauptstadt Sion, wo sie linker Hand das Val d'Hérens mit seinem Seitental Val d'Héremence und das Val Nendaz willkommen heißt. Bei Martigny mündet die Dranse ein, welche ihre Wasser aus Val de Bagnes, Val d'Entremont und Val Ferret zusammengezogen hat. Gleichzeitig nimmt die Rohne einen Richtungswechsel vor und wendet sich abrupt nach Nordwesten. Bald streben ihr von links das steile Val de Trient und etwas später, bei St-Maurice, das grüne Val d'Illiez zu, bevor sie sich schließlich in den Genfer See ergießt.

Nirgendwo sonst in der Schweiz zeigt sich eine derart vielgestaltige Landschaft auf so kleinem Raum. Gletscher und Flüsse haben die tiefe Mulde des Rhonetals geschaffen und mit fruchtbarer Erde gefüllt. Dennoch können ganze 2% der 5226 km^2 Walliser Fläche kultiviert werden.

Steigen wir von den ausgedehnten Gemüse-, Obst- und Weinkulturen im heißen, flachen Rhonetal in die reizvolleren Seitentäler hinauf! Auf 15% der Oberfläche breiten sich die kühlen, prächtigen Arven- und Lärchenwälder aus. Es folgen einige dürftige Kartoffeläcker und Roggenfelder – so klein, daß sie sich kaum in die Statistik einfügen lassen. Darüber liegen Wiesen und Alpweiden, erst üppig grün und mannigfaltig blühend, später mager; sie machen 30% der Fläche aus. Schließlich stehen wir in der Steinwildnis. Wie die tiefen Täler wird auch das Gebirge vom Wasser geformt. Die tiefen Schluchten sind das Werk der tosenden Wildbäche, die smaragdgrünen oder himmelblauen Seen werden von geschmolzenem Eis und Schnee gespiesen. Selbst bei den – meist trockenen – Geröllhalden hat es die Hand im Spiel: Gefrore-

Der Rhonegletscher, der das Wallis geformt hat, hat sich im Laufe der Jahrtausende bis zum Furkapaß zurückgezogen

nes Wasser sprengt die Spalten im Stein. Am Fuße der Felswände werden die dadurch entstehenden Brocken und Bröckchen von den Wildbächen erwartet, um von ihnen wenige Meter oder viele Kilometer Richtung Tal mitgenommen zu werden. Noch weiter oben genießen wir von einsamen Paßübergängen das großartige Alpenpanorama, bewundern die schroffen Kämme und steilen Wände, die kantigen Gipfel. Insgesamt bedeckt das Gebirge 24% der Walliser Oberfläche, hinzu kommen 20% Gletscher und ewiger Schnee.

Sonne im Überfluß und wenig Regen

Im Lötschental

Größer kann der Kontrast kaum sein: Im abgeschlossenen Talkessel der Rhone staut sich die Hitze, die Ernte der saftigen Aprikosen und Tomaten steht bevor. Der Duft der Kräuter erinnert an den Süden; an den sonnenverwöhnten Hängen bis auf 1000 m Höhe reifen die Trauben heran – die schneebedeckten Viertausender hingegen kennen das ganze Jahr über nur Frost. Auf kleinstem Raum weist das Wallis alle europäischen Klimastufen auf.

Mag es auch in der ganzen Schweiz regnen, das untere Rhonetal bleibt trocken, der Boden ausgelaugt, Gräser und Sträucher sind dürr. Und fallen an schwülen Sommertagen dennoch die heißersehnten Tropfen, vermögen sie Luft und Kulturen, Menschen und Tiere kaum zu erfrischen. Im Talboden scheint die Sonne überdurchschnittlich oft. So werden in Sion 350 Sonnenstunden mehr gemessen als im Flachland um Zürich. Und regnet es in Zürich an 140 und im tessinischen Lugano – der ›Schweizer Sonnenstube‹ – an 108 Tagen im Jahr, werden im Rhonetal gerade 80 bis 90 Regentage verzeichnet.

Zur Glut kommt der Wind. Im Rhonetal bläst er so häufig und so stark wie nirgendwo sonst in der Schweiz. Bei Schönwetter in der warmen Jahreszeit steigt von den aufgewärmten Berghängen jeden Tag die Luft in die Höhe und zieht talaufwärts. Nach Sonnenuntergang kühlt sie sich – zunächst in den höheren Lagen – ab, beginnt zu fallen, der Wind zieht talauswärts, und am nächsten Morgen beginnt das Wechselspiel von neuem.

Verantwortlich für die Trockenheit sind die hohen Berge: Die Gipfel gebieten den Wolken Einhalt und lassen sie sich an ihren Hängen abregnen. Während an den Viertausendern jährlich bis zu 4 m Regen und Schnee niedergehen, kriegt die Walliser Talmulde gerade einen runden halben Meter ab, so daß die Kulturen künstlich bewässert werden müssen (s. S. 110 f.).

Am malerischen Lac de Champex

Im Sommer wandert man also besser nicht im unteren Rhonetal, sondern zieht sich ins Oberwallis und in die Seitentäler zurück. Vom Frühsommer, wenn sich die Schneefelder in die höchsten Hänge zurückgezogen haben, bis weit in den Herbst hinein treffen wir hier auf ideale Bedingungen: mildes Wanderwetter, ab und zu eine sanfte bis kräftige Brise, verhältnismäßig wenig Regen auch hier. Allein die Täler nördlich der Rhone werden ab und zu von atlantischen Tiefausläufern gestreift. Im Hochsommer ins Schwitzen kommen wir lediglich an den sonnenexponierten Hängen oberhalb der Baumgrenze. Aber Achtung: Jederzeit und unvermittelt können auch kurze Gewitter aufziehen.

Und wann ist es in den sonnenverwöhnten tiefen Lagen am schönsten? Durch die Rebberge wandern wir am liebsten im Herbst, wenn die Weinstöcke ein goldenes Kleid tragen, die Lese ansteht und die Winzerdörfer ihre Keller öffnen.

Was kreucht und fleucht, grünt und blüht

Die Pflanzenwelt

Heiß im Tal und mild in der Höhe – die klimatischen Bedingungen im Wallis bringen die entsprechende Flora hervor. Die einzelnen Vegetationsstufen reichen jeweils 400–600 m höher als auf der Alpennordseite (so liegt beispielsweise die Waldgrenze bei 2200 m statt üblicherweise 1800 m). An den exponierten nördlichen Hängen des unteren Rhonetals wähnen wir uns am Mittelmeer. In der typischen Felsenheide – auch ›Walliser Felsensteppe‹ genannt – gedeihen provenzalische Kräuter und typische Steppengräser. Wir treffen auf die Zypresse, den Feigenkaktus, den Granatapfelbaum, die Flaumeiche und den Mandelbaum. In den Bergwäldern reift die Preiselbeere, und in den höheren Lagen reichen einzelne, verkrüppelte Lärchen, Arven und Bergföhren mancherorts bis in die Geröllhalden heran.

Auf den Bergmatten erwartet uns die ganze Palette der typischen Alpenflora: Alpenrosen und Enzian, Berganemonen und Silberdistel, Bergprimel und Gletscherwurz – und ab und zu sogar das Edelweiß. Über hundert verschiedene Alpenblumen erwarten uns im abgeschiedenen Binntal (s. S. 46 f.), darunter zahlreiche seltene und geschützte Exemplare, wie mehrere Habichtskräuter, Steinbrecharten, Lilien und Orchideen. Großartige Entdeckungen sind auch in den Naturschutzgebieten, etwa im Pfynwald (s. S. 118 f.), zu machen.

Die Tierwelt

Wie das Klima und die Landschaft, weist auch die Walliser Tierwelt ein weites Spektrum auf – mediterrane bis hochalpine Bedingungen bringen eine reiche Artenvielfalt hervor.

Zu den bekanntesten und am weitesten verbreiteten Säugetieren gehören, wie vielfach im Alpenraum, die Gemse und der Steinbock. In kleinen Verbänden oder stattlichen Kolonien bevölkern die gewandten Kletterer Geröllhalden und felsige Hänge. Auf den Alpweiden begegnen wir oft dem possierlichen Murmeltier. Unverhofft taucht der flinke Nager aus seinem Bau ans Tageslicht empor, hält, die Nase im Wind, Ausschau in alle Himmelsrichtungen und macht, sollte er Gefahr vermuten, zur Warnung seiner Artgenossen mit schrillen Pfiffen auf sich aufmerksam. Oft neugierig und zutraulich, wagt das Murmeltier sich einige Meter vor, um dann urplötzlich Hals über Kopf zu fliehen und in Windeseile wieder im Erdboden zu verschwinden.

Häufig im Wallis anzutreffen: die Gemse

In einigen Gebieten recht verbreitet sind auch das Mauswiesel – im gesamten Alpenraum selten geworden – und das Hermelin. Dieses unterscheidet sich vom Mauswiesel durch ein schwarzes Haarbüschel am Schwanzende, das seine Farbe auch im Winter, wenn sich das ganze übrige Fell der weißen Landschaft anpaßt, nicht verändert.

Der Rothirsch, im Wallis lange Zeit ausgestorben, wanderte aus der Innerschweiz ins Tal zurück. Erstmals wieder 1941 im Goms gesichtet, vermehrten sich die stolzen Tiere rasch und zogen in einige Seitentäler der Rhone, am zahlreichsten ins Val d'Entremont, ein. Sie leben in Familienverbänden oder, falls älter und männlich, als Einzelgänger und zeigen sich nur selten. Am ehesten bekommen wir sie in großen, ruhigen Hochwäldern, manchmal aber auch oberhalb der Waldgrenze zu Gesicht.

In den ausgedehnten Nadelwäldern finden sich zahlreich das flinke Eichhörnchen und das scheue Reh. Letzteres läßt sich jedoch, wie auch der weit seltenere, seit 1983 wieder heimische Luchs, kaum beobachten. Weitere größere Räuber auf vier Pfoten gibt es schon seit langem nicht mehr. Der letzte Bär wurde 1830 in der Gegend von Hérémence erlegt, und auch der Wolf hat sich längst zurückgezogen. Ob er aber endgültig wegbleibt? Im Winter 1995/96 hat in den Tälern von Ferret und Entremont ein Schafe reißendes, zunächst nicht identifiziertes Tier für Schlagzeilen gesorgt – und sich schließlich als einsamer Wolf entpuppt.

Glück hat, wer den Schneehasen zu Gesicht bekommt. Er paßt seine Farbe seinem Lebensraum und der Jahreszeit an. In der Nähe der Gletscher zuhause, ist er daher kaum von seiner weißen Umgebung zu unterscheiden. Das gleiche gilt für das Schneehuhn, wie der Schneehase ein Überlebender der Eiszeit.

Andere Vertreter der artenreichen Vogelwelt zeigen sich jedoch recht gerne – etwa der Birkhahn, der im übrigen Alpenraum kaum mehr anzutreffen ist, und der ›Herr des Waldes‹, der mächtige Auerhahn. Er teilt sein Revier mit Uhu, Habicht, Wanderfalke und dem winzigen Sperlingskauz; doch halten sich diese Jäger dem Menschen fern. Zutraulicher sind die gesprenkelten Tannenhäher, und ab und zu läßt sich der rot-behütete Schwarzspecht, der größte Specht Europas, hören und entdecken.

Auf den Alpweiden oberhalb der Baumgrenze flattern und fliegen, picken und trippeln Steinschmätzer und Bergpieper, Schneefink, Steinrötel und Alpenbraunelle, die Alpendohle sowie die in der Schweiz überaus seltene Alpenkrähe.

Nach Schneehasen und Murmeltieren ausspähend, tauchen im ganzen Wallis am Himmel hin und wieder die ›Könige der Lüfte‹, Stein- und Königsadler, auf. Mit Glück kann man sie beispielsweise im Talkessel von Derborence entdecken (s. S. 138).

Geröll und steinige Südhänge sind die Heimat des rotfüßigen Steinhuhns; aus dem Fernen Osten eingeflogen, verträgt es das hochalpine Klima nicht. Ebenfalls in den unteren Lagen gehen Turmfalke und Bussard auf die Jagd nach Mäusen. Hier finden wir auch Braunkehlchen, Baumpieper, Rotrückenwürger, Neuntöter und, in verlassenen Spechthöhlen im Baumstamm wohnend, den Wendehals – alles Vögel, die in der Schweiz immer seltener zu beobachten sind.

An sumpfigen Stellen und in Naturschutzgebieten wie dem Pfynwald (s. S. 118 f.) begegnen wir zahlreichen Wasservögeln, darunter der Wasseramsel, leicht zu erkennen an ihrer weißen Brust.

Im heißen Rhonetal sonnen sich Eidechsen, springen Heuschrecken und gaukeln zahlreiche Schmetterlinge durch die flirrende Luft: Segel-, Apollo-, Aurora-, Perlmutt-, Feuer-, Wachtelweizenfalter und viele andere mehr.

An Flußufern und Teichen tauchen Äskulap- und Ringelnatter auf, im seichten Wasser tummeln sich die Kaulquappen des Grasfrosches, schnappt die Forelle nach Insekten.

Exoten, die nur im Oberwallis leben: die Schwarznasen

Und schließlich sei noch auf eine ›Exotin‹ hingewiesen. Sie ist kein freilebendes, sondern ein gezüchtetes Nutztier und kommt nur in den Bergregionen des Oberwallis vor: die Walliser Schwarznase – eine Schafrasse, die, würde sie nicht von einigen alteingesessenen Bauern heiß geliebt, längst ausgestorben wäre. Seit fünf Jahrhunderten treiben die Liebhaber der ›Ghornute‹ die hübschen, aber wenig profitablen Tiere durchs Gebirge. Am häufigsten sind sie auf den Weiden am Aletschgletscher anzutreffen.

Ein umkämpftes Land

Frühgeschichte, Kelten und Römer

Von einer Besiedlung des Rhonetals schon in prähistorischer Zeit zeugen zahlreiche Funde aus der Umgebung von Brig, darunter 8000 Jahre alte Feuersteine und Steinplättchen, die beim Fischfang benutzt wurden. Offenbar bestanden schon damals Beziehungen mit Italien über die Alpenpässe.

BRONZEZEIT

Funde aus der Bronzezeit (2300–800 v. Chr.) weisen darauf hin, daß die Talbewohner Viehzucht und Ackerbau trieben und Handelsbeziehungen nach Rätien und in die Donauländer unterhielten. Im 5. Jh. v. Chr. verdrängten Kelten die Urbevölkerung. Im Rhonetal siedelten sich vier Stämme an: Uberer im Oberwallis bis zum Pfynwald – der heutigen Sprachgrenze –, Seduner in der Umgebung von Sitten, Veragrer bei Martigny und Nantuaten im untersten Teil des Wallis.

RÖMER

Im Jahre 58 v. Chr. eroberten die Römer die bedeutendsten Paßübergänge. General Galba besetzte im Auftrag Julius Caesars das Wallis, konnte die einheimische Bevölkerung jedoch nicht unterwerfen. Der endgültige Sieg der Römer gelang erst zwischen 15 und 10 v. Chr.: Kaiser Augustus vereinigte das Wallis mit der Provinz Rätien, band es so ins Römische Weltreich ein, romanisierte das Land und verlieh den unterworfenen Kelten das römische Bürgerrecht. In der Folge bauten die Römer Straßen über den Großen St. Bernhard (s. S. 184 f.) und den Simplon (s. S. 58 f.), förderten Handel, Gewerbe und Landwirtschaft, errichteten bedeutende Städte wie Acaunum (St-Maurice) und Sedunum (Sion). Am Verkehrsknotenpunkt zwischen Rom, Helvetien, Gallien und Hochgermanien begründeten sie die kulturell und wirtschaftlich blühende Hauptstadt der *Civitas Vallensium:* Octodurus (Martigny; s. S. 192 ff.).

CHRISTIANISIERUNG

Bald folgten ihnen aus der Gegend von Lyon Missionare ins Tal und brachten das Christentum ins Wallis. Die ersten Spuren der neuen Religion weisen auf eine Tragödie hin: In Acaunum ließ 302 Kaiser Maximinian den abtrünnigen, zum Christentum übergetretenen Legionär Thebäus und seine Getreuen niedermetzeln. Im Jahr 381 wurde als erster Walliser Bischof Theodor urkundlich erwähnt. Er gründete in Octodurus ein Bistum und ist als heiliger Theodul – von den Wallisern St. Joder genannt – noch heute der Walliser Landespatron.

Das römische Amphitheater in Martigny (Octodurus)

Das unruhige Mittelalter

Im 5. Jh. stießen im Zuge der Völkerwanderung zahlreiche nordische und östliche Stämme ins Wallis vor. Die Burgunder behielten die Oberhand, und das Wallis war Teil ihres Reiches, bis es 534 ins Herrschaftsgebiet der Franken eingegliedert wurde. Vom 9. Jh. an drangen über den Grimselpaß Alemannen ins Oberwallis und von dort talabwärts in die Seitentäler und bis hinunter nach Sierre vor. Sie nannten sich Walser (s. S. 80 f.), germanisierten ihr Siedlungsgebiet und verbreiteten sich in der Folge auch über andere Alpenregionen.

WALSER

Im Zuge des Zerfalls des Reiches Karls des Großen wurde 888 in St-Maurice Herzog Rudolf zum König gekrönt und gründete damit das Reich Hochburgund, dessen Einheit jedoch rasch durch Rivalitäten unter den Adligen bedroht wurde. Rudolf III. von Hochburgund versuchte, seine Macht mit Unterstützung der Kirche zu sichern, indem er im Jahr 999 die Grafschaft Wallis dem Bischof von Sitten (Sion) als Lehen übertrug. Dieser Akt prägte die staatliche Einheit des Wallis – gleichzeitig nahmen schwere Machtkämpfe ihren Anfang. 700 Jahre lang fand das Wallis keine Ruhe mehr. Von außen versuchten die aufstrebenden savoyischen Grafen immer wieder, das Land zu erobern, und drangen vom Genfer See her bis an die Tore Sittens vor. Im Inneren bekämpften sich Kirche und Adel, gleichzeitig bemühten sich Oberwalliser Gemeinden um Unabhängigkeit und Selbstbestimmung und schlossen sich zusammen zu sieben bäuerlichen Gemeindeorganisationen. Diese Zenden unterstützten sich gegenseitig und versuchten ihrerseits, den Savoyarden das Unterwallis zu entreißen.

HOCHBURGUND

SAVOYARDEN

ZENDEN

Befreiung von der Fremdherrschaft und regionale Konflikte

Im Jahr 1034 wurde Burgund mit dem Heiligen Römischen Reich vereinigt, der Bischof von Sitten wurde Lehnsmann des Kaisers, ein Teil seiner Ländereien ging an Savoyarden über. 1252 fiel Sitten vorübergehend in deren Hände. Nun fing auch der Bischof an, die wachsende Macht der Adligen zu fürchten. Als Gegengewicht begann er, die Autonomiebestrebungen der Zenden zu unterstützen. 1294 wollten die Adligen dem Bischof die weltliche Macht entreißen, unterlagen jedoch bei Leuk den bischöflichen Truppen. Als Dank für ihre Hilfe im Kampf gegen Savoyen gewährte der Bischof den Zenden zahlreiche Selbstverwaltungsrechte. Im Jahr 1388 traten die Savoyarden in Visp gegen die aufständischen Zenden an, wurden jedoch vernichtend geschlagen und wagten sich nie mehr ins Oberwallis vor.

St-Maurice – im Mittelalter das ›Tor zum Wallis‹

Eine große Wende trat mit dem Jahr 1475 ein: In Sitten besiegten unter dem Schutz des Bischofs und mit Hilfe der Eidgenossen Oberwalliser und Unterwalliser gemeinsam und endgültig Savoyen. Anschließend zogen jedoch die Oberwalliser talauswärts, machten sich das Unterwallis untertan und setzten in den savoyischen Burgen Landvögte ein. Bis ins 16. Jh. hinein verdrängten die Oberwalliser Zenden den Bischof von der politischen Macht und prägten die Geschicke des ganzen Tales: Die freien Oberwalliser Gemeinden unterhielten die untere Talschaft als Kolonie.

Die Reformation führte im Wallis zu vergleichsweise geringen Spannungen. Vorerst unentschieden, beschlossen die Walliser 1603 auf einer Volksversammlung in Sitten, dem katholischen Glauben treu zu bleiben. 1634 wurde der Bischof von den Zenden gezwungen, endgültig auf seine weltlichen Vorrechte zu verzichten.

Die französische Besetzung

Im späten 18. Jh. machte sich in den Untertanengebieten des Unterwallis Unruhe breit, und beim Ausbruch der Französischen Revolution richteten die Unterwalliser erste Freiheitsbäume auf. Als 1798 die napoleonischen Truppen in die Schweiz und damit ins Wallis einmarschierten, wurden sie von den Untertanen spontan als Befreier gefeiert. Die Oberwalliser wehrten sich vergeblich, Sitten wurde geplündert. 1802 erklärte Napoleon das Wallis zur unabhängigen Republik. Die Walliser wähnten sich nun frei, doch die Anarchie, welche sich als Folge des Zusammenbruches der alten Ordnung ausbreitete, weckte den Unmut Napoleons: 1810 erklärte er die Republik Wallis zum französischen ›Département du Simplon‹. Um mit dem Wallis die geographische Lücke zwischen den französischen Herrschaftsgebieten Norditalien und Frankreich zu schließen, ließ er eine Heerstraße über den Simplon bauen (s. S. 58 f.).

Napoleon (nach einem Gemälde von Antoine-Jean Gros)

Die Eingliederung in die Eidgenossenschaft

Die französische Besetzung war jedoch nur von kurzer Dauer: 1813 brach das Kaiserreich zusammen, und die Franzosen flohen aus dem Wallis. Die eintreffenden Österreicher überzeugten die Walliser, den Anschluß an die Schweizerische Eidgenossenschaft zu suchen. Die rot-weiße Fahne mit 13, der Zahl der Bezirke entsprechenden Sternen wurde zum Symbol des 20. Kantons, der seit 1815 formell Teil der Schweizerischen Eidgenossenschaft ist.

Doch das Wallis fand keine Ruhe. Die kommenden Jahrzehnte waren geprägt von der Auseinandersetzung zwischen den Liberalen, die sich später Radikale nannten, und den Christlich-Konservativen. Das Wallis fieberte mit Europa. In der Zeit vor der Juni-Revolution von 1830 schienen die Liberalen, die sich für Volksschulbildung und Eindämmung der klerikalen Macht einsetzten, die Oberhand zu gewinnen. Unter dem Druck der öffentlichen Meinung im französischsprachigen Kantonsteil stimmten die Abgeordneten 1839 einer neuen Verfassung zu, die die Aufteilung des Wallis in zwei Halbkantone bewirkte. Nach einigen Scharmützeln trugen die Liberalen ein Jahr später auch den militärischen Sieg davon. Damit begann jedoch auch ihre Uneinigkeit. Die Konservativen reorganisierten sich und fügten beim bedeutendsten Zusammenprall bei Trient den Radikalen eine vernichtende Niederlage zu. Als eine Mehrheit der Schweizer Kantone beschloß, den losen Staatenbund der Eidgenossen in einen Bundesstaat umzuwandeln, ging das Wallis 1845 zusammen mit den anderen katholischen Kantonen in die Opposition und trat dem Sonderbund bei. Die konservative Minderheit der damaligen Schweiz – und damit auch das Wallis – fühlte sich sicher. Sie glaubte, auf die Unterstützung der europäischen Mächte zählen zu können. Die Revolution von 1848 machte ihnen aber einen Strich durch die Rechnung. Die europäischen Regierungen waren mit Problemen im eigenen Haus beschäftigt, die erhoffte Hilfe blieb aus. Im Schatten dieser europäischen Ereignisse unterlag in der Schweiz die katholische Opposition – der schweizerische Bundesstaat wurde begründet. Für wenige Jahre gaben auch im Wallis die Radikalen den Ton an, doch bereits 1852 fand ihr Regime ein Ende. Von 1857 bis heute bestimmt die konservative Mehrheit die Führung der Walliser Staatsgeschäfte.

NEUE VERFASSUNG

SONDERBUND

Später Sprung in die Moderne

Ab Mitte des 19. Jh. begann im Wallis das kommerzielle Denken unserer Zeit Einzug zu halten. Von 1863 an nahm man Kilometer für Kilometer die Begradigung der Rhone, welche in der Ebene innerhalb von 100 Jahren für rund 300 Überschwemmungen von katastrophalem Ausmaß gesorgt hatte, in Angriff. Weite Teile der Talebene wurden entsumpft, 10 000 ha Kulturland gewonnen, nach und nach die ersten riesigen Obst- und Gemüseplantagen angelegt.

Einen weiteren Schritt vorwärts machte die Wirtschaft zu Beginn des 20. Jh. Zur Nutzung der Wasserkraft wurden hoch oben in den südlichen Seitentälern der Rhone riesige Staumauern errichtet (s. S. 172 f.). Weiter talwärts entstanden gigantische Kraftwerke, die das Wasser in elektrische Energie verwandeln und die ersten großen Industriebetriebe anzogen. Karbid- und Aluminiumproduktion, später auch

Einer der großen Stauseen in den Seitentälern des Rhonetals, die zur Elektrizitätsgewinnung errichte wurden: Der Griessee

andere Bereiche der chemischen und der Schwerindustrie siedelten sich an und stellten zahlreiche Arbeitsplätze bereit.

Als Wegbereiterin dieser Entwicklung hielt 1859 die Eisenbahn vom Genfer See aus im Wallis Einzug. Die Schienen erreichten in diesem Jahr St-Maurice und Martigny, bereits 1860 wurde der Bahnhof von Sion, acht Jahre später jener von Sierre eingeweiht. Der Durchbruch der Sackgasse Wallis folgte zu Beginn des 20. Jh.: 1906 wurde zwischen Brig und Domodossola der Basis-Eisenbahntunnel durch den Simplon nach Italien eröffnet, 1913 war mit dem Lötschberg-Bahntunnel der Weg von und nach Norden frei.

Nach dem Zweiten Weltkrieg zeichnete sich ein Umbruch ab. Die Land- und Viehwirtschaft – mit Ausnahme des Rebbaus – ging zurück, die Zahl der Industriebetriebe wuchs rasch an. Der Fremdenverkehr – in überschaubarem Rahmen bereits ab Mitte des 19. Jh. in Orten wie Montana, Evolène, Arolla und im Val d'Anniviers Erwerbszweig der Bevölkerung – expandierte; mittlerweile hat der Dienstleistungssektor die Industrie überflügelt. In Crans, Thyon, Nendaz und Anzère schossen hochmoderne Bergstädte aus dem Boden, derweil zahlreiche Seitentäler noch heute nahezu unberührt und von touristischen Großanlagen verschont geblieben sind. Heute zählt das Wallis an die hundert Seilbahnen, die Hotels halten rund 80 000, Chalets und Ferienhäuser an die 420 000 Betten bereit.

Die moderne Kirche von Hérémence

Die Modernisierung des Wallis fällt aber vor allem in einem Bereich ins Auge, wo sie alles andere als selbstverständlich erscheint: Bei sakralen Bauten haben selbst die konservativsten Gemeinden dem Neuesten vom Neuen und Modernsten vom Modernen nichts entgegenzusetzen. Das auffälligste, ja kühnste Beton-Gotteshaus zu errichten, ist Ehrensache.

Den Walliser gibt es nicht!

Der Walliser sei eigenwillig, schwierig, ungestüm, eisern, aufbrausend, wortkarg und stolz – aber auch fromm, sanft, feinfühlig, großzügig, leidenschaftlich, fröhlich und zäh. Jedes dieser Charaktermerkmale mag zutreffen, was die Walliser jedoch am deutlichsten prägt, ist ihre Eigenständigkeit – kein Wunder: Über Jahrhunderte waren sie, wollten sie ihre Identität bewahren und ihr Leben sichern, auf sich selbst gestellt. Sie hatten sich eroberungslustigen Eindringlingen zu stellen und gegen Naturgewalten zu kämpfen. Und nur mit vereinten Kräften war es möglich, den widrigen Umständen zu trotzen: In Dorfgemeinschaften bauten und unterhielten sie die lebensnotwendigen Bewässerungsanlagen, bewirtschafteten ihre Alpen, pflegten ihre Weinberge – und tun es zu einem großen Teil noch heute.

Die Walliser deswegen als ein ›einig Volk‹ zu bezeichnen, wäre falsch: Zwar rückten und rücken die Walliser zusammen, wenn Gefahr für alle droht, in ihrem Wesen sind sie aber sehr verschieden. Korrekter ist es daher, nicht vom einen, sondern von den vielen verschiedenen Wallisern zu sprechen – *den* Walliser gibt es nämlich nicht! Da ist

HERKUNFT

zunächst die unterschiedliche Herkunft: Die Oberwalliser stammen von den Alemannen ab, in den Unterwallisern mischen sich Burgunder und Savoyarden. Die Spuren, die Römer, Sarazenen und andere Völker, die sich zeitweilig im Wallis niederließen, hinterlassen haben, sind vergleichsweise gering.

SPRACHE

Das ›Wallisertiitsch‹ der Oberwalliser hat seine Wurzeln im Alt- und Mittelhochdeutschen; das ›Patois‹, der fremdartige Dialekt der Unterwalliser, ist franko-provenzalischen Ursprungs. In den Seitentälern und gar in einzelnen Dörfern trifft man darüber hinaus auf eine Vielzahl lokaler Sonderformen. So wird etwa der Dialekt der Bewohner des Val d'Hérens sogar im französischsprachigen Sion nicht verstanden.

Den beiden Tageszeitungen der zwei sprachlich-kulturell stark unterschiedlichen Gebiete ist zu entnehmen, daß gar gleiche Fakten unterschiedlich interpretiert werden. Und überhaupt: Die Häuser sind verschieden, die Kirchen sind verschieden, die Traditionen sind verschieden, die Trachten sind verschieden, die Beschäftigungen gleichen sich nicht überall, und die Tierrassen sind auch nicht im ganzen Wallis dieselben. Man spreche also nicht vom Walliser, sondern vom Zermatter, vom Saaser, vom Leuker und vom Evolèner. Eines ist ihnen allerdings gemein: Soll sich ja kein ›Fremder‹ erdreisten, dem Walliser beibringen zu wollen, was Sache ist! Er reagiert hochempfindlich – und schlägt einem vielleicht die Tür zu einer großartigen Welt vor der Nase zu.

BRAUCHTUM

Ein nach außen geographisch abgeschlossenes Land und die über Jahrhunderte fehlenden Verbindungen zwischen den einzelnen Tälern haben nicht nur einen eigenständigen Menschenschlag, sondern auch eine Fülle unterschiedlicher Sitten und Gebräuche hervorgebracht. In einzelnen Tälern – Lötschental, Val d'Anniviers, Val d'Hérens – tragen die Frauen ihre alten Trachten vereinzelt noch als Alltagskleid. Im Lötschental treiben zur Fasnachtszeit die ›Roitschäggättä‹ ihr Unwesen und findet an Fronleichnam der Umzug der Herrgottsgrenadiere statt (s. S. 66 f.). Auf dem Gemmipaß findet das Schäferfest, auf der Riederalp die Schafscheid statt. In Grächen und St. Niklaus bleibt man dem Neujahrs-Umsingen, im Goms dem Santiglaistriichjen treu. Alle Unterwalliser lieben den berühmten Kuhkampf (s. S. 160 f.), in Monthey zieht die Fasnacht so viele Masken und ein so großes Publikum an wie nirgends sonst. Überall im Wallis feiert man Trachten- und Sängerfeste, Musikfeste mit der unentbehrlichen dörflichen Blaskapelle und Erntedankfeiern; in der Höhe trifft man sich zum Älpler-, im Tal zum Winzerfest.

Heute nur noch bisweilen halb im Spaß, halb im Ernst angedroht, war im frühen Mittelalter der Einsatz der ›Mazze‹ zwar auch ein Brauch, aber viel mehr noch ein politisches Mittel und ein Sinnbild des Volkszorns. Als Symbol der Unterdrückung und Auflehnung zugleich wurde ein junger Baumstrunk zu einem entstellten Männerantlitz geschnitzt und von Dorf zu Dorf getragen. Jeder, der sich mit den Initiatoren im Kampf gegen einen hohen Herrn – weltlicher Herrscher oder Fürstbischof – solidarisch erklärte, schlug einen Nagel in die ›Mazze‹. Je mehr Nägel steckten, desto stärker war die Bewegung gegen die Obrigkeit, und schließlich konnte man zur Tat schreiten: Der Tyrann wurde geächtet, seine Güter beschlagnahmt, seine Schlösser zerstört.

Raclette, Trockenfleisch und Fendant

Die Walliser Küche

Obwohl ein Transitland und von Verkehrsachsen durchzogen, weist das Wallis die Küche einer abgeschlossenen Welt auf. In allen Bereichen des Lebensunterhaltes zählt sie nur auf sich selbst. Es ist bis auf den heutigen Tag eine bäuerliche Küche geblieben: unverfälscht, bodenständig, nahrhaft. Die Abgeschlossenheit schließt jedoch eine ausgesprochene Mannigfaltigkeit nicht aus: Jedes Seitental, manchmal sogar einzelne Dörfer, hat seine eigenen Gerichte. Oft stehen diese nicht auf der Speisekarte – Nachfragen lohnt sich! Bei Einheimischen und Gästen besonders beliebt sind Raclette und Fondue. **Raclette** wird am liebsten unter freiem Himmel am offenen Feuer oder, in dessen Ermangelung, an einem Holzkohleofen zubereitet. Die Hälfte eines mehrere Kilogramm schweren reifen Käselaibes wird, die Schnittfläche der Glut entgegengerichtet, erhitzt. Schnell schmilzt die Oberfläche, wirft sich leicht auf. Mitsamt der Rinde schabt der *Racleur* mit einem Messer den flüssigen, duftenden Käse auf den Teller. Die klassischen Beilagen sind Pellkartoffeln, saure Zwiebeln und Delikateßgurken. Dazu gehört ein gutes Glas Wein – und Geselligkeit: In einer gemütlichen Runde schmeckt die Raclette eindeutig am

Raclette mit den typischen Beilagen: Pellkartoffeln, Gurken und Zwiebeln

In der Walliser Küche ist alles auf Haltbarkeit ausgerichtet

besten. Übrigens auch das **Fondue,** ebenfalls ein Käsegericht: Eine geriebene Käsemischung wird mit Weißwein, Knoblauch, Pfeffer, Muskat und etwas Schnaps abgeschmeckt und erhitzt. Der heiße, flüssige Käse wird im *Caquelon,* einem Tongefäß, mitten auf den Tisch gestellt. Darunter hält eine Spiritusflamme die Speise am Köcheln. Von allen Seiten werden, an langen Gabeln aufgespießt, Brotbrocken ins *Caquelon* getunkt. Erst einmal rührt man – denn das Fondue darf nicht anbrennen –, dann werden die käseüberzogenen Brotstücklein zum Munde geführt. Wem im *Caquelon* ein Brocken abhanden kommt, der muß eine Runde bezahlen.

Käse – die berühmten Sorten aus dem Goms und dem Val de Bagnes eingeschlossen – wird in allen erdenklichen Formen aufgetragen: als Käseküchlein, Käseschnitte, Käseplatte oder Zugabe zu zahlreichen Gemüsegerichten: Spargel, Tomaten, Blumenkohl, ja sogar Birnen werden mit Käse serviert.

Jahrhundertelang war das **Getreide** das Grundnahrungsmittel der Walliser. Auf kargen Böden und winzigen Äckerchen wird, begünstigt durch das milde Klima, vor allem der Roggen bis auf über 2000 m Höhe angebaut. Unter den schmack- und nahrhaften Walliser Roggenbroten gehört jenes von St-Luc zu den beliebtesten. Der **Reis** gelangte bereits vor sehr langer Zeit von Italien über die Pässe ins Goms. Zu den lokalen Spezialitäten zählen der mit Zimt bestäubte Milchreis und, vor allem in Mund, wo die einzigen Safranfelder Europas stehen, das Safran-Risotto. Im 19. Jh. kam die **Kartoffel** auf und hat den Roggen als Grundnahrungsmittel ergänzt.

Der ›kleine Hunger zwischendurch‹ löst sich vor allem für Fleischliebhaber schnell in Glückseligkeit auf: Luftgetrocknetes Rindfleisch – am meisten wird jenes vom Simplon gerühmt –, Trockenspeck, Hauswurst, dazu ein Stück Käse, Roggenbrot und ein Glas Wein, werden in jeder Gaststätte aufgetragen. Am Abend wird vielerorts **Gsottus** serviert: Der Eintopf vereinigt gesottenes Fleisch – Frisch- und aufgeweichtes Trockenfleisch, Stücke vom Schwein, Schaf und Gitzi (Zicklein) sowie knackige Wurst – und verschiedene Gemüse, je nach Vorrat und Jahreszeit. In Savièse rühmt man sich, das vielfältigste Gsottus auftragen zu können: Nicht weniger als zehn verschiedene Fleischsorten finden sich darin. Vom Grill kommt das **Lammgigot** oder ein kräftiges Schaffleisch.

Das untere Rhonetal ist das schweizerische Obst- und Gemüseparadies. Hervorragende fruchtbare Erde und viel Sonne bringen qualitativ hochwertiges **Obst** hervor. Als erste werden in den ausgedehnten Kulturen Mitte Juni die Kirschen gepflückt. Es folgen die Erdbeeren und saftige Aprikosen, Pfirsiche, Pflaumen aller Art, Birnen, Äpfel, Zwetschgen, Trauben und Nüsse. Die Früchte werden, frisch vom Baum oder von der Staude, auch am Straßenrand angeboten.

Vom frühen Frühling bis spät in den Herbst wird **Gemüse** geerntet: Salat, Spargel, Tomaten, Kefen, Bohnen und Karotten sind nur einige aus der vielfältigen Palette. Was der Boden hergibt, kommt – der Saison entsprechend – in vielfältigen Zubereitungsarten auf den Tisch: Bohnen-, Rüben- und Gemüsesuppen – darunter die schmackhafte, aus Puffbohnen zubereitete *soupe aux fèves.* Berühmt ist der Walliser Spargel. Er wird gekocht mit Mayonnaise, als Kuchen, Soufflé oder – mit Käse überbacken – als Gratin aufgetischt. Im Spätherbst wird Rotkraut mit Kastanien aufgetragen.

Ob Brot, Käse, Trockenfleisch, Wein oder Schnaps – die Walliser Küche ist vom Streben nach Haltbarkeit geprägt. Überall bemühte sie sich schon vor Einführung der Tiefkühltruhe, die guten Sachen jederzeit auftischen zu können.

Weinland Wallis

Auf 5000 ha gedeihen, meist auf steilen Terrassen der Sonne entgegengerichtet, im Wallis gut 40% aller schweizerischen Weinstöcke. Im Sommer flimmert an den Hängen des Rhonetals südlich von Leuk – vor allem in der Umgebung von Sion – und in einigen Seitentälern heiß die Luft über den glühenden Weinbergen. Ist das Grün der Reben in leuchtendes Gelb übergegangen, treten die Winzerfamilien und ihre Freunde zur Lese an. Sie erfolgt großenteils von Hand – eine wichtige Voraussetzung für die Gewinnung von ausgesprochenem Qualitätswein.

Vorherrschend ist der Weißwein. Er macht fast zwei Drittel der gesamten Walliser Produktion aus. Am weitesten verbreitet ist der spritzige Fendant, der, aus der Chasselas-Traube gewonnen, exklusiv im Wallis abgefüllt werden darf. Die Rebsorte Gros Rhin bringt den beliebten Johannisberg – füllig, blumig und zart – hervor. Kultiviert werden zudem ein gutes Dutzend seltenerer Traubenarten, die teilweise zu lange gelagerten Spezialitäten verarbeitet werden. Zu den beliebtesten dieser edlen Tropfen gehören der fruchtig-volle, markige Muscat, die leichten und belebenden Rebsorten Ermitage und Humagne, der gehaltvolle, feurig-feine Amigne und der Malvoisie, voll und zart. In Visperterminen stehen auf 1200 m Höhe auf winzigen, steilen, terrassenförmig angelegten Parzellen die höchstgelegenen Weinstöcke Europas. Die Rebsorte Heida wächst nur hier und ergibt einen Wein, dessen Name auf die vorchristliche Zeit zurückweist.

Die Hauptsorte unter den Rotweinen ist, aus Gamay- und Pinot-Noir-Trauben gewonnen, der vollmundige Dôle. Noch kraftvoller ist der Pinot Noir, als leicht und blumig wird der Goron gepriesen.

Am besten läßt sich der Wein im passenden Ambiente genießen: in Kleinkellereien – manche davon geben die Einheimischen, wenn überhaupt, nur als Geheimtip preis – und gemütlichen Trinkstuben, *Carnotzets* genannt, welche zum feinen Tropfen ein Plättli Trockenfleisch oder Käse auftischen.

Dem Fremden meist vorenthalten bleibt der ›Gletscherwein‹, unten im Rhonetal gelesen, doch hoch oben in den Seitentälern (v. a. im Val d'Anniviers) gereift. Im Keller jedes Weinbauern lagert dieser kostbare Saft in alten Eichenfässern. Was getrunken wird, muß ersetzt werden, jedes Jahr kommen einige Liter des neuen Rebsaftes hinzu. Auf diese Weise oft hundertjährig, wird diese Köstlichkeit nur zu besonderen Gelegenheiten aus dem Keller geholt.

Schließlich werden die gehaltvollen Trauben auch zu Härterem verarbeitet: Zum Kaffee mundet ein Walliser Marc, aber auch die Schnäpse aus den einheimischen Aprikosen und Williams-Birnen schmecken ausgezeichnet.

Hinweise und Tips fürs Wandern

Allen in diesem Buch beschriebenen Wanderungen ist gemein, daß sie ohne alpinistische Erfahrung unternommen werden können. Dennoch ist auf eine gute Ausrüstung zu achten: Zu empfehlen ist festes Schuhwerk mit Profilsohle, d. h. Wanderschuhe. Sind sie neu, sollten sie unbedingt zu Hause eingelaufen werden, damit das Wandern nicht durch schmerzende Blasen und Druckstellen verdorben wird. Zur Grundausrüstung gehört ebenfalls ein leichter, jedoch solider Regenschutz sowie genügend Flüssigkeitsreserven – Wasser, Tee oder verdünnter Fruchtsaft. Auf den meisten Wanderungen besteht die Möglichkeit, sich unterwegs zu verpflegen. Ist dies – wie bei einzelnen Routen angegeben – nicht der Fall, sollte auf jeden Fall Proviant mitgeführt werden.

Die Wanderungen folgen fast ausschließlich markierten Wegen. Es ist aber empfehlenswert, zusätzliche Orientierungshilfen, d. h. Wanderkarten, mitzunehmen. Wer dennoch von der Route abkommt, darf seinen Weiterweg keinesfalls selber suchen, sondern sollte zur letzten Markierung zurückkehren und sich dort wieder zu orientieren versuchen.

Vor dem Aufbruch zur Wanderung ist es empfehlenswert, im Hotel oder an einer anderen öffentlichen Stelle seine Routenwahl zu hinterlassen. Sollte man im Gebirge, zum Beispiel durch einen unvorhergesehenen Schlechtwettereinbruch, in Not geraten, kann auf diese Weise Hilfe organisiert werden. Größere, anspruchsvollere Touren sollten zudem nie alleine unternommen werden.

Wer im Gebirge in ein Gewitter gerät, sollte exponierte Stellen (Grate, Felsvorsprünge usw.) sofort verlassen. Diese, wie auch steile Stellen und hohe Bäume, sind besonders blitzschlaggefährdet. Am besten zieht man sich in eine Mulde zurück, um dort ruhig das Ende des Unwetters abzuwarten.

Die Wanderungen auf einen Blick

Die Ausgangs- und Endpunkte aller in diesem Buch beschriebenen Wanderungen sind mit öffentlichen Verkehrsmitteln erreichbar. Als Rundwanderungen sind die Routen Nr. 3, 8, 10, 11, 13, 19, 22 und 25 angelegt. Einige Wanderungen sind – aufgrund der Marschzeit oder der zu überwindenden Höhenunterschiede – etwas anspruchsvoller als andere, darunter im speziellen die Touren Nr. 3, 7, 8, 10 (mit leichter Gletschertraversierung), 13, 16, 17 (Gipfelbesteigung), 21, 24, 25,

26, 27 (Gipfelbesteigung), 28 und 29. Zu den leichten Wanderungen gehören vor allem jene im Rhonetal – Nr. 1, 2, 7, 16, 18 und 21, wobei für die drei letzteren Wanderschuhe nicht erforderlich sind. Höhenwegen, die zu einem großen Teil fast eben verlaufen und eine großartige Aussicht freigeben, folgen die Touren Nr. 6, 9 und 12. Entlang des internationalen Walserwegs – auf den Spuren der bis in die heutige Zeit kulturell eigenständigen Vorfahren der Oberwalliser – verlaufen die Wanderungen Nr. 1, 2, 3 und 9. Über Pässe führen die Touren Nr. 3, 5, 8, 14, 23, 26, 28, 29 und 31. Naturkundlich Interessierte kommen auf den Wanderungen durch Naturschutzgebiete (Nr. 4, 20 und 34) auf ihre Kosten, und kunsthistorische Sehenswürdigkeiten treffen wir auf den Routen Nr. 1, 16, 18, 19, 21, 24 und 28 an. Bei den Wanderungen 4, 9, 12, 14, 15 und 31 dienen Seilbahnen, Sessellifte oder Gondelbahnen als Aufstiegshilfen.

Kleines Wander-Glossar

Bisse, Suone	künstliche Wasserleitung (Unterwalliser bzw. Oberwalliser Dialekt)
Chännel, Kännel	›Kanal‹; künstliche Wasserleitung, die nicht durch das natürliche Gelände verläuft
Fluh	Felswand
Krete	Grat
Maiensäß, Vorsaß	Alphütte; Station des Viehs beim Auftrieb zwischen der Winterzeit im Tal und dem Sommer auf den Hochalpen
Matte	Bergweide
Moräne	Schuttablagerung eines Gletschers
Paßboden	kleine Hochebene auf dem Scheitelpunkt eines Paßübergangs
Punkt	trigonometrischer Punkt, Vermessungspunkt
Runse	durch Steinschlag oder Lawinen geschaffene, rinnenförmige Vertiefung im Gelände
Stafel	Alphütte
Tobel	Schlucht eines Baches im Wald
Wasserfuhre	s. ›Bisse, Suone‹

Blick von Bellwald
auf das Wannenhorn

1

Das Reich der Kirchen und Kapellen

Auf dem Rottenweg durch das Goms von Ernen nach Münster

Die junge Rhone – im Oberwallis ›Rotten‹ genannt – und kompakte, schmucke Dörfer prägen das landschaftlich reizvolle, weite und dichtbesiedelte Goms. Überall grüßen weiß leuchtende Kirchen und herausgeputzte Kapellen, die durch Baustil und Reichtum der Innenausstattung beeindrucken. Der angenehme, weitgehend ebene Rottenweg verläuft in geringer Höhe oberhalb des naturbelassenen Flusses oder führt direkt an diesem entlang.

WEGVERLAUF: Ernen – Mühlebach (30 Min.) – Steinhaus (30 Min.) – Rottenbrigge bei Niederwald (30 Min.) – Bieligermatte (1.10 Std.) – Uberrotte (50 Min.) – Münster (45 Min.)

DAUER: 4.15 Std.

LÄNGE: 17,5 km

HÖHENUNTERSCHIED: ca. 200 HM bergauf (Ernen 1195 m, Münster 1360 m)

SCHWIERIGKEITSGRAD: leicht

WEGBESCHAFFENHEIT: Feld- und Waldwege, Fahrstraßen

AUSRÜSTUNG: Wanderschuhe

WANDERKARTEN: Kümmerly + Frey Wanderkarte 1 : 60 000 Aletsch–Goms–Brig–Simplon; Kartenmaterial der lokalen Verkehrsvereine

EINKEHRMÖGLICHKEITEN: Restaurants in den Dörfern im Tal (kleine Abstecher von der Wanderroute)

ANFAHRT: Mit der Furka-Oberalp-Bahn oder dem Auto ab Brig bis Fiesch und weiter mit dem Postauto nach Ernen.

Rückfahrt von Münster mit der Furka-Oberalp-Bahn (Stundentakt) über Fiesch nach Brig.

DER WANDERWEG

Wir verlassen die Postautohaltestelle des herrschaftlichen Dorfes **Ernen** und wandern, vorerst auf der Dorfstraße, dann auf einem Feldweg durch saftige Wiesen in Richtung Nordosten. Der Weg auf einer Moränenhochebene führt uns durch ein sanftes Tälchen. Auf einem Geländesporn links über uns erkennen wir drei mächtige steinerne Säulen. Es sind die Reste des einzigen in der Schweiz noch stehenden Galgens. Sie stammen aus der Zeit, als Ernen noch Haupt- und damit Gerichtsort für das ganze Goms war. Weiter durch die Wiesen führt uns der Weg in das Dörfchen **Mühlebach** (30 Min.). Auf einem Hügel steht die von weither sichtbare Kapelle aus dem Jahr 1676. Berühmt geworden

Blick über das Goms in Richtung Furkapaß, im Vordergrund Ernen

ist Mühlebach als Geburtsort des streitbaren Matthäus Schiner: Im Jahr 1465 geboren, ging er als erster schweizerischer Kardinal in die Geschichte ein. Mit einer Erinnerungstafel versehen, ist sein Geburtshaus gut zu erkennen.

Auf einer kleinen Fahrstraße verlassen wir Mühlebach. Der Blick geht frei ins Tal hinunter, auf den jungen, stellenweise ungestümen Rotten und auf die bewaldeten Hänge der gegenüberliegenden Talseite. Auf den Wiesen zu beiden Seiten der Fahrstraße weiden kleine, zähe, braune Kühe. Die Viehzucht ist nach wie vor die Haupterwerbsquelle der Gommer Bauern. Über die Weiler **Lärch** und **Schwenni** wandern wir weiter zum Graben des Löüwibachs. Dort kürzen wir den Weg ab, indem wir auf einem Fußweg zum Bach hinabsteigen, um ihn zu überqueren. Nach kurzem Anstieg am jenseitigen Ufer treffen wir wieder auf die Straße und erreichen das Dörfchen **Steinhaus** (1 Std.), hoch über der Schlucht des wilden Rufibachs gelegen, den wir nach einem kurzen Abstieg auf einem Brücklein überqueren.

Unter uns zeigen sich jetzt an der Rhone über mehrere Kilometer mächtige Steilufer, die von der gewaltigen Erosionstätigkeit des Flusses Zeugnis ablegen. Im übrigen wird das Bild der Landschaft sanfter, das Tal wird breiter. Auf einem Feldweg wandern wir durch Wiesen und an kleinen Höfen vorbei und überqueren den **Bettulbach** (1.20 Std.).

Anschließend führt uns der Weg durch ein kleines Wäldchen ein erstes Mal an den Rotten hinunter, der sich gletscherfarben behaglich durch das ganze Tal schlängelt. Nach rund 300 m zweigt eine kleine Straße linker Hand ab und führt über die **Rottenbrigge** (Rottenbrücke, 1.30 Std.) und einen kurzen Aufstieg ins Dorf **Niederwald,** welches, um vor den zeitweise wilden Fluten des Flusses gesichert zu sein, einige hundert Meter weit von der Rhone entfernt am Fuße des Berghanges liegt. Allerdings bedroht eine andere Gefahr das Dorf, liegt es doch unter einem bewaldeten Grat am Rande eines großen Schuttkegels und gefährlichen Lawinenzugs. Nach dem kurzen Abstecher kehren wir über die Rottenbrigge zurück auf das linke Rhoneufer.

Manche sagen, das wirkliche Gesicht des Goms – das weite, waldbegrenzte Wiesental – zeige sich erst ab Niederwald richtig. Im Fluß erkennen wir eine kleine, begrünte Insel, geradeaus führt der Weg zu einer kleinen Kapelle. Wir jedoch nehmen für einige Zeit Abschied vom Rotten und steigen rechter Hand wenige Meter den Hang hinan, wo uns ein Feldweg aufnimmt und uns weiter ansteigend vorerst durch eine Wiese und anschließend durch den Wald und über eine kleine Lichtung ins **Chrimpebach-Tobel** führt (1.50 Std.). Auf einer kleinen Brücke queren wir den Bach, wenden uns auf der Forststraße scharf nach links, verlassen den Wald und bekommen wieder den Fluß zu Gesicht. Unterhalb der Häusergruppe Bifiga führt der Weg am Wald entlang, ein kurzes Stück in diesen hinein und über ein Bächlein zum Weiler **Bodme** (2.05 Std.). Von hier aus führt eine Fahrstraße über den Rotten nach Blitzingen auf der gegenüberliegenden Talseite.

Wir wandern weiter am Fluß entlang. Im Wasser sind zwei weitere Inselchen zu sehen, rechts von uns liegen zwei Auenwäldchen. Durch das zweite fließend, mündet der Spissbach in den Rotten. Wir überschreiten ihn und gelangen, immer wenige Meter vom Fluß entfernt, beim **Zeiterbode** zu einer Ab-

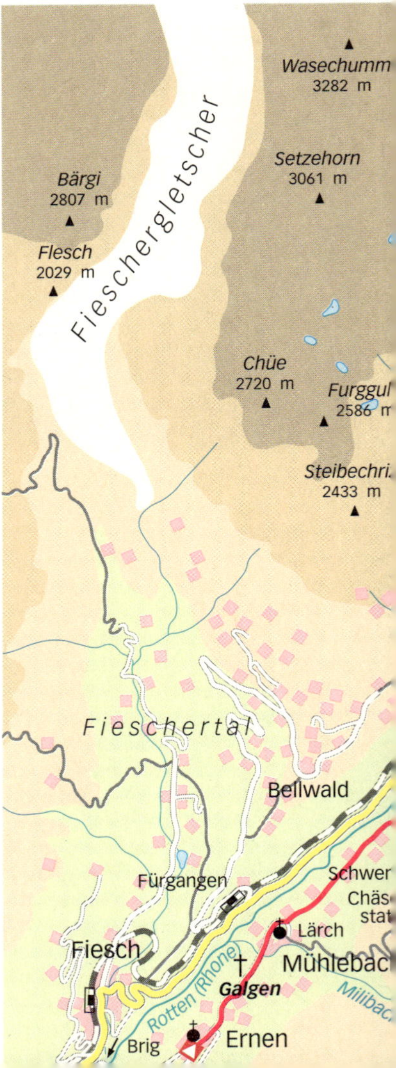

Wanderung 1: Auf dem Rottenweg durch das Goms von Ernen nach Münster

zweigung (2.25 Std.). Linker Hand führt eine Brücke nach Selkingen, wir jedoch wählen den Weg geradeaus durch einen schönen Auenwald.

Bei den Ställen der Bieligermatte, hinter denen sich eine weitere Rottenbrücke befindet, schlagen wir den Fahrweg vorerst Richtung Südosten, anschließend Richtung Süden ein. Wenig oberhalb Punkt 1306 ändert der Weg die Richtung, steigt weiter nach Nordosten an und führt über den Ritzibach. An einem Erlenwäldchen und einem Militärlager vorbei gelangen wir wieder an den Rotten hinunter. Hier führt die **Ritzibrigge** nach Ritzingen auf der anderen Seite des Flusses (2.55 Std.).

In dieser Gegend zeigt sich besonders schön das Mosaik der kleinen, akkurat zusammengefügten braunen, grünen und gelben Äcker und Felder, der charakteristische Flickenteppich des Goms. Vom gegenüberliegenden Schuttkegel grüßt die Wallfahrtskapelle auf

dem Ritzingerfeld, die als Wahrzeichen des Obergoms gilt. Dahinter liegt das Dörfchen Gluringen mit einem eindrucksvollen Stadel aus dem Jahr 1705. Auf einem Feldweg nahe am Rotten wandern wir an einem idyllischen Campingplatz vorbei und durch ein kleines Gehölz zum Weiler **Riti** (3.10 Std.).

Einige hundert Meter weiter verlassen wir das Rhoneufer nach rechts und queren kurz vor den Häusern und Ställen von **Uberrotte** (3.30 Std.) den Blinnenbach. Uberrotte, auf einem Schuttkegel gelegen, ist ein alter Dorfteil von Reckingen, wohin wiederum eine Brücke führt.

Hinter dem Bach folgen wir der Straße nach Uberrotte hinein und durchqueren den Ort. Dann wählen wir den Weg in östlicher und anschließend nördlicher Richtung abseits des Flusses, beschreiben eine Linkskurve, steigen auf zum Weiler **Äbmete** (3.55 Std.) und erleben eine herrliche Waldpartie. Ein kurzer Abstieg über einen Feldweg bringt uns wiederum an den Fluß. Bei Eiget benutzen wir die Brücke über den Rotten und gelangen auf einem Flurweg nach **Münster** (4.15 Std.).

AM WEGE

Das stolze **Ernen,** auf einer Hangterrasse über dem Rotten gelegen, weist eines der vornehmsten ländlichen Ortsbilder der Schweiz auf. Für seine ursprüngliche, einheitliche Architektur wurde das Dorf 1979 mit dem ›Wakker-Preis für das schönste Ortsbild einer Region‹ ausgezeichnet. Bis zum Bau der neuen Talstraße im 19. Jh. war Ernen Hauptort des ganzen Tales und Umschlagplatz an der wichtigen Alpenroute über den Albrunpaß nach Italien. Ernen ist zudem Geburtsort von vier Bischöfen und sieben bedeutenden Landvögten. Traditionellen Stolz und politisches Selbstbewußtsein bezeugen noch heute die stattlichen Häuser aus dem 15.–18. Jh. am weiten Dorfplatz, darunter das alte Gemeindehaus. Besonders sehenswert ist die romanische Kirche St. Georg mit ihrem spätgotischen Chor.

In lawinensichere Mulden geduckt, scharen sich die kleinen bis winzigen Dörfer im Goms eng um eine weiße Kirche oder Kapelle. Die Fassaden der wohlproportionierten, zwei bis vier Stockwerke hohen **Gommer Häuser** richten sich zur Sonne. Die weißgestrichenen Fensterrahmen kontrastieren mit dem sonnengebräunten und wettergegerbten Lärchenholz. Zu den charakteristischen Gommer Häusern gehören auch die zahlreichen Stallscheunen, Heustadel und Getreidespeicher. Letztere stehen auf Sockeln mit Steinplatten, welche die Mäuse davon abhalten, sich im Inneren gütlich zu tun.

Kleine Abstecher führen vom Wanderweg in die ursprünglichen Dörfer auf dem rechten Rhoneufer. Am Fuß eines bewaldeten Steilhanges gelegen, ist **Niederwald** mit seinen schwarzgebrannten Häusern aus Lärchenholz das besterhaltene Gommer Dorf und rühmt sich einer reich ausgestatteten Barockkirche. Auf dem Friedhof ruht Caesar Ritz, Begründer des internationalen Rufs der schweizerischen Gastronomie und Hotellerie. Der Dorfkern von **Blitzingen** wurde 1932 durch einen Brand zerstört und sorgfältig wiederaufgebaut. Sehenswert ist die Pfarrkirche mit einem kunstvoll geschnitzten Altar. Walserarchitektur prägt das Dorf **Reckingen.** Eine gedeckte Holzbrücke verbindet die auf beiden Seiten des Rottens erbauten Wohnhäuser. Sehenswert ist das prächtige Taffinerhaus im Stil der Renaissance. Die schneeweiße Barockkirche, die schönste des Goms, im Jahr 1745 der Geburt Mariä geweiht, besitzt neben der sehenswerten geschnitzten Kanzel und der Orgel ein Beinhaus mit bekleideten Skeletten.

2

Wo die Rhone noch in den Kinderschuhen steckt

Auf dem Gommer Höhenweg von Münster nach Oberwald

Im Talgrund unterhalb des Gommer Höhenweges, der von Gletscher, Fluß und Bächen in Jahrtausenden ausgestaltet wurde, stehen sonnenversengte Häuser und weiße Kirchen, umgeben von grünen Wiesen und leuchtend gelben Getreidefeldern. Hier, wo die Rhone noch jung ist und ›Rotten‹ genannt wird, treten die Reize des Goms am eindrücklichsten zutage.

WEGVERLAUF: Münster – oberhalb Geschinen (1 Std.) – Nessel (1.10 Std.) – Gadestatt (30 Min.) – Abzweigung Grimselweg (30 Min.) – Oberwald (50 Min.)

DAUER: 4 Std.

LÄNGE: 11 km

HÖHENUNTERSCHIED: ca. 350 HM (Münster 1388 m, Nessel 1712 m, Oberwald 1368 m)

SCHWIERIGKEITSGRAD: leicht

WEGBESCHAFFENHEIT: Feld- und Waldwege, wenige Fahrstraßen

AUSRÜSTUNG: Wanderschuhe

WANDERKARTEN: Kümmerly + Frey Wanderkarte 1:60 000 Aletsch–Goms–Brig–Simplon; Kartenmaterial der lokalen Verkehrsvereine

EINKEHRMÖGLICHKEITEN: Restaurants in Oberwald

HINWEIS: Die Wanderroute markiert den zweiten Teil des Gommer Höhenwegs (beginnend in Bellwald, eingangs des Obergoms), und ist ein Teilstück des Großen Walserwegs, welcher zum ›Kulturweg Europas‹ ernannt wurde. Sie läßt sich ideal mit Wanderung 1 kombinieren.

ANFAHRT: Mit der Furka-Oberalp-Bahn oder dem Auto ab Brig bis Münster.

Rückfahrt von Oberwald mit der Furka-Oberalp-Bahn (Stundentakt) über Münster nach Brig.

DER WANDERWEG

In **Münster,** welches sich, in eine Mulde geschmiegt, am Sonnenhang des Minstigertals zu beiden Seiten eines Wildbachs ausbreitet, beginnt die Wanderung. Am nördlichen Dorfausgang wenden wir uns auf einem Fahrsträßchen nach Norden und steigen durch Wiesen zum Weiler Löuwene empor (30 Min.). An der Bergflanke führt uns ein Fußweg weiter. Bereits jetzt bietet sich ein schöner Ausblick ins Tal und auf die junge Rhone, die gesittet, wenn auch hie und da schäumend, zu Tale fließt. Wie sie, wird unter uns auch der Schienenstrang der Furka-Oberalp-Bahn bis ans Ende der Wanderung unser Begleiter sein.

Nach 100 m zweigt von links ein Sträßchen ein. Wir wandern weiter bis zu der Stelle, wo sich der Wanderweg in drei Wege teilt. Links und rechts zweigen zwei kleine Sträßchen ab, wir wählen den Fußweg in der Mitte und treten bald in den Wald. Durch einen bewaldeten Grat geschützt, duckt sich unter uns an den Fuß eines Berges das Dorf **Geschinen** (1 Std.). Der Turm der Kapelle des hl. Sebastian erinnert an ein originelles Minarett. Hier wuchs Joseph Weger auf, der spätere Erzieher des Kaisers Franz II. (I.) von Österreich. Der unter uns liegende Talboden des Goms ist an dieser Stelle besonders weit.

Nach einer Linkskurve führt der Weg ein Stück weit in das Tälchen des Geschinerbachs. Wir queren den Bach, wenden uns wieder in Richtung Rhonetal und wandern am Gehöft **Bärg** (1.20 Std.) vorbei wiederum in ein kleines Tälchen hinein. 100 m nach der Überquerung des Niderbachs wählen wir an einer Gabelung den linken Weg und steigen auf einer Fahrstraße über die Matten auf nach **Nessel** (2.10 Std.), dem höchsten Punkt unserer Wanderung. Von hier aus sehen wir auf Ulrichen hinab. Südöstlich des Dorfes öffnet sich das Ägenetal, durch das die höchste Paßstraße der Schweiz zum Nufenenpaß an der Grenze zum Kanton Tessin führt. Mit Saumtieren wurde dieser alte Verbindungsweg zwischen Bern und Italien schon im 15. Jahrhundert begangen. Über dem Ägenetal

Der Charakter des Goms wird geprägt von einem Mosaik kleiner Äcker und Wiesen

grüßen die markanten Gipfel von Mittaghorn und Tällistock, ganz im Norden sieht man den Galenstock mit seinem gleißenden Firn.

Wir kommen ins wildromantische Tal des Oberbachs, überschreiten den Bach und verlassen den Wald bei **Gafene** (2.25 Std.). Der Talboden unter uns war im Mittelalter Schauplatz einer erbitterten Schlacht: Im Jahr 1419 erwarteten hier 600 Gommer eine große Schar Berner, die über die Grimsel plündernd ins Obergoms eingebrochen war, und besiegten sie. Wir folgen dem Wegweiser über die Matten und treffen nach 200 m auf einen Weg, den wir nach rechts einschlagen. Am unteren Waldrand entlang gelangen wir nach **Gadestatt** (2.40 Std.). Im Tal unten fällt uns Obergesteln auf. Das Dorf mutet fast südländisch an. Die Häuser, an schnurgeraden Straßen stehend, sind nicht, wie in den übrigen Dörfern des Obergoms, aus Holz gebaut. Im Jahr 1868 hatte eine große Feuersbrunst das Dorf vollständig vernichtet. Mit Unterstützung der Schweizerischen Eidgenossenschaft wurde es ganz aus Stein neu errichtet.

Wir wandern weiter an der Bergflanke entlang bis **Hostette** (2.55 Std.), überschreiten nach einer Kurve den Milibach und kreuzen eine Fahrstraße (3.10 Std.). Bis zum Ende des vorigen Jahrhunderts, als die Paßstraße ab Oberwald fertiggestellt wurde, diente der **Grimselweg** als wichtiger Verbindungsweg zwischen Bern einerseits und dem Wallis und Italien andererseits. Saumtierkarawanen zogen hier hinunter – wöchentlich über 200 Pferde und Maultiere! Wir folgen unserem Fußweg weiter geradeaus durch Weiden und lichten Lärchenwald, queren nach zwei kleinen Bächen den **Jostbach** (3.40 Std.) und wandern am Waldrand entlang weiter, bis im Tal un-

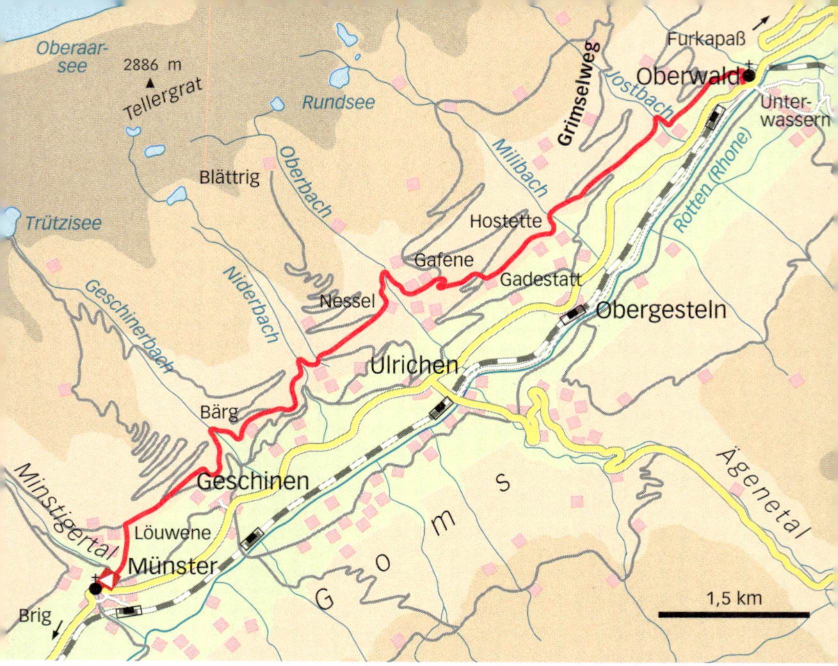

Wanderung 2: Auf dem Gommer Höhenweg von Münster nach Oberwald

ser Wanderziel knapp hinter uns liegt. Wenige Minuten nach der Überquerung des Trassees der Furka-Oberalp-Bahn erreichen wir **Oberwald** (4 Std.).

AM WEGE

Münster, Hauptort des Bezirkes Goms, ist ein schmuckes, typisches Haufendorf. Sonnenverbrannte Holzhäuser und Speicher – darunter das originelle Haus Imsand und der schönste Gommer Stadel, der Z'Jülisch Stadel –, enge Gäßchen und Winkel prägen das kompakte Dorfbild. Besonders sehenswert ist die alte, 1309 erstmals erwähnte Pfarrkirche St. Maria, bedeutendes Walliser Baudenkmal und einzigartiges Prunkstück. Der kostbare spätgotische, feingliedrig geschnitzte und goldverzierte Hochaltar von 1509 gehört zu den schönsten in der Schweiz. Beachtenswert sind auch die barocken Seitenaltäre, das kunstvolle Chorgestühl, das aus 63 Kassetten bestehende hölzerne Gewölbe des Schiffes, die Skulpturen in der Vorhalle und die geschnitzte Eingangstür. Auch die beiden Kapellen St. Peter und St. Antonius weisen zahlreiche Kunstschätze auf. Im Pfarrei-Museum ist unter anderem ein wertvoller Kirchenschatz zu besichtigen.

Oberwald, das erste Dorf an der jungen Rhone, besteht aus typischen Holzhäusern aus dem 17. und 18. Jh., Stadeln und Stallscheunen. Im Dorfteil Unterwassern stehen die Häuser und eine Reihe niedriger Scheunen in Reih und Glied, geschützt von einem Lärchenwald. Die Heiligkreuzkirche aus dem Jahr 1710, durch einen Lawinenbrecher aus Stein geschützt, weist einen auffälligen Zwiebelturm auf. Im Innern stehen drei reich geschnitzte Barockaltäre. Einen halben Kilometer östlich des Dorfes öffnet sich das Westportal des Bahntunnels unter dem Furkapaß, welcher dem Obergoms den ganzjährigen Zugang von Osten her garantiert.

3

Wo Legionäre, Schmuggler und Säumer gingen

Durch das Binntal auf den Albrunpaß

Romantische Wälder, verstreute, harmonisch gewachsene Weiler, Alpweiden und Moosboden, dazu eine ungewöhnlich reiche und seltene Flora prägen das abgeschiedene Binntal. Das ganze Tal, das sich der Bewahrung seiner Natur verpflichtete, wurde in das ›Bundesinventar der Landschaften und Naturdenkmäler von nationaler Bedeutung‹ aufgenommen; der Reichtum seltener Mineralien führte zur Bezeichnung ›des Herrgotts Schatzkammer‹.

WEGVERLAUF: Binn – Holzerehischer (25 Min.) – Fäld (20 Min.) – Freichi (1.15 Std.) – Alp Blatt (40 Min.) – Binntalhütte (30 Min.) – Albrunpaß (30 Min.) – Binn (2.45 Std.)

DAUER: 6.25 Std.

LÄNGE: 21 km

HÖHENUNTERSCHIED: ca. 1000 HM (Binn 1400 m, Albrunpaß 2409 m); gleichmäßige An- und Abstiege, etwas flacher im zweiten Drittel, etwas steiler am Ende der Route

SCHWIERIGKEITSGRAD: leicht

WEGBESCHAFFENHEIT: breite Wege, Fahrstraßen, Alpwege

AUSRÜSTUNG: Wanderschuhe

WANDERKARTEN: Kümmerly + Frey Wanderkarte 1 : 60 000 Aletsch–Goms–Brig–Simplon; Kartenmaterial der lokalen Verkehrsvereine

EINKEHRMÖGLICHKEIT: SAC Binntalhütte

HINWEIS: Auf dem Albrunpaß bietet sich kaum Aussicht in die Tiefe. Der Blick ins Dévero-Tal öffnet sich erst beim Abstieg auf der italienischen Seite des Passes.

ANFAHRT: Von Brig mit der Furka-Oberalp-Bahn (Stundentakt) nach Fiesch, weiter über Ernen nach Binn mit dem Postauto.

DER WANDERWEG

Wir verlassen das Zentrum von **Binn** (oder Schmidigehischere, wie der kleine Ort ursprünglich hieß) in östlicher Richtung und treffen nach einigen Metern auf das Hotel ›Ofenhorn‹. Dieses umgehen wir auf der linken Seite und wenden uns dann nach Osten, wo wir aus dem Dorf hinaustreten. Die Fahrstraße ist hier zu Ende und geht in einen Feldweg über. Dieser führt uns über die Matten am Hang über dem rechten Ufer der Binna bis zu einer Weggabelung. Wir schlagen die Fahrstraße linker Hand ein.

Im Tal unter uns erkennen wir den kleinen Weiler Hof. Es geht weiter über die Matten, bis sich, von links einmündend, ein Sträßchen mit unserem Weg vereinigt. Auf einem Feldweg wandern wir weiter geradeaus, durchqueren den Lochgrabe mit seinem Bach und kommen zu den Häusern von **Holzerehischer** (›Holzhäuser‹, 25 Min.).

Immer weiter taleinwärts wandernd, queren wir einen Bergbach und kommen unterhalb eines Waldes vorbei. Links über uns zieht sich die von weitem sichtbare schroffe Felswand der Flüetosse nach Nordosten. Immer noch in geringer Höhe über der Binna führt uns der Weg über Alpweiden und einen kleinen Graben. Dann beschreibt er eine scharfe Kurve, um über den **Fäldbach** zu gelangen, der unter uns in die Binna mündet.

Wir kommen durch ein Naturschutzgebiet und erreichen bald darauf den schmucken Weiler **Fäld** (45 Min.; auf manchen Karten auch als Imfeld angegeben) am Rande eines jäh abfallenden, leicht geneigten Plateaus. Hoch über dem Steilhang des Grabens fallen im Osten des Dorfes die schlanken Speicher, zum Teil auf Mauerpfeilern errichtet, auf. Nach einem Brand im Jahr 1598 wurde die Hälfte der 14 Wohnhäuser des Dorfes gleichzeitig wieder aufgebaut. Fäld gehört daher zu den einheitlichsten Siedlungen im Oberwallis.

Unser Weg führt vorbei an der hübschen Kapelle St. Martin mit ihrem schlichten Schnitzaltar. Anschließend folgen wir am oberen Dorfende einem Alpsträßchen, welches im untersten Teil asphaltiert ist. Es führt uns über den Graben des Lehmbachs und bei einer Weggabelung linker Hand weiter über einen Wiesenhang, verläuft am Rand eines prächtigen Lärchenwalds und tritt dann in diesen hinein. Wir überschreiten den Graben der **Trogschlüecht** (1.10 Std.) und wählen anschließend bei der Weggabelung den Weg nach rechts. Vom gegenüberliegenden Talhang grüßen die Schneepyramide des Schwarzhorns, die Messeralp und das Stockhorn. Unser Weg führt weiterhin durch den Wald und über Lichtungen. Beim Tschampigläger, einer Alpe, wenden wir uns an einer Gabelung nach links und gelangen in den **Brunnebiel** (1.40 Std.). In dieser

Wanderung 3: Durch das Binntal auf den Albrunpaß

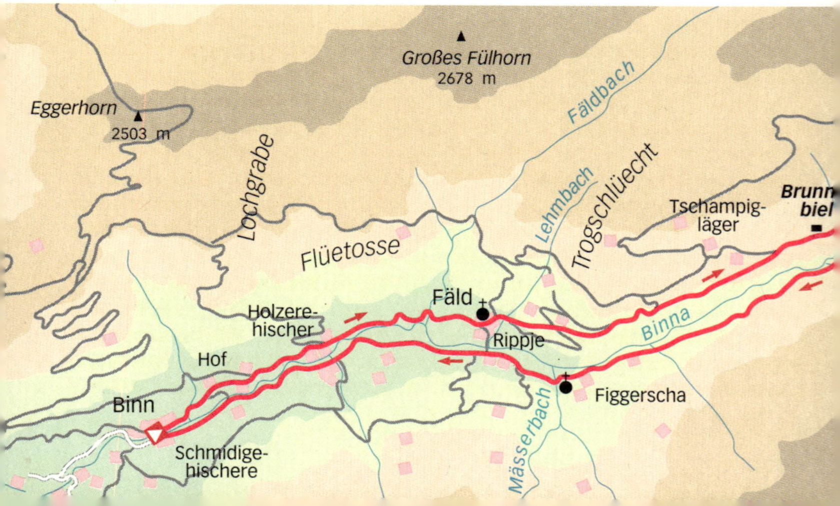

Alpkäserei wird im Sommer die Milch von rund 250 Kühen verarbeitet.

Wir folgen unserem Weg über Alpweiden und zwei Bäche nach **Freichi** (2 Std.). Im Osten fällt der Blick auf das imposante Ofenhorn und, an seiner nördlichen Flanke, den Tälligletscher. Wir befinden uns nun oberhalb der Baumgrenze und wandern auf gleicher Höhe wie die uns entgegenfließende Binna taleinwärts, bis wir an eine Gabelung kommen. Rechter Hand führt uns ein Pfad über das Turbewasser und steigt vorerst Richtung Nordosten an. In einigen Kehren erreichen wir auf einem Bergweg den Felssporn der **Alp Blatt** (2.40 Std.). Am östlichen Rand der Weiden sind noch die überwachsenen Überreste der ehemaligen Alpsiedlung zu erkennen. Wir durchwandern ein zweites Naturschutzgebiet. Mit einigem Glück entdecken wir Käferarten, erkennen einen Habicht oder – an den Felshängen – Gemsen und Steinböcke.

Ein Steg über die Binna führt uns zum **Oxefeld** (2.55 Std.). Ein Blick zurück zeigt nun das Binntal in seiner ganzen landschaftlichen Eindrücklichkeit. Wenig später erreichen wir die **Binntalhütte** (3.10 Std.) des Schweizerischen Alpenclubs (SAC), für Hochgebirgstouristen der Ausgangspunkt zur Besteigung des Ofenhorns. Von hier windet sich der Weg über Steinplatten zum **Albrunpaß** (3.40 Std.), auf der Grenze zu Italien, empor.

Bis **Freichi** (4.55 Std.) folgen wir zurück der Route, die wir für den Hinweg gewählt haben. Von Freichi steigen wir hinab zur Binna, die wir auf einem Steg überqueren, und gelangen nach Furggmatta. Auf der Südseite des Flusses weist der Bergweg talaus und führt gemächlich, immer an der Binna entlang und einige Bäche querend, nach **Figgerscha** (5.30 Std.). Bei der kleinen Christophorus-Kapelle beschreiben wir einen Bogen, überqueren dann den Mässerbach und wandern weiter nach **Rippje** (5.40 Std.). Hier folgen wir dem Fahrsträßchen zurück nach **Binn** (6.25 Std.).

AM WEGE

Im grünen Talgrund scharen sich in **Binn/Schmidigehischere** schwarzgebrannte Holzbauten um die weiße Kapelle auf einem Felssporn. Eine elegante, sogenannte Eselsrückenbrücke aus dem Jahr 1564 – die Datierung ein-

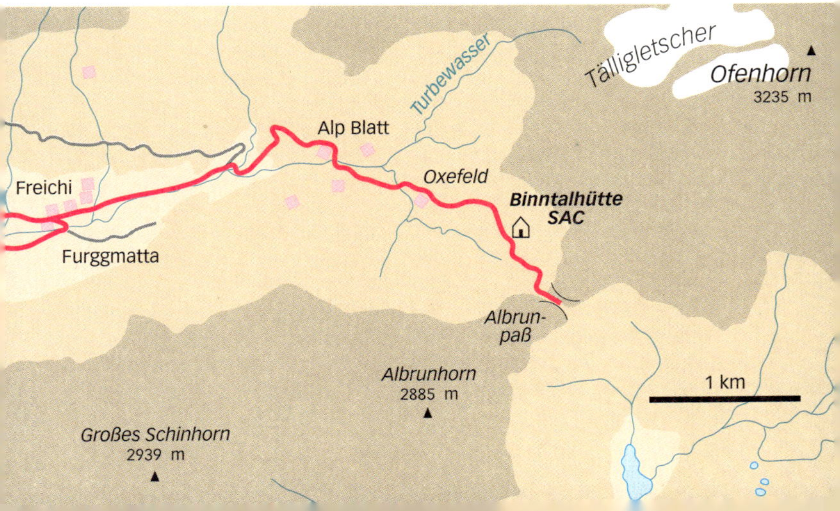

graviert am Giebel der Mauerbrüstung – ist eines der Wahrzeichen des Dorfes. Die barocke Antoniuskapelle mit einem Schnitzaltar aus dem Jahr 1692 weist am polygonalen Chor eine Sonnenuhr auf. Unübersehbar ist auch das traditionsreiche Hotel ›Ofenhorn‹ aus dem Jahr 1883. Selbst umfangreiche Renovierungen haben seinem unverwechselbaren Charme nichts anhaben können. Zahlreiche prähistorische Funde lassen darauf schließen, daß Binn/Schmidigehischere immer schon die Hauptsiedlung des Tales war. Im Mittelalter führte hier ein Pilgerweg nach Jerusalem vorbei.

Im **Binner Heimatmuseum** in der ehemaligen Dependance des Hotels ›Ofenhorn‹ spielen die Werkzeuge, die der Holzernte und -bearbeitung dienen, eine wichtige Rolle. Flinten und Instrumente für das Gießen von Gewehrkugeln zeugen von der Jagdleidenschaft der Talbewohner. Weitere Ausstellungsobjekte berichten über die Mineraliensuche, einerseits Broterwerb, andererseits Passion. Im übrigen sind Tragsättel aus Bast für Saumtiere zu sehen sowie alte Skier, die nicht als Sportgeräte, sondern als Fortbewegungsmittel dienten.

Kurz vor Fäld durchquert der Wanderweg ein **Naturschutzgebiet,** welches eine besonders schöne, reichhaltige und farbenprächtige Flora zeigt: Allein im Binntal blühen auf 1400–2400 m Höhe hundert verschiedene Pflanzen- und Blumenarten, davon elf

Beim Aufstieg auf den Albrunpaß

Enzian-, zwei Hauswurz-Arten und 30 verschiedene Habichtskräuter. Kaum anderswo blühen Ausgeschnittene Glockenblume, Piemontesischer Steinbrech, Paradieslilien und bestimmte Arten von Orchideen und Nelken.

Heute fast in Vergessenheit geraten, war der **Albrunpaß** zur Römerzeit eine sichere, oft begangene Route in den Süden. Auch die alten Eidgenossen benutzten diesen Übergang – etwa, um im Handstreich Domodossola einzunehmen. Handelsleute und Diebe trieben ganze Kuhherden über den Albrun und damit über die Landesgrenze. Bis zum Bau der Simplonstraße blieb der Albrunpaß von großer Bedeutung. An etlichen Stellen sind noch heute Reste der alten Handelsstraße zu erkennen.

MINERALIENGRUBE LENGENBACH

Von Fäld/Imfeld erreicht man in 20 Minuten über einen gut markierten Fußweg durch romantisches Gelände die weltweit berühmte Mineraliengrube Lengenbach. Zusammen mit anderen Fundstellen seltener Steine wie Bergkristall, Turmalin, Titanit und Granat hat sie dem Binntal die Bezeichnung ›des Herrgotts Schatzkammer‹ eingebracht.

Als erste entdeckten 1728 zwei britische Naturwissenschaftler die verborgenen Schätze. Um das Vorkommen von Pyrit – im Volksmund Katzengold genannt – näher zu erforschen, gruben sie im Lengenbach einen Stollen. Die Nicht-Katholiken waren den Einheimischen allerdings nicht geheuer und wurden von ihnen regelrecht aus dem Tal vertrieben. Zu Beginn des 19. Jh. konnte jedoch nichts mehr die Mineralogen aufhalten. Das Binntal wurde zum Strahler-Paradies. Aus der ganzen Welt reisten sie an, fanden bekannte und entdeckten unbekannte Steine. Später kamen auch die Einheimischen auf den Geschmack: Für manchen Bergbauern bedeutete der Handel mit den kostbaren Steinen einen willkommenen Nebenerwerb.

Heute fördern im kleinen Bergwerk einheimische und auswärtige Mineralienfreunde und Wissenschaftler 90 Arten von Mineralien, einige davon von Weltexklusivität, zu Tage. Die Grube selber steht nur den ›Profis‹ offen. Auf der Abraumhalde darf sich jedoch jedermann dem ›Kristallrausch‹ hingeben, mit ein wenig Glück recht gute Sammlerstücke nach Hause tragen.

Wer sich anleiten lassen will, folgt einer der Exkursionen in die verschiedenen Mineralienfundgebiete des Tales (Anmeldung unter ✆ 0 28/71 46 66 oder 71 46 02).

4

Am mächtigsten Eisstrom der Alpen

Vom Kühboden am Großen Aletschgletscher entlang nach Riederalp

Das Aletschgebiet gilt als eine der großartigsten Regionen der Alpen: Die imponierende Kulisse wird geprägt vom silbernen Band des Großen Aletschgletschers, des mächtigsten Eisstromes der Alpen. Über ihm erheben sich majestätisch Drei- und Viertausender, und ihm zu Füßen liegt das Naturschutzgebiet Aletschwald mit einer mannigfaltigen Tier- und Pflanzenwelt und einem einzigartigen Arvenwald.

i

WEGVERLAUF: Kühboden – Unners Tälli (45 Min.) – Vordersee (1.20 Std.) – Märjelensee (10 Min.) – Roti Chumme (40 Min.) – Biel (1.30 Std.) – Riederfurka (50 Min.) – Riederalp (20 Min.)

DAUER: 5.35 Std.

LÄNGE: 19 km

HÖHENUNTERSCHIED: ca. 200 HM bergauf, ca. 400 HM bergab (Kühboden 2212 m, höchster Punkt am Weg 2386 m, Riederalp 1950 m); durchweg leichte An- und Abstiege

SCHWIERIGKEITSGRAD: leicht bis mittelschwer; lediglich ein kurzes Wegstück ab Unners Tälli erfordert eine gewisse Vorsicht

WEGBESCHAFFENHEIT: großenteils sichere Wege im Geröll, Alp- und Waldwege; ein kleines Stück breite, gesicherte Felstreppe

AUSRÜSTUNG: Wanderschuhe

WANDERKARTEN: Kümmerly + Frey Wanderkarte 1 : 60 000 Aletsch–Goms–Brig–Simplon; SAW-Wanderkarte 1 : 50 000, Blatt 264 Jungfrau; Wanderkarte Aletschgebiet und Unteres Goms 1 : 25 000 der örtlichen Verkehrsvereine

EINKEHRMÖGLICHKEITEN: Berghütte am Vordersee, Restaurant Riederfurka

ANFAHRT: Von Fiesch mit der Luftseilbahn Fiesch–Eggishorn zur Zwischenstation Kühboden. Abfahrt mit der Luftseilbahn ab Riederalp nach Mörel. Das ganze Wandergebiet ist autofrei. Autos können in Fiesch geparkt werden.

Ab Mörel führt die Furka-Oberalp-Bahn in einer Viertelstunde nach Fiesch zurück (Stundentakt).

DER WANDERWEG

Wir beginnen unsere Wanderung in **Kühboden,** einer modernen Feriensiedlung an der Zwischenstation der Seilbahn Fiesch–Eggishorn. Von hier aus wandern wir auf einem gut ausgebauten Weg leicht bergab zum **Punkt**

›Gletscherweg‹ oberhalb des Großen Aletschgletschers, im Hintergrund die Berner Alpen

2180 (15 Min.), dem Standort des früheren Hotels ›Jungfrau‹, wo die Routen aufs Eggishorn bzw. nach Fiesch abzweigen. Auf fast eben verlaufendem Weg nach Nordwesten kommen wir rasch voran.

Der Weg verläuft unterhalb der Fiescheralp und umgeht dann in einer weiten Rechtsschleife einen Felsgrat. Dahinter stoßen wir auf den Weiler **Unners Tälli** (45 Min.), wo wir uns am Quellwasser erfrischen; bis zum Märjelensee werden wir keines mehr antreffen. Auf einem schmalen Pfad steigen wir mit einer gewissen Vorsicht durch eine Steilhalde über rund 200 HM an. Beim **Punkt 2386** (1.35 Std.), am verlängerten Tälligrat, öffnet sich ein herrlicher Ausblick auf den Fieschergletscher und auf unzählige Gipfel südlich des Goms. Nun wechseln wir die Richtung, der Pfad verläuft gegen Südwesten und wird breiter. Beim **Punkt 2378** zweigen die Wege zum Eggishorn und ins Fieschertal ab (2 Std.).

Abstecher: Beim Punkt 2378 zweigt ein Weg ab, der schmal, aber unschwierig über den Tälligrat zunächst zur Bergstation der Luftseilbahn Fiesch–Kühboden–Eggishorn führt und dann weiter auf den Gipfel des **Eggishorns** (2 Std.). Von oben bietet sich ein wundervoller Ausblick in die gesamte umliegende Bergwelt.

Wenige Minuten nach der Abzweigung stehen wir am gestauten **Vordersee** (2.05 Std.), wo eine Berghütte Speis und Trank (und den Hochalpinisten ein Nachtlager) anbietet. An etlichen Tümpeln vorbei erreichen wir den berühmten **Märjelensee** (2.15 Std.). Wir verlassen das kleine Gewässer in westlicher Richtung und erreichen auf leicht ansteigendem Weg die Gratkante, welche sich vom Eggishorn herunterzieht. Hier oben öffnet sich vor uns die großartige Aussicht auf den **Großen Aletschgletscher** und auf die Kette der Berner Alpen. Der mächtige Eisstrom wird uns bis ans Ende unserer Wanderung begleiten.

Von der Gratkante führt ein in Felsen gehauener, jedoch breit ausgebauter Weg über Schafweiden zur **Roti Chumme** (2.55 Std.), wo der Bergweg vom Bettmergrat her (Oberer Gletscherweg) einmündet. Bei unbeschreiblicher Aussicht, beeindruckenden Tiefblicken und einer leichten Brise vom Gletscher her wandern wir auf dem fast eben verlaufenden Unteren Gletscherweg oder Moränenweg, der auf dem Trassee einer uralten Wasserfuhre und eines schmalen, von Schafhirten benutzten Pfades erstellt wurde.

Wir gelangen zur kleinen Alp **Uf de Setzu** und über eine kleine Hochfläche zur Einsattelung **Biel** (2292 m, 4.25 Std.). Auf dem Moränenweg erreichen wir nach einigen hundert Metern den **Aletschwald** und damit ein Naturschutzgebiet, welches wir auf weichen Waldwegen durchwandern. Am Ende des Waldes gelangen wir auf die **Riederfurka** (5.15 Std.) und auf einem alten Saumweg über ausgedehnte Alpweiden leicht abfallend zur Feriensiedlung **Riederalp** (5.35 Std.).

AM WEGE

»Dank seiner wunderbaren Lage und der prächtigen Spiegelung der Eisberge, die auf seinen Wassern treiben, bietet der **Märjelensee** ein einzigartiges Bild seiner Art, das an die Schönheit der Polarlandschaft erinnert.« Was wir erkennen, ist jedoch nur noch eine Ahnung dessen, was der Chronist Otto Lütschg vor vielen Jahren vermerkt hat. Der das Gewässer nährende Gletscher ist zurückgegangen, kalbt nicht mehr, und mangels Zufluß von Gletscherwasser wird der Märjelensee immer kleiner. Noch zu Beginn des letzten Jahrhunderts war er jedoch 1700 m lang und 460 m breit, wies eine mittlere Tiefe von 23 m auf und schwimmende Eismassen von der Größe kleinerer Häuser. Er füllte das ganze Märjelental aus, manchmal floß er gar hinunter ins Fieschertal. Heute begnügt er sich mit einer kleinen Talmulde als Bett, welche ihm ein sich zurückziehender Arm des

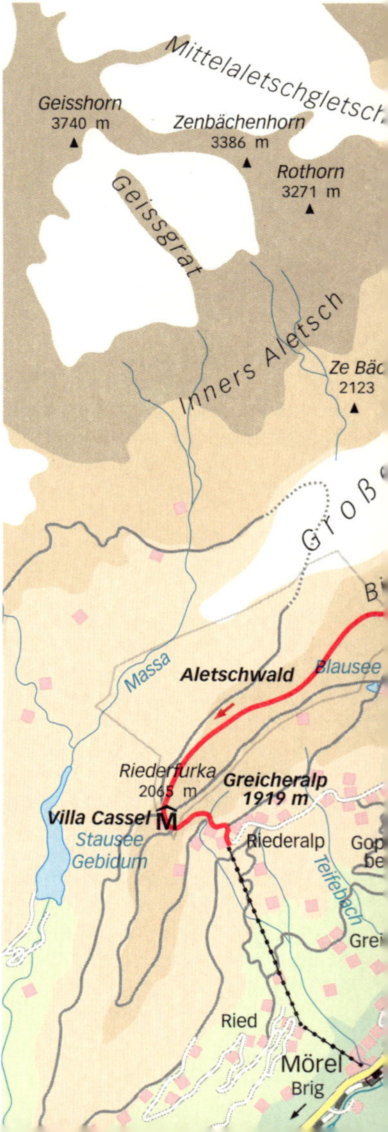

Wanderung 4: Vom Kühboden am Großen Aletschgletscher entlang nach Riederalp

Aletschgletschers freigegeben hat. Tatsächlich führt der See in einem Jahr recht viel, im anderen Jahr wenig oder gar kein Wasser. Dennoch hinterläßt das Gebiet auch heute noch einen bleibenden Eindruck.

Mit rund 24 km Länge und einer Fläche von 86 km² ist der **Große Aletschgletscher** der längste und größte Gletscher der Alpen. Genährt wird er aus dem Jungfrau-Massiv, wo er mit über 900 m seine maximale Eisstärke erreicht. Im Aletschgebiet beträgt sie 100–150 m. Beim Märjelensee beträgt die Fließgeschwindigkeit des Gletschers 136–144 m im Jahr, beim Aletschwald sind es 74–86 m jährlich. Vor rund 18 000 Jahren, als der Große Aletschgletscher mit dem Rhonegletscher zusammenfloß, durchbrachen nur

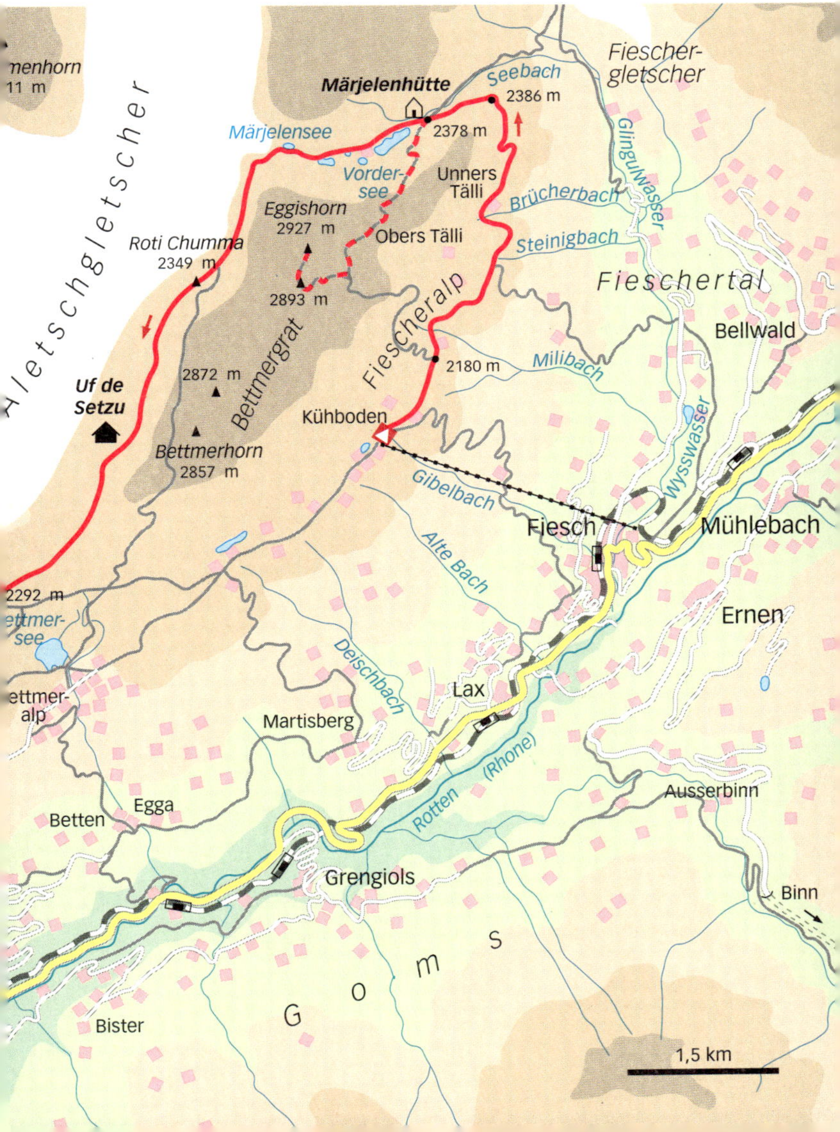

Naturschutzzentrum Villa Cassel

Kalter Stein gibt Leben frei: Schutt und Geröll, vom Gletscher auf seinem Rückzug liegengelassen, bilden mancherorts ganz allmählich – nach Tausenden von Jahren – den Nährboden für eine reiche Vegetation. So hat der Große Aletschgletscher sein ehemaliges Bett einem aufkeimenden, heute geschützten Wald überlassen. Auf der Riederfurka, am Rande des Aletschwald-Reservates bringt uns die Villa Cassel, 1976 als erstes Naturschutzzentrum der Schweiz eröffnet, die lange und spannende Geschichte dieses Naturwunders näher.

Von außen deutet nichts auf die heutige Bestimmung des Hauses hin. Im charakteristischen architektonischen Stilmix der Jahrhundertwende erbaut und mit kleinen Türmchen versehen, diente der imposante Bau einst als Sommersitz für Sir Ernest Cassel, einen bedeutenden englischen Bankier, Vertrauter des Königs und Förderer des jungen Winston Churchill.

Wo sich einst der englische Hochadel einfand, stellt heute eine anschauliche Ausstellung dar, wie und warum bedrohte Alpenlandschaften geschützt werden müssen. Wir lernen die Naturgeschichte des Aletschwald-Reservates und der ganzen Region, Flora und Fauna näher kennen und studieren Gesteins- und Gletscherkunde. So erfahren wir beispielsweise, wie die erste kümmerliche Vegetation auf der nackten Erdoberfläche Fuß faßt und sich vorerst winzige Tierchen ansiedeln. Dort, wo sich der Gletscher erst vor rund 50 Jahren zurückgezogen hat, sind kleinste Strauchweiden, Birken und Erlen, Moos und bunte Polsterpflanzen zu finden. In der etwas höher liegenden, schon länger eisfreien Zone gedeiht ein Pionierwald: Birken und Erlen nehmen langsam die Form von Bäumen an, auch der Vogelbeerstrauch wächst hier. Die Entwicklung hält immer noch an: Jedes Jahr schrumpft der Gletscher ein Stück, gibt Sand, Steine und Erdreich frei und verschafft dem Aletschwald-Reservat und der Erforschung des Gebietes mehr und mehr Raum. Experten fast aller Disziplinen der Naturwissenschaften widmen sich der vielgestaltigen Flora und Fauna. Sie untersuchen Gletscheralgen und -flöhe, beobachten Vögel und Insekten, aber auch Pilze und Bakterien, stellen Statistiken über die Bäume auf, erheben Wildschäden, führen Bodenanalysen durch – um nur einige ihrer Studien zu nennen.

Naturschutzzentrum Aletschwald in der Villa Cassel

Die Villa Cassel und ein dazugehöriger einzigartiger Alpengarten sind von Mitte Juni bis Mitte Oktober täglich von 10 bis 17 Uhr geöffnet. Wer sich durch die Ausstellung, den Alpengarten oder gar das ganze Naturschutzgebiet Aletschwald führen lassen möchte, sollte sich frühzeitig anmelden (✆ 0 28/27 22 44). In den Sommer- und Herbstferien werden Kurse angeboten; Einzelpersonen wie Familien sind willkommen, Vorkenntnisse nicht nötig.

die höchsten Gipfel, wie Bettmer- und Eggishorn, den mächtigen Eispanzer. Seit 1892 wird regelmäßig die Gletscherzunge vermessen; jährlich wird ein Rückgang des Gletschers um durchschnittlich 20 m verzeichnet. Auf jeder Seite des Gletschers fällt ein heller Streifen auf. Es sind Schutthalden, die vom Gletscher seit 1850 freigegeben wurden. Seither hat der Eisstrom mehr als 100 m an Mächtigkeit verloren.

Zwischen Biel und der Riederfurka führt die Wanderung durch das **Naturschutzgebiet Aletschwald.** Hier bildete sich nach dem Rückzug des Eises vor rund 9000 Jahren auf dem vom Gletscher freigegebenen Schutt und Geröll, den Moränen, eine Humusschicht. Bald siedelten sich die ersten Pflanzen, die sogenannte Pioniervegetation, an: Gräser und Kräuter wie Moränenweidenröschen und Steinbrecharten, später Sträucher und Bäume wie Weiden und Birken, dann Lärchen. Vor 8000 Jahren kam die Arve auf, welche bis heute vorherrscht: Rund 75% des Waldes, welcher 220 ha umfaßt und 1933 unter Naturschutz gestellt wurde, wird geprägt vom Arvenbestand. Die ältesten dieser Nadelbäume zählen über 800 Jahre. Deutlich unterscheiden sich die Bäume von jenen regelmäßig gewachsenen und hochragenden in tieferen Lagen. Hier haben sie gegen die Urgewalten der Natur zu kämpfen. Zahlreiche Wipfel sind gebrochen, oft wurde der Stamm geteilt. Dicke Äste breiten sich aus und biegen sich nach oben, um den Stamm zu ersetzen. Abgestorbene Baumstämme vermodern und bilden die Grundlage zukünftigen Wachstums. Im Unterholz entdecken wir Alpenrosen, Heidelbeeren und ein Dutzend Weidenarten. Aufmerksame Wanderer können seltene, teilweise scheue Vögel beobachten: Schneehuhn und Birkhuhn, Tannenhäher und Turmfalken, Kuckuck und verschiedene Spechtarten.

Herbst im Naturschutzgebiet Aletschwald

5

Auf mittelalterlichen Wegen der Landesgrenze entgegen

Am Südfuß des Simplon von Gabi nach Gondo

In alter Zeit bot ein Saumpfad die einzige Möglichkeit, von Brig nach Domodossola in Italien zu gelangen. Hinter dem Simplonpaß, einem der bedeutendsten und schönsten Alpenübergänge der Schweiz, führen uns einige Teilstücke dieses ehemaligen Handelsweges über einen alten Paßübergang in das einsame, botanisch eindrückliche Zwischbergental und an den Überresten des legendären Goldbergwerks von Gondo vorbei bis fast zur Landesgrenze.

WEGVERLAUF: Gabi – Feerberg (40 Min.) – Furggu (1.15 Std.) – Chatzhalte (25 Min.) – Zwischbergen/Bord (25 Min.) – Hof (1.25 Std.) – Gondo (1 Std.)

DAUER: 5.10 Std.

LÄNGE: 11,5 km

HÖHENUNTERSCHIED: ca. 650 HM bergauf, ca. 1000 m bergab (Gabi 1228 m, Furggu 1872 m, Gondo 855 m); steiler Anstieg und ebenfalls steiler erster Teil des Abstiegs

SCHWIERIGKEITSGRAD: leicht bis mittelschwer, jedoch recht anstrengend

WEGBESCHAFFENHEIT: größtenteils Berg- und Feldwege (teilweise in Stein gehauen), Fahrstraße, ein kurzes Stück Waldweg

AUSRÜSTUNG: Wanderschuhe

WANDERKARTEN: Kümmerly + Frey Wanderkarte 1:40 000 Simplon Süd; Wanderkarte 1:50 000, Blatt 274 T Visp (Landestopographie in Zusammenarbeit mit den Schweizer Wanderwegen)

EINKEHRMÖGLICHKEITEN: Gasthaus in Bord, Restaurants in Gondo

ANFAHRT: Von Brig mit dem Postauto oder Auto über den Simplonpaß nach Gabi.

Ab Gondo mit dem Postauto über Gabi nach Brig zurück.

DER WANDERWEG

Von der Postautohaltestelle des kleinen Dörfchens **Gabi,** Grenzpunkt zwischen dem französischen und dem italienischen Bauabschnitt der Napoleonstraße im 19. Jh., wandern wir ein Stück die Simplonstraße bergauf. Nach rund 400 m steigen wir linker Hand einen Fußweg hinab, überqueren die Laggina auf einem Brücklein und gelangen im Zickzack bergauf nach **Gsteihüs.** Südlich von uns erhebt sich der elegante

Chrummbach-Viadukt der Simplonstraße, der erste ohne Gerüst erbaute Viadukt der Schweiz. Nun verzweigt sich der Weg. Linker Hand führt er durch die enge Gondoschlucht, einen der wildesten und tiefsten Straßen-Engpässe der Alpen, die lange Zeit als unbezwingbar galt. Napoleon war es, der sie durchbohren ließ, um mit seinen Kanonen nach Süden zu gelangen.

Wir biegen in den nach rechts verlaufenden ehemaligen Saumpfad ein und steigen am Bergrücken **Feerberg** (40 Min.) hinan. Nach einem kurzen Waldstück bezwingt der Weg in engen, kunstvoll angelegten Kehren den steilen Hang. Im Süden öffnet sich der Blick ins Laggintal, im Westen tauchen Lagginhorn und Fletschhorn mit ihren Gletschern auf, hinter uns grüßt der Simplonpaß. An einer Kapelle vorbei steigen wir durch Wiesen und Wälder weiter hinauf.

Der Saumpfad, auf beiden Seiten von Steinen befestigt, ist mittlerweile mehrere Meter breit geworden. Mit etwas Aufmerksamkeit erkennen wir am rechten Steinwall einen Stein mit der eingemeißelten Jahreszahl 1635. Er beweist, daß die Furggu schon im frühen 17. Jh. als Paßübergang diente. Nach der Überquerung eines Bergbaches führt uns der Weg ein weiteres Mal, diesmal durch den Wald, ein Stück im Zickzack bergan. In südöstlicher Richtung erreichen wir schließlich die Paßhöhe **Furggu** (1.55 Std.) und damit auch den höchsten Punkt unserer Wanderung (1872 m). Von dort genießen wir die Rundsicht auf die Gipfel des Simplongebiets. In östlicher Richtung erkennen wir in der gegenüberliegenden Bergkette die Lücke des Paso di Monscera, der nach Domodossola führt. Unter uns liegt das Zwischbergental. Charakteristisch für das einsame Bergtal sind die ausgedehnten prächtigen und wenig genutzten Mischwälder – Lärchen, Weißtannen und sogar Buchen.

Die Paßhöhe verlassend, steigen wir, wiederum auf dem Saumweg, durch Alpweiden bergab. Im Süden erkennen wir den Zwischbergengletscher, das Weissmies und den Protjengrat. Kurz nach dem Weiler **Chatzhalte** (2.20 Std.) führt beim Mast einer Hochspannungsleitung ein kurzer, steiler Abstieg hinunter ins Zwischbergental. Im Talgrund treffen wir in **Bord** (2.45 Std.), dem ehemaligen Zentrum des Zwischbergentals, auf die Fahrstraße, welche von Gondo herführt. Wenige Meter

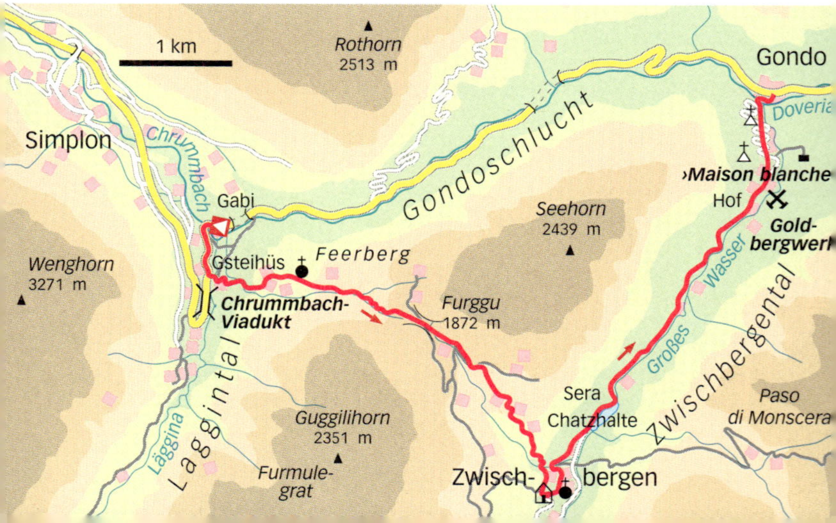

Wanderung 5: Am Südfuß des Simplon von Gabi nach Gondo

über uns stehen ein Restaurant und eine Kapelle.

Das Zwischbergental zieht sich weit nach Südwesten, wir jedoch wandern talauswärts nach Nordosten. Bis kurz vor Gondo folgen wir, mangels anderer Wege, der asphaltierten Straße. Nach dem Stausee bei **Sera** (3.10 Std.) führt sie vorerst meist am Großen Wasser entlang. Dann verläuft sie am linken Talhang, durch den Wald und an mehreren Häusergruppen vorbei. Beim Weiler **Hof** (4.10 Std.), am Talausgang, befinden sich die Überreste des Goldbergwerks von Gondo, welches Ende des letzten Jahrhunderts eine heftige, aber kurze Blütezeit erlebte.

Wir treten, immer noch auf der Straße, welche vor hundert Jahren zur Goldförderung für Kutschen ausgebaut worden war, in den Wald ein. Nach rund 100 m stoßen wir auf die Einmündung eines kleinen Pfades, der links den Steilhang hinunterführt. Hier ist der alte Saumweg von Zwischbergen nach Gondo – nicht als Wanderweg markiert – ein Stück weit erhalten geblieben. Wir folgen ihm auf gepflasterten Steinstufen und erkennen nach kurzem einen an die Felswand geschmiegten Bildstock. An dieser Stelle erschoß in einer Nacht des Jahres 1756 ein Wegelagerer den beliebten Notar Max Tscherrig. Es wird berichtet, daß Mutter, Vater und Tochter des Opfers aus Leid und Gram über den Verlust noch im selben Jahr gestorben sind.

Nun erreichen wir wiederum die Straße (4.30 Std.). Von ihrer ersten engen Kehre führt ein steiler Fußweg hinab zur nächsten Haarnadelkurve. Rechter Hand sind auf einer Lichtung die Ruinen des ›Maison blanche‹, ehemaliges herrchaftliches Direktionsgebäude der Bergwerksgesellschaft, zu sehen.

Die Straße führt uns nach 200 m wieder in eine steile Abkürzung, welche der Wegführung des ehemaligen Saumpfades entspricht. Nach weiterem zweimaligem Queren der Straße steht links am Wegrand, versteckt unter einem großen Felsblock, ein weiterer Bildstock. Wenn wir uns zwischen der Rückwand des kleinen Sakralbaus und dem Fels in den schmalen Zwischenraum zwängen, erkennen wir eine eingemeißelte Inschrift aus dem Jahr 1748. Für welches Ereignis sie steht, bleibt allerdings unklar. Wir überqueren wiederum die Straße und folgen einem Wanderweg in den Talgrund hinunter.

Nach dem Überschreiten der Doveria erreichen wir **Gondo** (5.10 Std.). Das südöstlichste Dorf des Wallis ist eine der ersten Walsersiedlungen. Die hohen Felswände scheinen das kleine Nest am Ausgang der Gondoschlucht beinahe zu erdrücken. Das Ortsbild ist südlich geprägt. Dominiert wird es von der Pfarrkirche aus dem Hochmittelalter und dem trutzigen Bau der fünfgeschossigen Stockalpersust. Mitten im Dorf beendet die Postautohaltestelle unsere Wanderung.

AM WEGE

Auf der Südseite des Simplon-Massivs bringen hohe Niederschläge eine ganze Reihe von seltenen Pflanzen und Blumen hervor; die Flora im **Zwischbergental** ist einzigartig. Die kleine Gemeinde Zwischbergen setzt sich aus vereinzelten Weilern zusammen, ein eigentliches Hauptdorf gibt es nicht. Früher führten viele Großfamilien im Zwischbergental mit Land- und Alpwirtschaft ein bescheidenes Leben. Im Winter war das Tal oft nur unter großer Gefahr zu erreichen oder sogar von der Umwelt abgeschnitten, was dazu führte, daß es sich nach und nach fast ganz entvölkerte.

Bei Hof ist die verfallene Erzwäscherei des legendären **Goldbergwerks** von Gondo zu sehen. Im Jahr 1880 wurde hier die erste Goldmine Europas

Der Simplonpaß

Von Römern, Säumern, Pilgern und Napoleon begangen

Auf über zwei Jahrtausende großer politischer wie wirtschaftlicher Bedeutung und eine bewegte, wechselvolle Geschichte blickt der Simplonpaß zwischen Brig und Domodossola – oder, weiter gefaßt, zwischen Frankreich und Italien – zurück. Funde bei Brig weisen darauf hin, daß der Übergang schon zur Eisen- und Bronzezeit begangen wurde. Im 2. Jh. bauten die Römer den bestehenden, teilweise auf gefährlichen Stegen über hohe Schluchten führenden Saumweg zur Handels- und Militärstraße aus. Nach dem Abzug der Römer wurde der Paß über Jahrhunderte kaum mehr überquert.

Pilger waren es, die nach der Christianisierung der Walliser Bevölkerung im 11. Jh. die Route über den Alpenhauptkamm wieder aufleben ließen, um nach Rom zu ziehen. Ab 1235 empfingen die Johanniter die Reisenden in einem ersten Hospiz unterhalb der Paßhöhe. Lebhafter Verkehr setzte jedoch erst im 13. Jh. ein. Mit Hunderten von Lasttieren pro Tag transportierten Mailänder Kaufleute orientalische und italienische Waren über den Paß – kein ungefährliches Unterfangen: Immer wieder verschütteten Lawinen den Weg, rissen wilde Bergflüsse die Brücken zu Tale.

Nachdem innenpolitische Probleme des Wallis im 16. Jh. zum Zusammenbruch des Durchgangsverkehrs geführt hatten, trat 1640 Kaspar Jodok von Stockalper, bedeutender Handelsherr und Politiker aus Brig, auf den Plan. Der ungekrönte ›König des Simplon‹ baute den mittelalterlichen Saumpfad zu einer großzügigen internationalen Handelsstraße aus, errichtete an den Etappenzielen Herbergen und Ställe und erhielt gar das Säumermonopol für den Simplon. Mit Stockalpers Tod blieben die Karawanen aus, es wurde wieder still um den Paß, die Wege wurden nurmehr notdürftig unterhalten, verfielen zum Teil gar.

Als nächstes sollte der Simplon den Kriegsherren dienen. Im Jahr 1800 überschritten mehr als 1000 französische Soldaten mit Pferden, Wagen und Kanonen den Paß. Napoleon machte sich daran, den maroden Übergang wieder instandzusetzen. Tausende von Arbeitern bauten die Wege aus, bohrten zahlreiche Tunnel und errichteten über 600

Das Spittel am Simplonpaß

Brücken. 1805 konnte die erste mit Pferdewagen befahrbare Straße über den Alpenhauptkamm, eine technische Meisterleistung mit dem Beinamen ›Königin der Alpen‹, dem Verkehr übergeben werden. Die französische Besetzung des Passes dauerte jedoch nur einige Jahre, und Napoleon kam nicht dazu, seinen Plan, via Simplon weite Gebiete zu erobern, auszuführen. Seine Straße jedoch blieb – und wandte sich schließlich gar gegen ihn: Um Napoleon in Italien entgegenzuziehen, überquerten 1815 80 000 österreichische und russische Soldaten den Paß.

1905 wurde mit einem 20 km langen Tunnel unter dem Simplon hindurch – noch heute der längste Eisenbahntunnel der Alpen – die Eisenbahnlinie Brig–Italien eröffnet. Die heutige, ganzjährig geöffnete Simplon-Paßstraße wurde von 1960 bis 1980 ausgebaut und führt über zahlreiche Viadukte, durch Tunnel und an massiven Lawinenverbauungen vorbei.

Auf dem oberen Paßboden betreiben Augustiner Chorherren ein Hospiz – ein massiger, düsterer Bau, den Napoleon ursprünglich als Militärkaserne geplant hatte. Bauherr des etwas weiter unterhalb auf der Südseite des Simplon gelegenen turmartigen Spittels, welches später den Säumern als Herberge diente, war im 17. Jh. Kaspar Jodok von Stockalper. Noch weiter unterhalb liegt in einer großartigen Bergszenerie, fast ganz aus Stein gebaut, das alte, abweisende Bergdorf Simplon. In der 1725 fertiggestellten Kirche sind drei schöne Barockaltäre sowie Malereien aus dem letzten Jahrhundert zu besichtigen.

Am östlichen Ausgang der Gondoschlucht liegt Gondo, Grenzstation nach Italien

erschlossen und »es brach nicht nur ein Fieber, sondern ein richtiger Goldrausch aus«, wie ein Historiker berichtet. Über 500 Mineure förderten in mühsamer Arbeit das goldhaltige Gestein zu Tage, schleppten es von den Stollen in die Goldmühlen hinunter, zerkleinerten es und wuschen es in großen Bottichen aus. Mißwirtschaft und Raubbau führten allerdings rasch zu einem Ende der goldenen Zeiten. Bereits nach einigen Jahren betrug der Goldgehalt des Gesteins noch 40 g pro Tonne, und die Minen mußten schließlich aufgegeben werden.

Die eindrückliche **Stockalpersust** (›Suste‹ = Unterkunft) in Gondo wurde 1670 auf Geheiß des mächtigen Briger Handelsherrn Kaspar Jodok von Stockalper errichtet. Charakteristisch ist der imposante Treppenturm. Der würdige Bau diente den Reisenden als Station. Zudem war er Verwaltungsgebäude für »alle Liegenschaften, Geschäfte und Unternehmungen vom Krumbach-Gabi bis an die Landesgrenze«.

6

Hoch über dem Tal von Alp zu Alp

Auf dem Lötschentaler Höhenweg von Blatten auf die Lauchernalp

Vom Gletscher modellierte, unverfälschte Naturlandschaft prägt das anmutigste Tal des Mittelwallis. Die Dörfer und Weiler aus sonnenverbranntem Holz sind noch intakt. Der Talabschluß wird vom Lötschenfirn geprägt, an der Sonnenseite lösen ausgedehnte Lärchenwälder und Alpweiden kleine Roggen- und Kartoffeläcker ab.

WEGVERLAUF: Blatten – Fafleralp (1.10 Std.) – Schwarzsee (50 Min.) – Tellistafel (25 Min.) – Weritzstafel (55 Min.) – Lauchernalp (50 Min.)

DAUER: 4.10 Std.

LÄNGE: 13 km

HÖHENUNTERSCHIED: ca. 600 HM bergauf (Blatten 1540 m, Lauchernalp 2106 m); im ersten Drittel der Route bis Fafleralp leicht ansteigend, dann abwechselnd ebene und leicht ansteigende Passagen

SCHWIERIGKEITSGRAD: leicht

WEGBESCHAFFENHEIT: Fahr-, Fuß- und Alpwege

AUSRÜSTUNG: Wanderschuhe

WANDERKARTEN: Kümmerly + Frey Wanderkarte 1:25 000 Lötschental; Kümmerly + Frey Wanderkarte 1:60 000 Aletsch–Goms–Brig–Simplon

EINKEHRMÖGLICHKEITEN: Hotel-Restaurant auf der Fafleralp, Restaurants auf der Lauchernalp

ANFAHRT: Ab Brig mit der Bahn nach Goppenstein und weiter mit dem Postauto über Ferden und Kippel nach Blatten. Automobilisten verlassen in der Nähe des Bahnhofs Gampel/Steg die Hauptstraße durch das Rhonetal und erreichen in Richtung Norden Goppenstein und das Lötschental. Das Auto kann in Wiler/Kippel (Weiterfahrt nach Blatten mit dem Postauto) oder in Blatten geparkt werden.

Ab Lauchernalp mit der Luftseilbahn nach Wiler/Kippel und mit dem Postauto zurück nach Goppenstein bzw. zum Parkplatz in Blatten.

DER WANDERWEG

Blatten, das hinterste Dorf im Lötschental, ist Ausgangspunkt unserer Wanderung in einem der früher unzugänglichsten Täler des Wallis, welches noch heute im Winter oft von der Umwelt abgeschnitten ist. Von der Postautohaltestelle an der Straße durchs Lötschental überschreiten wir die Brücke über die Lonza und wenden uns dem Dorf zu. An der Kirche vorbei erreichen wir das höhergelegene

Dorfzentrum. Nun führt uns die Dorfstraße taleinwärts über die Gisentella-Schlucht. Auf einem Sträßchen erreichen wir den Weiler **Eisten** (20 Min.). Die traditionellen Bauten ducken sich an den Berghang, in ihrer Mitte die schindelbedeckte Muttergotteskapelle, ein Barockbau aus dem Jahr 1672.

Wir verlassen das Dorf, wenden uns bei einer Weggabelung nach links und wandern oberhalb des Talgrunds auf einem Fußweg durch Wiesen ein längeres Wegstück taleinwärts, bis wir vor der Wallfahrtskapelle von **Kühmad** stehen (45 Min.). Der Muttergottes geweiht, beeindruckt die Kapelle Mariä Heimsuchung aus dem Jahr 1654 mit ihrem hölzernen Portal, auf welchem Schnitzereien die vier Evangelisten darstellen, dem Hochaltar aus dem 18. Jh. und Votivtafeln aus dem 18. und 19. Jh.

Links am Kirchlein vorbei erreichen wir eine Fahrstraße. Nach einigen Metern schlagen wir linker Hand einen Fußweg ein, folgen dem Uistre (Äußeren) Talbach und steigen durch den Wald auf. Nun kommt die **Fafleralp** in Sicht, welche wir bald nach der Überquerung des Baches erreichen (1.10 Std.). Etwas weiter oben im Tal zeigen sich Gletscherströme und mächtige Berggipfel, deren Schichtung in Granit und Gneis zum Teil deutlich erkennbar ist.

Beim Weiher über der Alpsiedlung wenden wir uns nach Osten zum weithin bekannten Hotel ›Fafleralp‹, in einem naturbelassenen Park gelegen. Wir wenden uns wieder in Richtung des Uistre Talbach und steigen auf einem breiten Weg ein Stück das Tal hinauf. Wir queren den Bach und erreichen auf fast ebenem Grund, vorerst über eine Matte, dann durch den Wald, die steilen Felswände der **Honblatta** (1.30 Std.). Durch zwei Wegkehren gewinnen wir an Höhe, wandern weiter talauswärts und erreichen in einer Mulde im Wald den **Schwarzsee** (2 Std.), flankiert von steilen Felswänden.

Nach dem See wählen wir bei einer Gabelung den rechten Weg, der uns leicht bergauf und bergab durch Matten und Wald über die Huetuschluecht hinab zum Bett der Gisentella führt. Wir überschreiten den Bach und erreichen **Tellistafel** (2.25 Std.). Im Nordwesten grüßt uns vom Talabschluß der Tellingletscher.

Auf einem Fußweg wandern wir einige Meter von der Gisentella entfernt talaufwärts, wenden uns bei der nächsten Weggabelung scharf nach links, und gelangen durch den Wald zur Mulde des **Seewlin** (2.55 Std.). Wir behalten unsere Richtung bei, unterwegs fällt der Blick auf den gegenüberliegenden Hang des Lötschentals. Auf saftige Wiesen im Talgrund folgen in höheren Lagen bewaldete Hänge. Darüber leuchtet das Firnweiß. Die Gipfelkette führt zur Lötschenlücke, zuhinterst im Tal. Überragt wird sie vom Bietschhorn. Wir befinden uns an der Waldgrenze, unter uns erkennen wir den Weiler Wyssried. Kurz vor einem Bächlein verzweigt sich der Weg. Wir halten uns rechts, überschreiten den Bach und erreichen, leicht ansteigend, **Weritzstafel** mit seiner kleinen Kapelle (3.20 Std.).

Ein angenehm zu gehender Alpweg führt uns weiter über den Tännbach und über einen weiteren Bergbach nach **Rots Moos.** Nach wenigen Metern biegen wir rechter Hand in einen Fußweg ein und wandern oberhalb an Ferienhäusern und Ställen vorbei nach **Steinegga** (3.45 Std.).

Auf der gegenüberliegenden Talseite zeigt sich jetzt das Bietschhorn besonders schön. Die Bietschhornhütte erkennen wir rechts unter dem Schafbärg. Der Grat des Bietschhorns führt talauswärts zum Wilerhorn und neigt sich schließlich dem Rhonetal zu. Südwestlich von uns öffnen sich kleine Täler; sie führen zum Niwen-, Resti- und Ferdenpaß. Viel weiter weg dominieren im Süden das Weisshorn und die

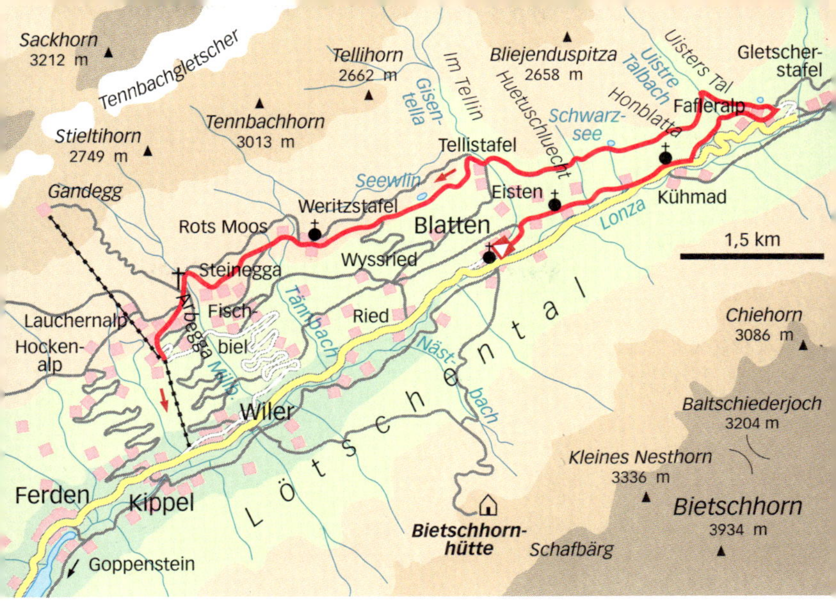

Wanderung 6: Auf dem Lötschentaler Höhenweg von Blatten auf die Lauchernalp

spitzen Gipfel des Zinalrothorns. Davor liegt der Turtmanngletscher, und westlich hinter ihm ist die Spitze des Matterhorns zu erkennen.

Wenden wir uns zurück, erkennen wir oben im Lötschental den Firn des Langgletschers. Der Weg fällt nun leicht ab, steigt wieder etwas an und führt uns ins Tal des Milibachs. Wir überqueren den Bach auf einem Steg, wählen gleich anschließend den rechten von zwei Wegen und erreichen auf dem Grätchen der Arbegga ein Holzkreuz. Auf leicht abfallendem Fußweg kommen wir nun an eine Kreuzung mit einer Fahrstraße, überqueren diese und gelangen ins Zentrum der **Lauchernalp.** Von hier führt uns ein weiterer Weg abwärts zur Bergstation der Luftseilbahn (4.10 Std.).

AM WEGE

Auf der Hinfahrt zum Ausgangspunkt unserer Wanderung lohnt sich ein Zwischenhalt in **Kippel,** einem der schönsten Walliser Dörfer. Auch auf dem Rückweg kann der Hauptort des Lötschentals besucht werden: Er liegt einen halben Kilometer von der Talstation der Lauchernalp-Luftseilbahn entfernt. Charakteristisch sind die zahlreichen hölzernen Speicher und Stadel. Die meist dreistöckigen Holzhäuser stehen nahe beieinander. Mit Kerbschnittfriesen, Inschriften und Jahreszahlen versehene alte Fensterreihen schmükken die schwarzgebrannten Fronten. Am Dorfplatz lohnt sich ein Blick auf das ›Grosse Haus‹ aus dem Jahr 1666. Inmitten verwitterter Holzhäuser aus dem Jahr 1740 steht St. Martin, die Hauptkirche des Tales, ein stattlicher Barockbau mit Blendarkaden, vierjochigem Schiff und polygonalem Chor. Das Schiff weist ionische Pilaster, Kranzgesimse mit Stuckdekoration und ein Kreuzgewölbe auf. Die Kanzel wurde 1694, der dreigeschossige Hochaltar 1747 fertiggestellt. Doppelempore und Orgel stammen aus der zweiten Hälfte des 19. Jh. Der Unterbau des nördlichen Chorflankenturms verfügt über schöne Zwillingsfenster aus dem 16. Jh. 1779 wurde der Turm erhöht und über dem Bau ein Pyramidendach angebracht. Auf Anfrage beim Priorhaus neben der Kirche (oder auf Voranmeldung unter ✆ 028/491116) kann der Kirchenschatz besichtigt werden. Neben dem Gotteshaus wurde 1556 ein Beinhaus errichtet; es steht zur Besichtigung offen.

50 m nördlich der Kirche von Kippel lohnt sich ein Besuch im **Lötschentaler Museum.** Den Grundstock des Museums, das in einem Neubau im Stil eines traditionellen Lötschentaler Hauses eingerichtet ist, bildeten die Darstellungen des Lötschentals von dem Kunstmaler Albert Nyffeler aus Kippel. Mit Objekten und historischen Photographien wird die Kultur des Lötschentals dokumentiert: Land-, Alp- und Milchwirtschaft werden erklärt. Bauernstube, Küche, Hausrat und Möbel veranschaulichen die Wohnkultur. Daneben sind Werkzeuge und Geräte zur Holz-, Woll- und Flachsbearbeitung zu sehen. Textilien, Trachten, Masken, Brauchtumsrequisiten, Andachts- und Votivbilder runden die Ausstellung ab.

Für sein intaktes Dorfbild ist **Blatten** weithin bekannt. Das charakteristische Lötschentaler Dorf – Scheunen und Speicher aus Holz, Blumen auf den Fenstersimsen der braungebrannten Wohnhäuser – liegt an einer vom Gletscher ausgeschliffenen Felsbank. Der Kirchgang ist im Lötschental nach wie vor Tradition: Die alte Pfarrkirche wurde zu klein, an ihrer Stelle steht seit 1975 die moderne Marienkirche. Auf den ersten Blick wirkt sie wegen ihrer modernen Architektur fehl am Platz. Beim näheren Hinsehen ist jedoch in ihrer Struktur der traditionelle Baustil des Dorfes wiederzuerkennen. Sehenswert ist vor allem der reiche Fensterschmuck der Kirche.

Blick in den Talschluß des Lötschentals, im Hintergrund Lötschenlücke, Sattelhorn und Schinhorn, davor der Langgletscher

Lebendiges Brauchtum im Lötschental

In keiner anderen Gegend des Wallis werden alte kirchliche und weltliche Traditionen so intensiv gepflegt und in den Alltag integriert wie im Lötschental. Was es mit den mächtigen geschnitzten Arvenholzmasken auf sich hat, welche der Wanderer bei seinem Streifzug durch die Dörfer in den Geschäften und Restaurants entdeckt, läßt sich allerdings nur im Winter erleben:

Es ist die Zeit zwischen Maria Lichtmeß (2. Februar) und Aschermittwoch. Das Tal ist tief verschneit, friedlich liegt das Dorf. Da grinst unvermittelt hinter einer Hausecke eine furchterregende, übergroße Fratze mit entblößten, riesigen Zähnen hervor, einige Meter weiter eine zweite, weit hinten in der Gasse steht plötzlich eine dritte. Der Schreck fährt uns in die Glieder, weicht allerdings rasch der Belustigung. Die unheimlichen Gestalten schleichen näher, zeigen sich ganz: Sie stecken in groben Hosen, die Füße sind mit Säcken verhüllt. Über den umgestülpten alten Kleidern wärmt dunkles oder schmutzigweißes, zottiges Schaffell. Am Lederriemen um den Bauch baumelt eine Kuhglocke. Von der grellbemalten Holzmaske der geliebt-gefürchteten Roitschäggättä stieren über dem strähnigen Bart und der monströsen Nase riesige Glotzaugen.

Aus mehreren Richtungen herangeschlichen, stehen sie plötzlich beieinander. Stöckeschwingend stürmen sie alsbald mit dröhnenden Glocken auf den Dorfplatz zu. Glücklich entsetzt sucht eine Gruppe junger Mädchen kreischend das Weite. Eines kann sich nicht mehr retten, wird ungestüm umarmt und auf einem Schneehaufen abgesetzt. Hier kriegt ein frecher Bub einen Nasenstüber ab. Dem Mann hinter dem Brunnenrand steht die Schadenfreude ins Gesicht geschrieben. Zu früh gelacht: Er wird zwar nicht emporgehoben, trägt aber eine rußverschmierte Nase davon.

Auf einmal ist der Spuk vorbei. So unverhofft wie sie gekommen sind, so schnell verschwinden die Gestalten, machen sich auf ins nächste Dorf, um dort die Schuljugend in Angst zu versetzen und den Touristen Respekt beizubringen. Der Ursprung des unchristlichen Treibens – welches um 1870 auf Geheiß eines Pfarrers mit 50 Rappen

Die Lötschentaler Herrgottsgrenadiere bei der Fronleichnamsprozession

zugunsten der Kirche gebüßt werden mußte – liegt im dunkeln. Manche führen den Brauch auf einen Volksaufstand im Jahr 1550 zurück, andere glauben, die Roitschäggättä imitierten eine Räuberbande, die zu alter Zeit im Tal ihr Unwesen getrieben habe. Am einleuchtendsten scheint die Vermutung, daß es sich um einen heidnischen Frühlingsbrauch handelt, mit dem dem Winter und den bösen Geistern der Garaus gemacht werden soll.

Gesitteter benehmen sich die Herrgottsgrenadiere. An kirchlichen Festtagen, am eindrücklichsten an Fronleichnam und am darauffolgenden Segenssonntag, führen sie unter den Augen des zahlreich erschienenen Publikums feierliche Bittprozessionen an. Ihre prächtigen Uniformen – weiße Hosen, blutrote Röcke, verzierte Epauletten, Bärenfellmützen oder Federbuschhelme – gehen auf das 18. Jh. zurück, als sich die Söhne vielköpfiger Bergbauernfamilien in neapolitanischen und französischen Kriegsdiensten ihr Brot verdienten. Den Säbel an der Seite, den Karabiner geschultert und das Bajonett aufgepflanzt, ziehen sie strammen Schrittes durchs Dorf. Ihnen folgen Frauen in der Sonntagstracht, Männer mit silberbeschlagenen Kreuzen, seidenbestickte Fahnen der Rosenkranzgeheimnisse, die Blasmusik und weißgekleidete Schulmädchen. Heute kaum mehr authentisch, sind die alten Uniformen der Herrgottsgrenadiere wertvoller Familienbesitz, werden gehegt und gepflegt und von Generation zu Generation weitervererbt.

7

An den ›sonnigen Halden‹

Von Hohtenn nach Brig an der Lötschbergbahn entlang

Der Höhenweg am Sonnenhang des Rhonetals führt an zahlreichen Tunneln und beeindruckenden Brückenbauten vorbei, zeigt eine einzigartige Vegetation und bietet schönste Ausblicke ins Rhonetal. Saftige Grashänge und hohe Felswände, tosende Wasser und plätschernde Wasserleitungen, gewaltige Schluchten und romantische Birkenhaine prägen den Weg.

i

WEGVERLAUF: Hohtenn – Bietschtal (1.50 Std.) – Ausserberg (1.10 Std.) – Trogdorf (15 Min.) – Eggerberg (1.20 Std.) – Lalden (45 Min.) – Brigerbad (45 Min.) – Brig (1.30 Std.)

DAUER: 7.35 Std.

LÄNGE: 26 km

HÖHENUNTERSCHIED: ca. 350 HM bergab (Hohtenn 1079 m, Ausserberg 1008 m, Lalden 649 m, Brig 678 m); auf den ersten zwei Dritteln der Route leichte Zwischenanstiege

SCHWIERIGKEITSGRAD: leicht

WEGBESCHAFFENHEIT: Fahr- und Fußwege durch Wiesen, Wälder und am Fluß entlang

AUSRÜSTUNG: Wanderschuhe

Wanderung 7: Von Hohtenn nach Brig an der Lötschbergbahn entlang

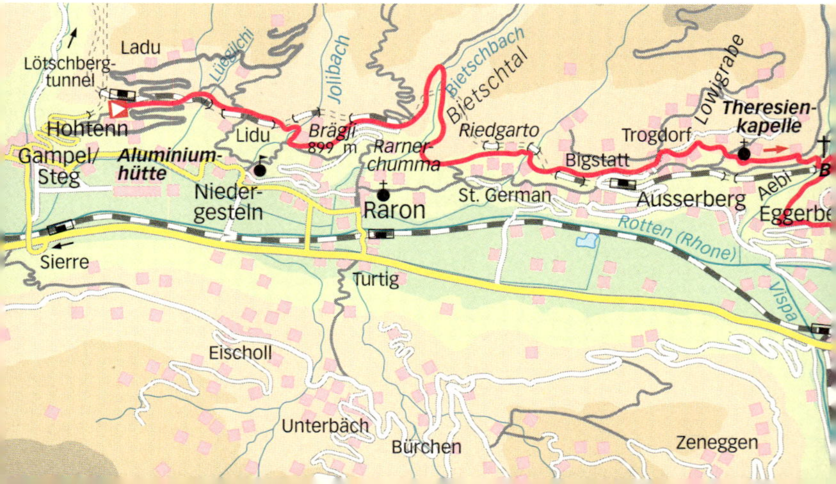

WANDERKARTE: Kümmerly + Frey Wanderkarte 1:60 000 Aletsch–Goms–Brig–Simplon

EINKEHRMÖGLICHKEITEN: Restaurants in Eggerberg, Lalden, Brigerbad und Brig; Imbißstation auf der Rarnerchumma

HINWEIS: Die Wanderung kann in Ausserberg, Eggerberg, Lalden (Stationen der Lötschbergbahn) oder Brigerbad (Postauto nach Brig) abgebrochen werden.

ANFAHRT: Nach Hohtenn mit der Bahn oder dem Auto (über Gampel).

Ab Brig verkehrt die Lötschbergbahn im Stundentakt nach Hohtenn.

DER WANDERWEG

Am südlichen Ende des 14 612 m langen Tunnels durch den Lötschberg liegt die Bahnstation **Hohtenn.** Im Jahr 1960 wurde von hier aus unsere Wanderroute als Höhenweg Lötschberg-Südrampe freigegeben. Über die abfallende Straße, welche ins Dorf Hohtenn führt, verlassen wir die Station in östlicher Richtung. Nach einigen Minuten kommen wir an der Abzweigung nach Ladu vorbei und biegen links der Straße in den nächsten Fußweg ein. Wir befinden uns wieder auf der Höhe des Bahntrassees, auf der gegenüberliegenden Seite des Rhonetals erkennen wir die Dörfer Bürchen, Unterbäch und Eischoll, im Tal unten liegen die langgezogenen Aluminiumhütten von Steg.

Wir queren ein Sträßchen und wandern auf der Bergseite der Bahn weiter. Nach einer Unterführung folgen wir einem horizontal in den Fels gesprengten Wegstück über das Tobel des **Lüegilchigrabens** (30 Min.). Nun stehen wir vor einer 50 m hohen Eisenbahnbrücke aus Mauerwerk. Sie ist die erste von zahlreichen Bahnüber- und -durchgängen, Brücken und Tunneln, die der Lötschbergbahn die Fahrt über die Lötschberg-Südrampe ermöglichen.

Die umfangreichen Arbeiten im Dienste der Bahn und ihrer Passagiere haben der Natur keinen Schaden zugefügt, der Lötschberghang zeigt seit Jahrzehnten das gleiche Bild. An die Brücke schließt der **Schlüchjitunnel** (40 Min.) an, an dessen Portal wir die Bahngleise überqueren und uns auf einem eben verlaufenden Weg nach

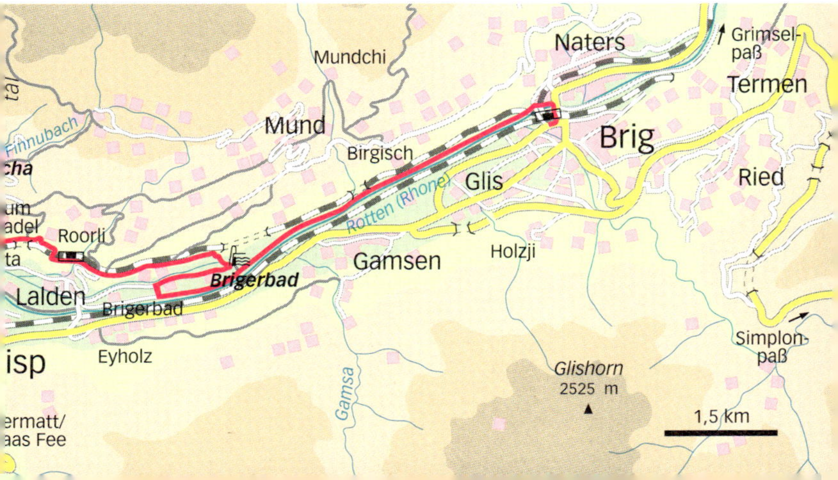

Osten wenden. Unter uns grüßen das Dorf Niedergesteln – gut zu erkennen sind die Ruinen der 1384 zerstörten Gestelnburg – und die Steindächer des Weilers Lidu.

Östlich von Niedergesteln folgt unser Weg einer Bisse oder Suone. Die sanft plätschernden oder lebendig sprudelnden künstlichen Wasserleitungen, welche von alters her die trockenen Stellen des Wallis bewässern, werden uns auf manchem Wegstück dieser Wanderung begleiten. Denn die Lötschberg-Südrampe ist eine der trockensten, niederschlagsärmsten Regionen der ganzen Schweiz. Früher in Holz, heute meist in Kunststoff oder Beton gefaßt, bewahren die langen, mit viel finanziellem und handwerklichem Aufwand hergestellten ›heiligen Wasser‹ (s. S. 110 f.) die Wiesen und Äcker vor dem Austrocknen und Versteppen.

Oberhalb von Niedergesteln steigen wir kurz ab und dann wiederum durch ein lichtes Waldstück an. Bei einem vorstehenden Felsen führt uns ein Sträßchen steil hinab zum Jolibach, den wir überqueren. Bald erreichen wir den Aussichtspunkt **Brägji** (1 Std.), von wo sich der Blick ins Rhonetal öffnet, und, auf leicht ansteigendem Weg, einen weiteren Aussichtspunkt, die **Rarnerchumma** (1.20 Std.). Unter uns im Tal liegt das geschichtsträchtige Raron, überragt von der Burg mit der alten Kirche.

Wieder auf der Höhe der Bahnlinie, wandern wir rechts an einem Restaurant vorbei und auf flachem Weg weiter über das alte Bahntrassee. Anstatt dem Weg über den Bahnviadukt aus Stahlfachwerk zu folgen, biegen wir vor dem Brückenkopf links ab und treten ein Stück weit ins **Bietschtal** ein (1.50 Std.). Auf einer Lichtung, wo der Weg tiefer ins Bietschtal hineinführt, wenden wir uns nach rechts, steigen leicht ab und queren den Bietschbach auf einem eigenartig anmutenden natürlichen Übergang: An beiden Wänden der Schlucht haben sich vor langer Zeit Höcker aus Tuffstein angesetzt und so weit vorgewagt, daß sie sich über dem Bachlauf treffen und eine Brücke bilden. Talaus wandernd, erkennen wir jetzt besonders schön den Viadukt mit einer Spannweite von 136 m. Am östlichen Brückenkopf vorbei führt uns ein Sträßchen durch einige kurze Stollen und weiter zum Rastplatz **Riedgarto** (2.10 Std.), von wo sich der Blick auf das Rhonetal öffnet.

Ostwärts abfallend, trifft unser Weg nach etwa 100 m auf eine weitere Wasserleitung, der wir folgen. Unter uns liegt das Winzerdorf St. German, im Tal unten kommt das Städtchen Visp in Sicht. Wir queren einen Fahrweg, wandern geradeaus, gelangen südwärts an eine Krete und steigen durch ein lichtes Bergwäldchen auf. Unter uns verläßt die Bahnlinie einen weiteren Tunnel, großartig ist wiederum die Sicht ins Rhonetal und, weiter im Südosten, auf die Berge der Simplonregion. Nach leichtem Aufstieg über Alpwiesen durchschreiten wir ein von einer Wasserleitung gebildetes Tor und erreichen über den Weiler Bigstatt die Bahnstation **Ausserberg** (3 Std.).

Ausserberg ist kein eigentliches Dorf, sondern eine Gemeinde, welche mehrere Siedlungen und Weiler umfaßt, von denen die höchstliegenden nur im Sommer bewohnt sind. Von der Siedlung Ausserberg aus erreichen wir über eine kurze, ansteigende Fahrstraße **Trogdorf,** die größte Siedlung der Gemeinde Ausserberg (3.15 Std.). Oberhalb der Kirche aus dem Jahr 1870, welcher 1909 ein Glockenturm beigefügt wurde, führt uns ein angenehm zu gehender Weg durch Wiesen und über den **Lowigrabe** (3.30 Std.). Vor uns erscheint die spitze Nase des Glishorns im Simplongebiet. Sie wird bis ans Ziel unserer Wanderung in unserem Blickfeld bleiben. Ebenfalls begleitet werden wir jetzt von einer in Beton gefaßten Wasserleitung.

Trogdorf an der Lötschberg-Südrampe

Von weitem erkennen wir die Theresienkapelle aus dem Jahr 1936. An ihr vorbei gelangen wir zum Weiler Mili (›Mühle‹). Beim Wasserreservoir fällt unser Pfad im Zickzack ab auf die Höhe der Bahnschienen und taucht ins Baltschiedertal ein. Über eine steile Schlucht schwingt sich eine weitere Stahlbrücke der Lötschbergbahn. Oberhalb eines Holzkreuzes folgen wir einige Schritte dem Weg zur Baltschiederklause, wählen in einem lichten Birken- und Erlenhain die Abzweigung nach rechts und gelangen, wiederum an einer Wasserleitung entlang, zu einer Holzbrücke über den **Baltschiederbach** (4 Std.). Bei der Bärubrächa, einem ehemaligen Alpgut, fällt der Weg zu einer tiefergelegenen Wasserleitung ab. Bei Aebi überqueren wir die Bahnlinie und erreichen auf einem Sträßchen das Dorf **Eggerberg** (4.35 Std.) mit seinen Hausdächern aus schweren Steinplatten. Auf der anderen Seite des Rhonetals grüßt nun die majestätische Mischabel-Gruppe.

Bei der Bahnstation zweigen wir rechts ab und wandern an gewaltigen Felsbrocken und kleinen Rebbergen vorüber. Im Tal erscheint das Dorf Lalden. Nach den Weilern Halta und Zum Stadel haben wir das Tobel des **Finnubachs** (5.15 Std.) zu umgehen, die Bahn hingegen bezwingt die Schlucht auf einer Reihe kurzer Mauerbogen. Vom Weiler Roorli folgen wir der Bahn bis zur Station **Lalden** (5.20 Std.).

Wir folgen weiter dem Weg entlang des Bahntrassees bis zum Tunnel (5.50 Std.), wo uns durch steile Felshänge hindurch ein schmaler Weg im Zickzack sicher zu den Badeanlagen von **Brigerbad** hinunter führt (6.05 Std.). Hier folgen wir der Straße kurze Zeit Richtung Westen und gelangen ins Dorf Brigerbad. Im Ort zweigt eine Straße links ab, die uns in wenigen Minuten an das Ufer des Rotten führt. Auf einem alten Fußweg am rechten Ufer des Flusses erreichen wir in anderthalb Stunden **Brig** (7.35 Std.).

AM WEGE

Das **Brigerbad** galt lange Zeit als berühmtestes Thermalbad der Schweiz. Eine erste Blütezeit erlebten die Anlagen im Mittelalter. Sie wurden von Gästen aus nah und fern rege benutzt, bis im 17. Jh. Felsstürze und der über

Der von 1658 bis 1678 erbaute Stockalperpalast in Brig

die Ufer getretene Rotten die Becken verwüsteten. In bescheidenem Rahmen wurde der Badebetrieb jedoch weiterhin aufrechterhalten. Ab 1956 schließlich entstand in wenigen Jahren ein einzigartiges, weithin bekanntes Heilbad mit mehreren Grotten und Freiluftbecken.

Das Oberwalliser Zentrum **Brig**, ein bedeutender internationaler Verkehrsknotenpunkt an der Route Paris–Mailand, weist in der sanft ansteigenden, südlich geprägten Altstadt zahlreiche architektonische Sehenswürdigkeiten auf. Der siebengeschossige Stockalperpalast mit seinen drei weithin sichtbar glänzenden vergoldeten Zwiebeltürmen wurde von 1658 bis 1678 von dem mächtigen Handelsherrn Kaspar Jodok von Stockalper errichtet. Der bedeutendste barocke Palastbau der Schweiz diente nicht nur privaten und repräsentativen Zwecken, sondern auch als Lager für riesige Mengen von Salz, Wein und Schnecken, Gold, Eisen, Kupfer, Seide und Waffen. Der prachtvolle, von mehrgeschossigen toskanischen Arkaden gesäumte, im Stil der Renaissance gehaltene Hof war sowohl Umschlag- und Truppenübungsplatz wie auch Fest- und Theaterarena. Heute sind in den alten Gemäuern aus Granit Stadtverwaltung, Gericht und Heimatmuseum untergebracht. Von Mai bis Oktober finden mehrmals täglich Führungen statt.

Weitere Sehenswürdigkeiten Brigs sind das Jesuiten-Kollegium und etliche Kirchen: Spiritus Sanctus, zum Kollegium gehörend, datiert aus dem Jahr 1685 und gilt als eines der bedeutendsten barocken Gotteshäuser im Wallis. Ebenfalls einen Besuch wert sind die Antoniuskirche (1484), die Ursulinerinnenkirche (1732), die katholische Pfarrkirche Heilig Herz Jesu (1967–70) und die originelle St.-Sebastians-Kapelle (1636/37). In den lauschigen Gäßchen der Altstadt sind zudem zahlreiche, teilweise reich dekorierte Patrizierhäuser zu entdecken.

8

»Grawsame Felsen, die erschrockenlich seind anzusehen«

Von Leukerbad über den Gemmipaß

Der Blick auf die hohen, steilen Felswände der Gemmi läßt zweifeln: Kann dieser Paß wirklich bezwungen werden? Die Fluh ist jedoch seit vielen Jahrhunderten der Einstieg eines oft begangenen Gebirgsübergangs vom Wallis in den Kanton Bern. Wo früher Händler und Schafhirten ihren Weg suchten, führt heute ein anstrengender, aber sicherer Pfad in die Höhe.

WEGVERLAUF: Leukerbad – Platten (45 Min.) – Gemmipaß (2.15 Std.) – Nordende des Daubensees (35 Min.) – Schwarenbach (35 Min.) – Daubensee (25 Min.) – Gemmipaß (50 Min.)

DAUER: 5.25 Std.

LÄNGE: 14 km

HÖHENUNTERSCHIED: ca. 1250 HM bergauf, ca. 300 HM bergab (Leukerbad 1395 m, Gemmipaß 2322 m, Schwarenbach 2060 m); sehr steiler Anstieg von Leukerbad bis auf den Gemmipaß, anschließend leicht abfallend bis Schwarenbach

SCHWIERIGKEITSGRAD: bis zum Gemmipaß mittelschwer, doch sehr anstrengend, danach bis Schwarenbach leicht

WEGBESCHAFFENHEIT: gut ausgebauter, breiter Fußweg an den Felsen der Gemmi empor; auf dem übrigen Wegstück angenehmer Fußweg über Alpweiden

AUSRÜSTUNG: Wanderschuhe

WANDERKARTEN: Kümmerly + Frey Wanderkarte 1:25 000 Lötschental; Kümmerly + Frey Wanderkarte 1:60 000 Val d'Anniviers–Val d'Hérens–Montana; Wanderkarte 1:25 000 Leukerbad (Kur- und Verkehrsverein Leukerbad)

EINKEHRMÖGLICHKEITEN: Restaurant auf dem Gemmipaß, Berggasthaus Schwarenbach

HINWEIS: Der steile Aufstieg von Leukerbad zur Gemmipaßhöhe kann mit der Luftseilbahn überwunden werden; die Wanderung verkürzt sich so um 3 Std.

Ab Schwarenbach kann die Route weitergeführt werden bis nach Kandersteg im Kanton Bern (Schwarenbach–Kandersteg: 3 Std.); Rückfahrt ab Kandersteg ins Wallis mit der Bahn durch den Lötschbergtunnel.

ANFAHRT: Nach Leukerbad mit dem Postauto ab der Bahnstation Leuk im Rhonetal oder mit dem Auto.

Vom Gemmipaß mit der Luftseilbahn zurück nach Leukerbad.

DER WANDERWEG

An der Postautostation in **Leukerbad** wenden wir uns nordwärts. Nach wenigen Metern Aufstieg stehen wir auf dem Dorfplatz, gut zu erkennen an seinen ›Hütern‹, den Hotels ›Maison blanche‹ und ›France‹. Die Straße führt uns nun nach Westen, an der Kirche vorbei, in den alten Teil des Dorfes. Hier steigen wir leicht ab zur Dala, überqueren sie auf einer Brücke und wandern wieder gemächlich bergwärts. Bei Lischilir, am westlichen Rand des Dorfes, zweigt unterhalb der Talstation der Luftseilbahn, welche in wenigen Minuten auf die Paßhöhe führt, der alte Gemmiweg ab.

Wir folgen dem Fußpfad durch Wiesen und über zwei kleine Bäche nach **Platten** (45 Min.). Massive Felsbrocken zeugen von einem Steinschlag im Jahr 1916. Der Weg wird steiler, führt vorerst nordwärts und über einen weiteren Bach, beschreibt dann eine Kurve nach links, um anschließend wieder die alte Richtung einzuschlagen. Vor uns rücken die jähen Fluhwände der Gemmi immer näher, scheinen immer bedrohlicher. Wir wandern ein kurzes Stück durch den Wald, folgen dem Weg in einigen Kehren und Schlaufen nach links und stehen nun unmittelbar vor den fast senkrechten Felsen (1.10 Std.).

Der breite, sichere und mit gleichmäßiger Steigung angelegte Saumpfad wurde in den Jahren 1739–1741 in den Stein gehauen und war jahrhundertelang die kürzeste Verbindung zwischen den Kantonen Wallis und Bern. Auf diesem alten Weg, der nun nach rechts schwenkt, steigen wir in die Felswand ein. In zahlreichen Windungen und spitzen Kehren geht es steil hinauf immer an der Wand entlang, über Felsvorsprünge und durch enge Schluchten. Wenden wir den Blick zurück, erheben sich am Horizont im Süden, immer mächtiger werdend, die schneebedeckten Gipfel der südlichen Walliser Alpen. Schließlich ist die Mulde des **Gemmipasses** erreicht (3 Std.).

Wir wenden uns nach rechts und erreichen am Hotel ›Wildstrubel‹ und dem Bergrestaurant vorbei die Berg-

Wanderung 8:
Von Leukerbad über den Gemmipaß

Schafherde beim Abstieg durch die Gemmiwand

station der Gemmibahn. Der Ausblick in den Süden ist überwältigend: Es grüßen die höchsten Berge des Landes, darunter Nadelhorn, Täschhorn und Dom, das Massiv des Monte Rosa mit der Dufourspitze – die höchste Erhebung der Schweiz – und die Gipfel von Weisshorn, Matterhorn, Dent Blanche und Pigne d'Arolla. In der Nähe erheben sich im Westen die Felswände des Daubenhorns, rechts davon sind die ausgedehnten Geröllhalden des Lämmerenbodens zu sehen. Im Nordosten folgt unser Blick der Kette der Plattenhörner. Nach anstrengendem Aufstieg durch die Gemmiwand ließen sich in der Vergangenheit auch manch illustre Gäste von diesem Panorama belohnen: 1832 überquerte Alexandre Dumas den Gemmipaß, ihm folgten 1877 Guy de Maupassant, 1878 Mark Twain und 1893 der Schöpfer der Figur des Sherlock Holmes, Sir Arthur Conan Doyle. Wie alle Gemmibezwinger in dieser Zeit, führten sie anschließend ihre Reise bis nach Kandersteg im Berner Oberland fort.

Unterhalb der Luftseilbahn-Station senkt sich unser Weg ab. Wir wandern über Kalkboden, zwischen Steinschutt und Felsblöcken hindurch Richtung Norden. Rund 200 m nach der Paßhöhe verzweigt sich der Weg. Wir halten uns rechts, wandern durch eine Geröllhalde und später über Alpmatten oberhalb des idyllischen **Daubensees** entlang. Dieser wird gespeist von einem Bach aus dem Lämmerengebiet. Einen Abfluß suchen wir am Ende des Sees, wo unser Weg das Ufer erreicht, jedoch vergeblich (3.35 Std.). Das Wasser versickert im kalkreichen Untergrund und tritt erst wieder als Quelle oberhalb von Salgesch im Rhonetal hervor. Unmittelbar am See zweigt linker Hand ein Bergweg ab. Unser breiter Weg führt weiter nach Norden, durch ein Trümmerfeld den Hügel hinab. In drei kleinen Windungen erreichen wir eine Trockenschlucht, an deren Ausgang links vor uns am Beginn eines Grates die Wyssi Flue aufragt. In wenigen Minuten stehen wir vor dem Berghotel **Schwarenbach** (4.10 Std.), wo vor dem Eintritt des Kantons Wallis in den Bund der Eidgenossenschaft im Jahr 1815 ein Zollhaus stand. Im Restaurant lohnt sich ein Blick ins Gästebuch: 1933 hat sich darin nämlich Pablo Picasso eingetragen.

Der Rückweg führt uns bis zum Nordende des **Daubensees** (4.35 Std.) über die bereits bekannte Route. Hier wenden wir uns nach rechts und schlagen den Fußweg ein, der zum nordwestlichen Zipfel des Sees führt. Wir wandern am Westufer des Sees entlang, wenden uns bei einer Weggabelung an dessen Ende nach links, überschreiten den Zufluß und erreichen über ein Trümmerfeld die **Gemmipaßhöhe** (5.25 Std.). Von hier führt die Luftseilbahn zurück nach Leukerbad.

AM WEGE

Zahlreiche historische Funde – Plattengräber, Keramik, Münzen, Armbänder, Fibeln und Spangen – lassen darauf schließen, daß der Talkessel von **Leukerbad** bereits seit dem 4. Jh. v. Chr. besiedelt ist. Schon früh war das Dorf als Badekurort bekannt. Bereits die Römer schätzten die heilenden Kalziumsulfat-Quellen, welche 50 °C warm aus dem Berg treten. Die ersten Badehäuser wurden indessen im 16. Jh. gebaut. Heute verfügt Leukerbad über das größte alpine Mineralthermen-Angebot Europas. Täglich treten rund 3 Mio. l Thermalwasser zutage; sein Ursprung ist auch heute noch ungewiß. Auf 38 °C abgekühlt, heilt es in zehn Hallen- und sieben Freiluftbädern – von romantischen Badegrotten bis zum modernen Burgerbad.

Bis in die erste Hälfte des 15. Jh. folgte der Saumpfad über die **Gemmi** einer anderen, längeren Route und führte von Leukerbad über die Clabinualp im Osten, um die Paßhöhe auf der ›Alten Gemmi‹ zu erreichen, rund 2 km vom heutigen Übergang entfernt. Er wurde nicht nur von Viehtreibern und Händlern, sondern auch politisch genutzt: Anno 1252 wurde vertraglich geregelt, daß jeder Zwist zwischen Bern und Wallis auf der Gemmi geregelt werden müsse. »Grawsame Felsen, die erschrockenlich seind anzusehen«, schrieb ein Chronist im 16. Jh. über die 1000 m hohen, teilweise fast senkrechten Kalkfelswände oberhalb von Leukerbad. Es war Mut und Geld vonnöten, um diesen abweisenden Hängen einen Weg abzutrotzen. Er wurde in einer Runse in der Felswand angelegt, teilweise über Hängebrücken und hohe Leitern – ein gefährlicher Weg, der jedes Jahr Ausbesserungen nötig machte. Kaum vorstellbar, daß Träger die Reisenden über den Paß brachten – vier bis acht pro Person! Im 18. Jh. wurde der Saumpfad ausgebessert und in einigen Abschnitten neu erstellt. Damit war die zu jener Zeit bestausgebaute, kürzeste und meistbenutzte Verbindung zwischen Bern und dem Wallis geschaffen. Erst die 1913 fertiggestellte Lötschbergbahn nahm ihr diese Funktion als Reise- und Handelsweg ab. Der Name ›Gemmi‹ wird übrigens vom lateinischen *gemitus* – ›Seufzen, Stöhnen‹ – hergeleitet. Was jeder nachvollziehen kann, der die Wand erklommen hat.

Thermalbad in Leukerbad, im Hintergrund die Gemmi mit der Bergstation der Kabinenbahn

9

Den Walsern auf der Spur

Höhenwanderung durch das Saastal von Gspon nach Saas Grund

Durch Lärchenwälder und saftige Wiesen, dann knapp oberhalb der Baumgrenze über karge Matten und verlassene Alpen verläuft hoch über dem Saastal ohne nennenswerte Höhenunterschiede ein Teil des großen Walserwegs. Auf Schritt und Tritt folgen wir den Spuren dieses alten Volkes, ständig begleitet von schnee- und eisbedeckten Drei- und Viertausendern.

i

WEGVERLAUF: Gspon – Findeln (50 Min.) – Mattwaldalpa (55 Min.) – Siwiboden (20 Min.) – Linde Bode (20 Min.) – Heimischgartu (15 Min.) – Tewaldji (30 Min.) – Saas Grund (1 Std.)

DAUER: 4.10 Std.

LÄNGE: 14 km

HÖHENUNTERSCHIED: ca. 350 HM bergauf, ca. 650 HM bergab (Gspon 1893 m, Mattwaldalpa 2212 m, Saas Grund 1559 m); im ersten Drittel sanft ansteigend, im zweiten Drittel nahezu eben, im letzten Drittel mäßig absteigend

SCHWIERIGKEITSGRAD: leicht

WEGBESCHAFFENHEIT: breite, angenehm zu gehende Fußwege durch Wiesen und Wälder, kurze Stücke auf Fahrwegen

AUSRÜSTUNG: Wanderschuhe

WANDERKARTEN: Kümmerly + Frey Wanderkarte 1 : 60 000 Visp–Zermatt–Saas Fee–Grächen; Kartenmaterial der lokalen Verkehrsvereine

EINKEHRMÖGLICHKEITEN: Bergrestaurant in Heimischgartu, Gasthäuser in Saas Grund

ANFAHRT: Nach Stalden ab Brig/Visp mit der Bahn oder dem Auto, von Stalden nach Gspon mit der Luftseilbahn.

Ab Saas Grund verkehrt die Bahn nach Stalden und Visp im Stundentakt.

Von Visp aus verkehrt ebenfalls ein Postauto nach Staldenried. Hier befindet sich eine Zwischenstation der Luftseilbahn Stalden–Gspon.

DER WANDERWEG

Bevor wir **Gspon** in südöstlicher Richtung verlassen, sehen wir uns kurz das Dorf an. Die typische Walsersiedlung wurde auf einer sonnigen, windgeschützten Terrasse hoch über dem Tal erbaut. Die 1691 errichtete, schmucke St.-Anna-Kapelle mit Barockaltar ist von Stadeln, Speichern und Ställen umgeben. Den größten Eindruck macht

Wanderung 9: Höhenwanderung durch das Saastal von Gspon nach Saas Grund

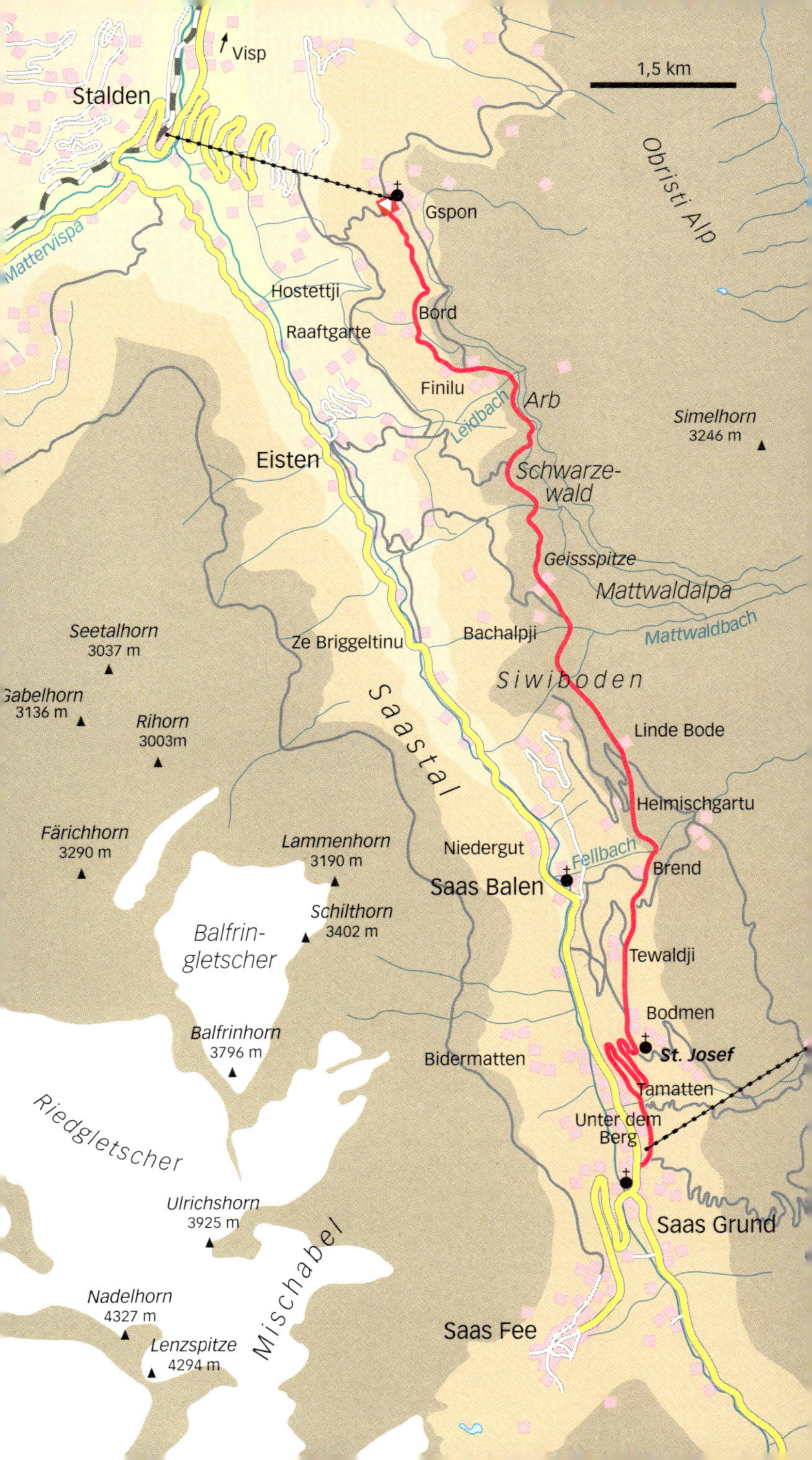

Visp
Stalden
1,5 km
Gspon
Obristi Alp
Mattervispa
Hostettji
Bord
Raaftgarte
Finilu
Arb
Leidbach
Simelhorn
3246 m
Eisten
Schwarze-
wald
Geissspitze
Mattwaldalpa
Seetalhorn
3037 m
Ze Briggeltinu
Bachalpji
Mattwaldbach
Gabelhorn
3136 m
Siwiboden
Rihorn
3003m
Saastal
Linde Bode
Heimischgartu
Färichhorn
3290 m
Lammenhorn
3190 m
Niedergut
Fellbach
Brend
Saas Balen
Schilthorn
3402 m
Balfrin-
gletscher
Tewaldji
Bodmen
Balfrinhorn
3796 m
Bidermatten
St. Josef
Tamatten
Unter dem
Berg
Riedgletscher
Ulrichshorn
3925 m
Saas Grund
Mischabel
Nadelhorn
4327 m
Saas Fee
Lenzspitze
4294 m

Das Erbe einer alten Kultur

Die Walser

Vom 9. Jh. an, als die Walliser Seitentäler noch dünn besiedelt waren, stießen aus dem Berner Oberland Alemannen ins obere Rhonetal vor. Im Goms gründeten sie die ersten Siedlungen, rodeten Wälder und fingen an, den Boden zu bebauen. Die Walser, Vorfahren der heutigen Oberwalliser, vermischten sich nur teilweise mit der einheimischen Bevölkerung – Römer, Franken, Burgunder und Langobarden. Ihre Zahl wuchs an, und schon bald begannen viele von ihnen, weitere Bergregionen zu besiedeln. Ob es ihr rasches Bevölkerungswachstum, die durch Erbpacht oder Erbteilung schwierigen Lebensverhältnisse im Wallis, die Pest, Söldnerdienste für italienische Fürsten, die Notwendigkeit der Sicherung wichtiger Alpenübergänge gegen Eindringlinge oder ganz einfach Abenteuerlust war, die sie zum Weiterwandern bewog, ist ungeklärt. Ende des 12. Jh. waren die Walser in allen Alpentälern des deutschsprachigen Wallis heimisch, im 13. Jh. breiteten sie sich jenseits der Pässe in den hochgelegenen norditalienischen Tälern aus. Schließlich wurden sie auch im heutigen Tessin, Graubünden, St. Galler Oberland, Liechtenstein, Vorarlberg (Großes Walsertal), Tirol und Allgäu (Kleines Walsertal) seßhaft. Die Siedler waren gern gesehen, die jeweilige Talbevölkerung machte ihnen die unwirtlichen Bergregionen kaum streitig. Um in den rauhen Gebieten bestehen zu können, waren Selbstbewußtsein und Beharrlichkeit vonnöten – Eigenschaften, welche die Walser mitbrachten. Sie ließen sich auch von schwierigsten Lebensbedingungen nicht abschrecken, arbeiteten hart, blieben sich selber

jedoch der Ausblick: Im Süden grüßt mit seinem ewigen Eis das Balfrinhorn, im Nordwesten das Balmhorn.

Auf gut angelegtem, breitem und gepflegtem Weg wandern wir, leicht südwärts ansteigend, durch Wiesen und kühlen, dichten Wald zur Häusergruppe **Bord** (30 Min.). Hier überqueren wir einen Bach. Nach einigen Metern wendet sich der Weg leicht nach Osten, und bald erreichen wir auf einem Geländevorsprung den Weiler Finilu oder **Findeln** mit seinen typischen Walserhäusern (50 Min.). In alter Zeit soll hier – so erzählt es die Sage – inmitten von Obstbäumen ein Kloster gestanden haben. Nach alten Steinen sucht man jedoch vergeblich. Zu unserer Rechten ragen über dem Tal die felsigen und schneebedeckten Zacken des Mischabel-Kamms – des zweithöchsten Bergmassivs der Schweiz – in die Höhe. Auf das Balfrinhorn (3796 m) folgen das imponierende Dreigestirn Nadelhorn

treu und bewahrten ihre Freiheiten und Eigenarten. Anders als die übrigen Bewohner der gleichen Gebiete waren sie niemandem untertan, unterstanden der eigenen Gerichtsbarkeit und pflegten über Jahrhunderte ihre Sprache und Gebräuche.

Manche Walsersiedlungen bestehen noch heute, ihre Bevölkerung spricht, mitten im anderssprachigen Raum, nach wie vor das Walserdeutsch – bis auf die Jungen: Sie haben zu einem großen Teil mit ihrem kulturellen Erbe und damit auch mit der Sprache gebrochen, das entbehrungsreiche Bergbauerndasein aufgegeben, um ein komfortableres Leben führen zu können. In den letzten Jahrzehnten ist zwar viel vom alten Kulturgut verschwunden, andererseits nimmt das Interesse am Walsertum jedoch wieder zu. In fünf Ländern zu Vereinigungen zusammengeschlossen, finden sich alle drei Jahre zahlreiche Walser zum internationalen Walsertreffen zusammen. Bereits seit längerem befassen sich auch Wissenschaftler und Volkskundler mit den Walsern, zahlreiche Schriften berichten über das eigenwillige Volk.

Die berühmten ›Walserwege‹ stehen auch den Wanderfreunden offen. Der internationale ›Große Walserweg‹ – zum Kulturweg Europas ernannt – folgt über 300 km den Spuren der Walser zu den interessantesten Stätten ihrer Kultur. Etappen des Großen Walserwegs sind die Wanderungen 1, 2, 3 und 9 dieses Buches. Bei der Schweizerischen Verkehrszentrale in Zürich sowie Schweiz Tourismus in Frankfurt/Main, Düsseldorf, Hamburg, München und Stuttgart ist eine Broschüre über den Großen Walserweg erhältlich.

(4327 m), Lenzspitze (4294 m) und Dom (4545 m).

Unser Weg führt ostwärts weiter. Wir steigen ein letztes Mal bergan und wandern durch schütteren Lärchen- und Kiefernwald. Auf fast ebenem Weg queren wir den Graben des Leidbachs und gelangen in südlicher Richtung ins **Arb** (1.05 Std.), wo unsere Aufmerksamkeit auf die eindrucksvollen verwitterten Arven mit ihren blauschwarzen Zapfen fällt. Kurz darauf erreichen wir die Baumgrenze, der Blick ins Saastal hinunter wird frei. Kurze Zeit folgen wir einer Suone, einer der typischen Walliser Wasserleitungen (s. S. 110 f.). Im nördlichen Talausschnitt imponiert das mächtige Bietschhorn. Auf der weiteren Wanderung ist im Süden, vorerst nur schemenhaft zu erahnen, die Gletscherwelt von Saas Fee zu erkennen. Als Hüter des Saaser Talendes machen wir das Allalinhorn (4027 m) und den Alphubel (4206 m) aus.

Auf dem Siwiboden, hoch über dem Saastal, im Hintergrund rechts das Bietschhorn

Wir erreichen den Schwarzewald. In der Tiefe liegt, als schönster Fleck des Tales gerühmt, das Dorf Eisten: Dunkelbraune Häuser und ein weißes Kirchlein kleben am diesseitigen Hang. Dort unten, so sagt man, sei der Nährboden so steil, daß nirgends sonst mehr ›hängende Gärten‹ zu sehen seien. Hoch oben am Gegenhang erkennen wir einzelne Abschnitte des Balfrin-Höhenwegs. Unser Weg führt uns weiter an der Bergflanke entlang. Über die **Geissspitze** (1.45 Std.) – die im übrigen nicht spitz ist – wandern wir am Fuß der ausgedehnten, kargen **Mattwaldalpa** entlang. Stallungen sind keine zu entdecken, die Alp dient ausschließlich dem Auftrieb von Jungvieh und Schafen aus dem Tal. Die Behauptung, die Mattwaldalpa sei früher ständig bewohnt gewesen, ist unbewiesen. Allerdings sollen hier Überreste eines Backofens und eines Mühlsteins gefunden worden sein.

Über das Bachalpji und den Mattwaldbach erreichen wir die ausgedehnte waldlose Hochebene des **Siwibodens** (2.05 Std.). Zwischen größeren und kleineren Steinblöcken blühen üppig zahlreiche Arten von Alpenblumen. Nach Alphütten halten wir auch hier vergeblich Ausschau, zu sehen sind einzig Schafpferche und eine einfache Hütte der Hirten. Auch der Siwiboden soll in grauer Vorzeit besiedelt gewesen sein. Wo sich am oberen Ende der Weide Geröll ausbreitet, habe ein großes, stolzes Dorf gestanden, dessen Obrigkeit einen eigenen Trupp Reiter in den Krieg geschickt habe. Talauswärts dominiert nach wie vor das majestätische Bietschhorn, und von der gegenüberliegenden Seite des Saastals grüßen die gleißenden Gletscher der Balfrin-Gruppe. Weiter nördlich sind im Vispertal die Bergdörfer Zeneggen und Törbel auszumachen.

Auf ebenem Weg wandern wir weiter und überqueren zwei rauschende Bergbäche. Es folgt ein mit Lärchen und Ahorn besetztes Gelände; Vogelgezwitscher begleitet uns. Kurz nach **Linde Bode** (2.25 Std.) überqueren wir eine Fahrpiste, die nicht recht in die Landschaft passen will. Sie ist neueren Datums und wurde erstellt, damit vom

Grüebugletscher her ein Eisstollen gebaut und darin das Wasser der Gletscherseen abgeleitet werden konnte: In den Jahren 1968 und 1970 riß der Fellbach, den wir bald überqueren werden, große Mengen Geröll und Schlamm aus der Moräne des Gletschers mit sich zu Tale. Die ungestüme Fracht erreichte Saas Balen und verschüttete große Teile des Dorfes.

Durch einen Wald steigen wir zum alten Walserweiler **Heimischgartu** (2.40 Std.), mit einem gemütlichen Berggasthaus, hinunter. Der Weg fällt weiter ab Richtung Süden und überquert den Fellbach, der, alles andere als gewalttätig, fröhlich zu Tale eilt. Bald erreichen wir die Vorsässe **Oberi** und **Unneri Brend.** Von hier aus bringt uns ein befahrbares Natursträßchen zum Weiler **Tewaldji** (3.10 Std.). Im nördlichen Hangausschnitt erkennen wir den weißen Rundbau der alten Kirche von Saas Balen.

Ein schöner, flacher Waldweg geleitet uns in südlicher Richtung zur kleinen Siedlung **Bodmen** (3.25 Std.). Nach einigen Minuten Wanderung durch dichten Schutz- und Bannwald stehen wir vor der Kapelle St. Josef, einem architektonisch reizvollen historischen Juwel. Vor uns liegt weit offen der Kessel des oberen Saastals, im Südwesten gleißen die Gletscher von Saas Fee. Von der Kapelle steigen wir auf einem Sträßchen in weiten Kehren ins Tal ab – kreuzende Fußpfade lassen wir dabei unbeachtet. Nach der Querung eines Baches gelangen wir in wenigen Minuten in den lieblichen Weiler Unter dem Berg, einen Ortsteil von **Saas Grund.** Am Bergfuß entlang führt uns der Weg rasch in das Dorfzentrum (4.10 Std.).

Brücke über die Vispa bei Stalden

AM WEGE

Das Haufendorf **Stalden** liegt auf einem Bergsattel. Im Dorfkern drängen sich die traditionellen Häuser in Stufen eng aneinander. Bemerkenswert sind vor allem die turmartigen Holzbauten auf hohen Steinsockeln beim nördlichen Dorfeingang und beim Parkplatz. Die Kienbrücke über der Mattervispa aus dem Jahr 1544 zeugt von alter Ingenieurkunst und gilt als eine der schönsten Brücken im Kanton. Das milde Klima läßt in Stalden Weintrauben und zahlreiche Obstsorten gedeihen.

Auch **Saas Grund,** der Hauptort des Saastals, weist Häusergruppen in der alten Walliser Bauart auf. 1937 wurde eine neue Kirche errichtet und mit den alten Altären ausgestattet. Saas Grund hält einen traurigen Rekord: Kaum ein Dorf in den Alpen hat eine schlimmere Unglückschronik aufzuweisen. Seit Jahrhunderten wurde das Dorf von Lawinen, der Pest und immer wiederkehrenden Ausbrüchen des Mattmarksees, weiter oben im Tal gelegen, heimgesucht. Im Jahr 1633 wälzten sich die Wasser des Sees bis nach Visp hinunter. Ein großer Teil der Besitztümer wurde vernichtet, die Hälfte der Bewohner war gezwungen, sich ein Auskommen außerhalb des Tales zu suchen.

10

Inmitten einer atemberaubenden Gletscherwelt

Von Saas Fee zur Britanniahütte

Lärchen- und Arvenwald, eine rauhe Gebirgswelt und großartige Ausblicke in die Tiefe prägen die Wanderung. Als Kulisse die atemberaubende Gletscher- und Bergwelt des hinteren Saastals: Die Gipfel der firnbedeckten Viertausender scheinen zum Greifen nah. Höhepunkt unserer Panoramawanderung ist eine ungefährliche Gletschertraversierung.

i

WEGVERLAUF: Saas Fee – Chalbermatten (35 Min.) – Berggasthaus Plattjen (1.40 Std.) – Heidefriedhof (1 Std.) – Britanniahütte (55 Min.) – Egginerjoch (20 Min.) – Saas Fee (2.30 Std.)

DAUER: 7 Std.

LÄNGE: 17 km

HÖHENUNTERSCHIED: ca. 1200 HM (Saas Fee 1803 m, Berggasthaus Plattjen 2411 m, Britanniahütte 3030 m, Egginerjoch 2989 m); weitgehend gleichmäßiger Anstieg mit kurzem Steilstück vor der Britanniahütte, etwas steilerer Abstieg ab Egginerjoch

SCHWIERIGKEITSGRAD: mittelschwer, mit leichter Gletschertraversierung

WEGBESCHAFFENHEIT: Fuß- und Alpwege, breites Trassee bei der Gletschertraversierung

AUSRÜSTUNG: Bergstiefel

WANDERKARTEN: Kümmerly + Frey Wanderkarte 1 : 60 000 Visp–Zermatt–Saas Fee–Grächen; Kartenmaterial vom Verkehrsbüro Saas Fee

EINKEHRMÖGLICHKEITEN: Berggasthaus Plattjen, SAC Britanniahütte

HINWEISE: Trittsichere – auch gletscherunkundige – Wanderer können die Route abkürzen, indem sie ab Egginerjoch über den Chessjengletscher auf breitem, sicherem Trassee das Felskinn erreichen. Der markierte Gletscherpfad darf nicht verlassen werden. Bergführer und Gletscherausrüstung sind nicht notwendig, jedoch sind vor der Wanderung im Verkehrsbüro Saas Fee Informationen über Weg- und Wetterverhältnisse einzuholen (Felskinn–Saas Fee: Luftseilbahn).

Ungeübten Wanderern wird empfohlen, von der Britanniahütte auf dem Hinweg abzusteigen. Bei ungünstiger Witterung ist diese Variante auch für erfahrene Wanderer ratsam.

ANFAHRT: Nach Saas Fee mit dem Postauto ab Brig. Für Motorfahrzeuge stehen am Eingang des autofreien Dorfes genügend Parkplätze zur Verfügung.

DER WANDERWEG

Bei der Busstation **Saas Fee** wenden wir uns südwestwärts, durchwandern auf der Dorfstraße den Ort und folgen ihr weiter bis zur Feevispa. Wir queren den Bergbach und erreichen rasch **Chalbermatten** (35 Min). Nach der Talstation der Plattjen-Gondelbahn weist uns am Waldrand eine markierte Abzweigung den gemütlichen Aufstieg.

Wanderung 10: Von Saas Fee zur Britanniahütte

Der Talkessel von Saas Fee (in der Schneise des bewaldeten Rückens die Aufstiegsroute)

Der Fußweg beschreibt zahlreiche Kehren durch Lärchen- und Arvenwald und über die Bergmatten, links über uns begleiten uns die Masten und Seile der Gondelbahn. Wir kreuzen einen Wanderweg und erreichen die Gemeindealp **Galu** oder Galen am Nordwestfuß des Mittaghorns (1.20 Std.). Gemächlich geht es weiter bergan. Das Mittaghorn weicht zurück und macht einer imponierenden Kulisse Platz: Vor uns ragen Täschhorn, Dom, Lenzspitze und Nadelhorn in den Himmel.

Nun wird der Weg steiniger, wir nähern uns der Baumgrenze und erreichen das Berggasthaus **Plattjen** (2.15 Std.). Die Rundsicht ist überwältigend. Im Nordosten grüßen die Berner Alpen, davor das mächtige Bietschhorn, welches bereits auf Walliser Boden steht. Westlich und südlich gleißen die Firne des Mischabel-Massivs, davor und uns am nächsten liegt der Feegletscher. In der Tiefe fällt der Blick auf Saas Fee und den äußeren Teil des Saastals.

Auf gutem Wege steigen wir zur Trümmerhalde des Plattjen-Geländes hinauf. Nach der Bergstation der **Gondelbahn** (2.35 Std.) folgen wir dem geologischen Naturlehrpfad, welcher von Plattjen über die Britanniahütte zum Felskinn führt und kristalline Gesteine zeigt und erklärt. Und bald öffnet sich unter uns das Saastal in seiner ganzen Länge. Der Weg ist jetzt weniger steil. Er führt am östlichen Fuß des Mittaghorns entlang, weiter über das Meiggertal und unter den Felswänden des Egginer zu einer Gruppe mächtiger Felsblöcke, **Heidefriedhof** genannt (3.15 Std.).

Hinter einem kleinen Grat zweigt linker Hand ein Weg nach Zermeiggern im Saastal ab. Wir wandern weiter geradeaus, nehmen einen kurzen, steilen Anstieg in Angriff und gelangen über eine Moräne zu einem kleinen Bergsee am Rand des **Chessjengletschers** (3.45 Std.). Im Süden erkennen wir die Ausläufer des Allalingletschers und links

davon den Stausee Mattmark. Von seinem Ende aus führt ein Weg zum Monte-Moro-Paß an die Landesgrenze und weiter nach Italien – ein jahrhundertelang bedeutender Handelsweg.

Wir jedoch wenden uns nun dem Eisstrom zu. Die Traversierung des Chessjengletschers über oft sulzigen Firn auf Eis ist ungefährlich, dennoch ist – wie bei jeder Gletscherwanderung – Vorsicht geboten. Unser Pfad führt südwärts eine vereiste Mulde hinan. Links bewacht uns das Kleine Allalinhorn, rechts ist wiederum, diesmal von einer anderen Seite, der Egginer unser Begleiter. Am Fuße des Kleinen Allalin erreichen wir in beeindruckender hochalpiner Lage die **Britanniahütte** (4.10 Std.). Sie gilt als eine der beliebtesten und begehrtesten Unterkünfte des Schweizerischen Alpenclubs (SAC) und dient vor allem als Zwischenstation für Hochgebirgstouren.

Auf ebenem Gletscherweg im oberen Bereich des Gletschers gelangen wir aufs **Egginerjoch** (4.30 Std.). Der Rundblick auf den Gletscherkessel von Saas Fee, eingerahmt von zahlreichen Viertausendern, ist überwältigend. Imponierend vor allem das vollständig mit Eis überzogene Allalinhorn. Mit seinen 4027 m ist es der meistbegangene Viertausender des Saaser Hochgebirges. Unweit vor uns durchbricht das nackte Gestein des Felskinns die weiße Szenerie.

Der erste Teil unserer Abstiegsroute ist oft von Steinschlag betroffen und daher nicht immer gut zu erkennen. Der Pfad neigt sich nordwestwärts zur rechten Seitenmoräne des Feegletschers hinab. Bald wird er angenehmer. An der westlichen Flanke des Mittaghorns entlang erreichen wir den Hang des **Ritz** (5.40 Std.).

Bei Punkt 2332 verzweigt sich der Weg. Wir halten uns rechts, wandern kurz weiter nord- und anschließend durch felsiges Gelände nordwestwärts. An der folgenden Wegkreuzung halten

Wassermühle oberhalb von Saas Fee

wir unsere nordwestliche Richtung ein und steigen unterhalb der **Alp Galu** (6.20 Std.) gemächlich durch den Wald ab. Bei Punkt 2054 treffen wir auf den Weg, den wir bereits vom Aufstieg kennen. Wir folgen ihm über Matten und durch den Wald in die Tiefe, nach Chalbermatten und weiter ins Zentrum von **Saas Fee** (7 Std.).

AM WEGE

»Die schäusslichste Wildnis der Schweiz«, empfand 1778 ein Reiseschriftsteller. Gut ein Jahrhundert später hieß es »die schönste Perle der Alpenwelt«. Die Rede ist vom weltbekannten Gletscherdorf **Saas Fee.** Weniger kurz faßte sich Carl Zuckmayer: »Man steht am Ende der Welt und zugleich an ihrem Ursprung, an ihrem Anbeginn und in ihrer Mitte. Gewaltiger silberner Rahmen, im Halbrund geschlossen, nach Süden von Schneegipfeln in einer Anordnung von unerklärlicher Harmonie, nach Westen von einer Kette gotischer Kathedralentürme. Zuerst kann man nur da hinaufschauen, es verschlägt einem den Atem.« Der große Dichter hatte hier seine zweite Heimat gefunden; 1977 wurde er, längst Ehrenbürger von Saas Fee, auf dem heimischen Friedhof begraben.

Das intakte Dorfbild zeigt viele alte Stadel und Speicher, auf Stelzen und Steinplatten gebaut. Im Saaser Museum sind Möbel, Einrichtungsgegenstände und sakrale Kunstgegenstände zu besichtigen. Im übrigen zeigt das Museum das Arbeitszimmer von Carl Zuckmayer und eine Sammlung zur Gletschergeschichte des Tales.

Rund um das autofreie Dorf zählen wir 28, teilweise abenteuerlich zerklüftete Gletscher. Einzelne Gletscherzungen reichen bis an den Dorfrand.

Vom Felskinn aus (Gletschertraversierung ab Britanniahütte oder Fahrt mit der Luftseilbahn ab Saas Fee) lohnt sich eine Fahrt mit der **Metro Alpin** auf den Eisbalkon in der hochalpinen Landschaft des **Mittel Allalin.** Alle 20 Minuten fährt, vom Computer gesteuert, ein Zug durch den Berg in die Höhe. Die Fahrt dauert wenige Minuten. Dann treten wir auf fast 3500 m Höhe in die gleißende Schnee- und Eiswelt. Fels- und Firngipfel von 14 Viertausendern bilden die atemberaubende Kulisse. Selbst im Hochsommer ist hier Skisaison. Die Skifahrer in der imposanten Gletscherwelt lassen sich von der Terrasse oder dem Eßtisch aus beobachten: Das höchstgelegene Drehrestaurant der Welt dreht sich in einer Stunde einmal um seine Achse. Ein ›Eismuseum‹ im ewigen Eis des Feegletschers zeigt eine Ausstellung rund um das Thema Gletscher. Die Erbauer der Metro Alpin haben Erstaunliches geleistet: So fräste eine Tunnelbohrmaschine mit einem Totalgewicht von 150 t vom Felskinn zum Mittel Allalin eine glatte Röhre in den Felsen: 4,20 m breit und 1723,29 m lang – ein Meter Bohrung kostete 4000 Franken! Die Bauarbeiten waren im Dezember 1984 abgeschlossen. Keine einzige Sprengung, kein Gramm Dynamit war nötig.

11

Wo die Heiden Opfer brachten

Von Grächen auf den Heidnischen Tossu

Die Arven- und Lärchenwälder von Grächen gehören zu den schönsten Hochwäldern weit und breit. Darüber erheben sich schroffe Felsen und die schneebedeckten Gipfel des Mischabel-Massivs. Die Wanderung führt an einem Bergsee vorbei, über karge Alpweiden und wilde Geröllhänge zu – so will es die Sage – einer vorchristlichen Kultstätte.

WEGVERLAUF: Grächen – Äbnet (30 Min.) – Lowizig (50 Min.) – Heidnischer Tossu (1.20 Std.) – Stafel (35 Min.) – Hannigalp (15 Min.) – Äbnet (40 Min.) – Grächen (20 Min.)

DAUER: 4.30 Std.

LÄNGE: 10,5 km

HÖHENUNTERSCHIED: ca. 850 HM (Grächen 1615 m, Lowizig 2069 m, Heidnischer Tossu 2454 m, Hannigalp 2121 m); gleichmäßiger An- und Abstieg, Aufstieg etwas steiler

SCHWIERIGKEITSGRAD: mittelschwer; einige anstrengendere Wegstücke auf dem Abstieg

WEGBESCHAFFENHEIT: Wald-, Alp- und Fahrwege

AUSRÜSTUNG: Wanderschuhe

WANDERKARTEN: Kümmerly + Frey Wanderkarte 1 : 60 000 Visp–Zermatt–Saas Fee–Grächen; Kartenmaterial vom Verkehrsbüro Grächen

EINKEHRMÖGLICHKEIT: Bergrestaurant Hannigalp

ANFAHRT: Von Brig oder Visp mit der BVZ Zermatt-Bahn nach St. Niklaus und weiter mit dem Bus nach Grächen. Für Autofahrer stehen vor dem Dorfeingang Parkplätze zur Verfügung.

DER WANDERWEG

Auf dem Kirchplatz im Zentrum von **Grächen** wenden wir uns bergwärts und verlassen die Dorfgasse bei der ›Walliserkanne‹ auf einem Fahrweg. Sanft ansteigend, queren wir ein Sträßchen und wandern auf breitem Fußweg linker Hand in den Grächerwald hinauf. In der Wiesenmulde **Z'Seew** erreichen wir den malerischen Grächer Bergsee (20 Min.). Bei klarem Wasser und Windstille spiegeln sich darin Weiss- und Bruneggorn. Auf ebenem Wege geht es weiter geradeaus zu den Alpmatten im **Äbnet** (30 Min.).

Hier queren wir die Eggeri, eine der charakteristischen Walliser Wasserleitungen, welche das wertvolle Naß aus dem Riedbach auf die Wiesen und Äcker leitet. (Mit nur rund 550 mm Niederschlag jährlich gilt Grächen als trockenster Ort der Schweiz!) Nun zweigen wir rechts ab, wandern in südlicher Richtung gemächlich aufwärts durch den Wald. Von den Lichtungen aus ist die Sicht frei auf das Dorf hinunter und an den gegenüberliegenden Berghang. Über uns sind die Anlagen der Seetalhorn-Gondelbahn zu erkennen.

Beim Punkt 2069 erreichen wir die **Lowizig** (›Lawinenzüge‹; 1.20 Std.). Wir folgen ihnen in einigen Kehren bergan, bis sich die Überreste eines Gebäudes zeigen. Es ist eine 1921 erstellte und in der Zwischenzeit fast gänzlich abgebrannte Schutzhütte jener Arbeiter, welche hier Lawinenverbauungen erstellten. Bei der untersten Mauer der Verbauung stoßen wir auf eine klare, kühle Bergquelle. Unter den bizarren Felsformationen des Gabelhorns windet sich unser Fußweg in kleinen Kehren vorbei an den neun Zyklopenmauern – Schutzbauten aus mächtigen Bruchsteinen, welche das Dorf und den Wald vor Lawinen und Steinschlag bewahren. Bei der obersten Mauer angelangt, erreichen wir eine Weggabelung (2 Std.). Rechts führt der Pfad zur Plattja und weiter an den Fuß des Färrichhorns.

Wir jedoch halten uns links, wandern in Richtung Nordosten und lassen bald die Baumgrenze hinter uns. Was nun vor uns liegt, steht in schroffem Gegensatz zum dichten Wald: An den Steinen und Felsbrocken eines Trümmerfeldes vorbei gelangen wir auf den sagenumwobenen **Heidnischen Tossu** (2.40 Std.). ›Tossu‹ werden in der Mundart hochragende Felskolosse genannt. Wollen wir der Sage Glauben schenken, haben die Felsen hier oben heidnischen Ureinwohnern – es seien Zwerge gewesen – als Opferstätte gedient. Von späteren Einwanderern aus dem grünen Gelände von Grächen verjagt, hätten sie sich in die karge Einsamkeit dieser Steinwüste zurückgezogen und südwestlich des Tossu mit ihren Ziegen in Höhlen gehaust.

Wir ersteigen vorsichtig den Tossu, an dessen Fuß noch einige Arven ihr Leben fristen. Beim Bergkreuz bestaunen wir das Panorama: im Norden die ehrfurchtgebietende Pyramide des

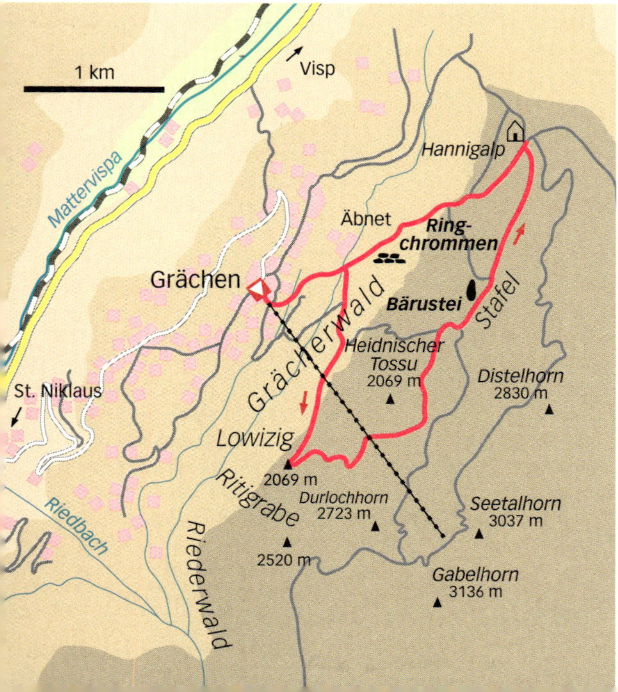

Wanderung 11: Von Grächen auf den Heidnischen Tossu

Bietschhorns, im Südwesten gleißend das Weisshorn. Unter uns liegt das sanft hügelige Gelände der Gemeinde Grächen: Weiler und Gehöfte, auf der Bergterrasse hingestreut. Mancherorts reichen die Ausläufer des Bergwaldes bis an die Wohnbauten. Unten im Tal erkennen wir die Dörfer St. Niklaus, Embd, Törbel, Zeneggen und, etwas weiter entfernt im Rhonetal, das Städtchen Visp. Hier oben herrscht wohltuende Ruhe, unterbrochen bloß vom Ruf der Bergdohlen und – wenn wir Glück haben – dem Pfiff eines Murmeltieres.

Wir wenden uns nach Nordosten und wandern an der Bergflanke entlang durch eine Geröllhalde weiter. In jähem Abstieg überwindet der Pfad einige Geländestufen, unterbrochen durch sanftere Wegstücke. In dieser Gegend fand ein Plattenspalter zu Beginn dieses Jahrhunderts beim Brechen von Quarzitplatten zum Decken von Hausdächern eine Bronzespeerspitze und zwei bronzene, beilartige Schlagwerkzeuge. Diese Waffen oder Jagdgeräte von Hochgebirgsjägern zeugen davon, daß Grächen und seine Umgebung schon zur Bronzezeit, vor mehr als 2000 Jahren, besiedelt waren.

Allmählich senkt sich der Weg zu den Alpweiden im **Stafel** (3.15 Std.). Beim oberen Stafel erregt ein vielkantiger Felsblock unsere Aufmerksamkeit. Der ›Bärustei‹ erinnert, so eine überlieferte Erzählung, an einen erbitterten Kampf zwischen einem Bären und einem Stier im letzten Jahrhundert. Wir erreichen die ersten Bäume, einige Krüppelarven, und gelangen dann auf breitem Weg in den Arven- und Lärchenwald. Aus dem Wald herausgetreten, erreichen wir eine Weggabelung; wir behalten unsere Richtung weiter bei, kreuzen den Wannehorn-Skilift oberhalb seiner Talstation und steigen in nordwestlicher Richtung über die Piste der Furggenlifte ab zur **Hannigalp** (3.30 Std.) mit ihrem Bergrestaurant, welches 1909 als erstes Gasthaus der Gemeinde Grächen erbaut wurde. Im Südwesten erkennen wir die vorwitzig hervorlugende Spitze des Matterhorns. Hinter der Krete im Osten zieht sich der Balfrin-Höhenweg nach Saas Fee.

Ein breiter Alpweg führt uns, zunächst kurze Zeit über Alpweiden und anschließend durch den Wald, in südwestlicher Richtung auf Grächen zu. Nach einiger Zeit fällt unser Blick auf den **Ringchrommen** (4.05 Std.). Auf dieser von Mauern geschützten Waldwiese geben sich die Kühe im Frühling ein erstes Stelldichein, friedlich wiederkäuend oder ihre Kräfte beim Kämpfen messend.

Wir erreichen den südlichen Rand des Grächenwalds und gelangen zum **Äbnet** (4.10 Std.), wo wir auf dem Hinweg den Weg in den Wald hinauf eingeschlagen haben. Ein paar Schritte weiter treffen wir wieder auf den Grächer Bergsee und kehren, zu beiden Seiten von Waldstücken flankiert, auf dem Hinweg wieder nach **Grächen** zurück (4.30 Std.).

AM WEGE

Im Weiler Blattu, zur Gemeinde Grächen gehörend, wurde im Jahr 1499 **Thomas Platter** geboren. Als Knabe war er Ziegenhirt. Im Selbststudium lernte der Jüngling Latein, Griechisch und Hebräisch und zog als fahrender Schüler durch halb Europa. In Zürich lernte er den Reformator Ulrich Zwingli kennen, welcher ihn prägte. Schließlich ließ er sich in der Universitätsstadt Basel nieder, wo er zunächst als Buchdrucker und dann als Rektor des humanistischen Gymnasiums wirkte. Platter gilt als einer der bedeutendsten Humanisten seiner Zeit, und seine Autobiographie gehört zu den wichtigsten seiner Epoche. An den berühmten Sohn der Gemeinde erinnert eine Gedenktafel am Dorfplatz von Grächen.

12

Über dem Mattertal

Von Zermatt auf dem Höhenweg über die Tufteralp nach Täsch

Auf einem angenehmen Höhenweg hoch über dem Mattertal wandern wir in fast ebenem Gelände über die grünen Bergmatten und durch herrlichen Nadelwald. Zwar gibt es keine Gipfel- oder Paßerlebnisse, doch die phantastische Aussicht auf die Bergwelt – vom Matterhorn zu den Viertausendern am gegenüberliegenden Hang – fehlt auch hier nicht.

i

WEGVERLAUF: Sunnegga – Alp Tufteren (50 Min.) – Alp Galen (50 Min.) – Blasi (1.35 Std.) – Täsch (35 Min.)

DAUER: 3.50 Std.

LÄNGE: 8,5 km

HÖHENUNTERSCHIED: ca. 850 m bergab (Sunnegga 2288 m, Alp Tufteren 2215 m, Täsch 1450 m); großenteils gemächlicher Abstieg, etwas steiler an den Lawinenverbauungen vorbei und im Wald oberhalb von Täsch

SCHWIERIGKEITSGRAD: leicht

WEGBESCHAFFENHEIT: Fuß- und breite Alpwege durch Weiden und Wald, kurze Stücke über felsigen Untergrund

AUSRÜSTUNG: Wanderschuhe

WANDERKARTEN: Kümmerly + Frey Wanderkarte 1:60 000 Visp–Zermatt–Saas Fee–Grächen; Wanderkarte 1:25 000 Zermatt (Verkehrsverein Zermatt)

EINKEHRMÖGLICHKEITEN: Gasthaus auf der Alp Tufteren, Restaurants in Täsch

ANFAHRT: Mit der Bahn ab Brig/Visp nach Zermatt. Automobilisten parken den Wagen auf dem Parkplatz beim Bahnhof Täsch und fahren mit dem Zug weiter ins autofreie Zermatt. Die Züge zwischen Täsch und Zermatt verkehren in der Regel alle 20 Minuten. Vom Bahnhof Zermatt, an der linken Talseite, folgen wir dem Wegweiser zur Talstation der unterirdischen Standseilbahn Zermatt–Sunnegga.

DER WANDERWEG

Von der Bergstation der unterirdischen Standseilbahn auf der **Sunnegga** steigen wir einige Meter nach Süden ab. Dort treffen wir auf einen Fußweg, auf dem wir in zwei Kehren oberhalb des Chüebords die Bergstation in Richtung Norden umrunden. An der Weggabelung bei **Punkt 2249** (10 Min.) halten wir uns rechts und folgen einem gut angelegten Höhenweg nach Norden. Hoch über dem Mattertal wandern wir auf fast ebenem Wege über die Alpmatten und unterhalb eines Felsbandes vorbei. Einzelne knorrige Arven zeigen den nahen Wald an, an dessen oberem

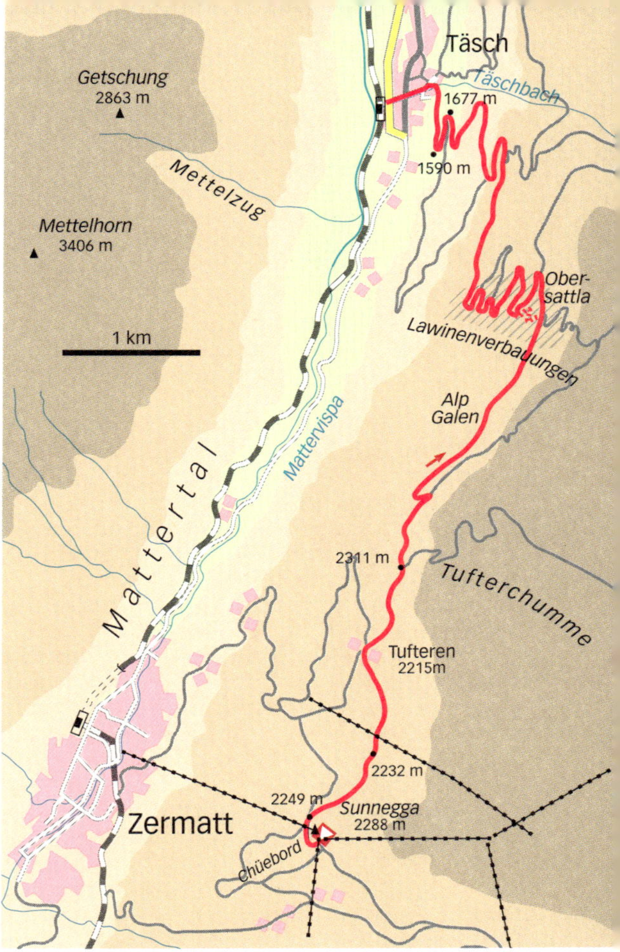

Wanderung 12: Von Zermatt auf dem Höhenweg über die Tufteralp nach Täsch

Rand entlang wir **Punkt 2232** erreichen (30 Min.). Hier betreten wir den lichten Bergwald, queren in einer Schneise ein Skilifttrassee, kurz danach eine Weide und erreichen schließlich die **Alp Tufteren** (50 Min.).

Beim Brunnen am nördlichen Ausgang der Siedlung biegen wir rechter Hand in einen Fußweg ein, queren, leicht ansteigend, zwei kleine Bächlein und anschließend einen Bergpfad. Oberhalb der Baumgrenze öffnet sich die Sicht immer schöner ins Mattertal und auf den gegenüberliegenden Hang. Rechts über uns durchsetzen Felsen die grünen Matten, das Berggelände zeigt sich immer ursprünglicher, wird karger und wilder zugleich.

Bei **Punkt 2311** (1.05 Std.) trifft aus Nordosten der Gebirgspfad vom Unterrothorn auf unseren Weg. Stets gemächlich ansteigend, wandern wir über die Weiden der Tufteralp. Nach einer Mulde erreichen wir eine Weggabelung, halten uns links, beschreiben einen kleinen Bogen Richtung Südwesten und queren, leicht absteigend, den weiten Hang der **Alp Galen** (1.40 Std.).

Im fels- und steindurchsetzten Gebiet queren wir eine Runse und gelangen über ein schmal sich zu Tale ziehendes Geröllfeld an eine weitere Wegverzweigung, wo wir uns abwärts wenden. Rund um uns haben sich die Berge immer höher aufgebaut. In unserem Rücken präsentiert sich das Matterhorn, uns gegenüber grüßt am linken Berghang über den felsigen Hängen und weißen Gletschern eine ganze Kette von schneebedeckten Viertausendern – Obergabelhorn, Zinalrothorn, Weisshorn, im Vordergrund die steilen Felshänge des Mettelhorns. Über unserem Hang erheben sich im Nordosten das Täschhorn und aus dem Mischabel-Massiv der Dom – Viertausender auch sie. In der Ferne dominiert im Norden mit kleinen Felszacken auf wuchtigem Unterbau das mächtige Breithorn.

Für einen Zwischenabstieg Richtung Westen haben wir die Wahl: Kürzer und steiler geht es im Zickzack an den mächtigen **Lawinenverbauungen** vorbei (2.15 Std.). Steht uns der Sinn nach Gemächlichkeit, holen wir weiter aus, beschreiben mit unserem Pfad eine weite Schleife. Etwas tiefer treffen sich beide Pfade am Rand der Runse wieder. In mehreren Kehren steigen wir tiefer ab. Die erste von ihnen führt durch eine Mulde und durch den Hochwald, den zwei nächsten, weniger ausladenden folgen wir durch die blumigen Alpmatten, an knorrigen Arven vorbei. Zurück an der Runse, wenden wir uns oberhalb einer langen Lawinenwehr nach rechts (2.45 Std.). Sanft abfallend führt uns ein breiter Weg gut einen Kilometer über Weiden und durch den Wald.

Bei **Blasi** (3.15 Std.) wechseln wir die Richtung, wandern nach Südwesten und steigen nach einer kleinen Wiesenmulde zwischen zwei Waldstücken rechter Hand in einen Fußweg ein. Wieder die nördliche Richtung einhaltend, genießen wir eine schöne Waldpartie und kommen dem Talgrund immer näher. Bei Punkt 1677 und etwas tiefer bei Punkt 1590 wechseln wir zwei weitere Male die Richtung, treten dann aus dem Wald hinaus und queren in einem kleinen Bogen nach Süden ein Fahrsträßchen. Am sonnigen Hang nahe dem Talboden wandern wir an den ersten Häusern von Täsch vorbei, queren in einem Wäldchen einen Bergbach, zweigen in ein Fahrsträßchen ab und erreichen über die Täschbach-Brücke den oberen Dorfteil von Täsch. Über die Straße am hier kanalisierten Bach erreichen wir unmittelbar vor der Mattervispa die Bahngleise und, nach rechts abbiegend, in wenigen Schritten die Bahnstation von **Täsch** (3.50 Std.).

AM WEGE

Ein berühmtes Dorf, behütet von einem Gipfel- und Gletscherkranz, dominiert von der legendären Pyramide des Matterhorns: Rund um **Zermatt** erwarten uns 28 der 38 Schweizer Viertausender. Die Gegend war schon in vorgeschichtlicher Zeit besiedelt. Über den Theodulpaß trieben die Zermatter im Mittelalter Handel mit Italien. Bereits 1839 fanden sich die ersten Fremden – wie vielerorts in den Schweizer Alpen waren es vor allem abenteuerlustige Engländer – in der ersten kleinen Herberge eines Arztes ein. Vorerst waren es rund ein Dutzend pro Jahr. Dies änderte sich, nachdem Alexander Seiler, Begründer einer weltbekannten Hotelierdynastie, das Haus gekauft, umgebaut und 1854 als ›Bergsteigerhotel Monte Rosa‹ eröffnet hatte.

Seither gilt Zermatt als Stützpunkt ersten Ranges für die Alpinisten. Einige von ihnen sind für immer dageblieben; sie ruhen auf dem Friedhof an der Vispabrücke. Das beschauliche Dorf mußte einer – wenn auch harmonisch in die Landschaft eingefügten – Bergstadt weichen. Im südlichen Dorfteil sind noch letzte Zeugen des alten Zermatt auszumachen. Das Dorf ist autofrei, es verkehren moderne Elektromobile und nostalgische Pferdekutschen.

Als Hauptanziehungspunkt gilt die 600 m lange Dorfstraße, gesäumt von Hotels, mondänen Geschäften und charakteristischen sonnenverbrannten Holzhäusern mit prächtigem Blumenschmuck. Sehenswert ist auch die 1913 errichtete Kirche mit drei prächtigen Barockaltären aus dem 18. Jh.

Im Jahr 1904 wurde in der Nähe der heutigen Post das Alpine Museum gegründet. Es dokumentiert die Erschließung der Walliser Täler und Berge und zeigt alte kartographische Werke. Die volkskundliche Sammlung wartet mit altem Mobiliar, Mineralien, frühgeschichtlichen Funden und einer Darstellung der einheimischen Flora und Fauna auf.

Blick auf Täsch und das hintere Mattertal,
im Hintergrund Breithorn und Kleines Matterhorn, davor der Gornergrat

13

Ein hochalpiner Schauplatz

Von Zermatt auf den Gornergrat

»Gornergrat – hochalpiner Schauplatz«: der Werbeslogan hält, was er verspricht. Am Fuße des Matterhorns und weiterer imposanter Gipfel führt der Wanderweg durch schattigen Bergwald und an farbenprächtigem Alpenflor vorbei, über Wiesen und Matten bis in eine gleichermaßen unwirtliche wie großartige Berg- und Gletscherwelt.

i

WEGVERLAUF: Zermatt – Winkelmatten (15 Min.) – Riffelalp (1.30 Std.) – Gasthaus ›Riffelberg‹ (1.15 Std.) – Rotenboden (30 Min.) – Gornergrat (1 Std.) – Riffelalp (1.30 Std.) – Findeln (1 Std.) – Zermatt (40 Min.)

DAUER: 7.40 Std.

LÄNGE: 20 km

HÖHENUNTERSCHIED: ca. 1500 HM (Zermatt 1616 m, Riffelalp 2211 m, Gasthaus ›Riffelberg‹ 2566 m, Gornergrat 3090 m); weitgehend gleichmäßig steiler Aufstieg, Rückweg mit leichten Zwischenan- und -abstiegen

SCHWIERIGKEITSGRAD: mittelschwer, doch recht anstrengend

WEGBESCHAFFENHEIT: Fußwege durch Wald, Wiesen und Matten, kurze Wegstücke auf Fahrstraßen

AUSRÜSTUNG: Wanderschuhe

WANDERKARTEN: Kümmerly + Frey Wanderkarte 1:60 000 Visp–Zermatt–Saas Fee–Grächen; Wanderkarte 1:25 000 Zermatt (Verkehrsverein Zermatt)

EINKEHRMÖGLICHKEITEN: Berggasthäuser auf der Riffelalp, dem Riffelberg und auf dem Gornergrat, Hotel ›Findelgletscher‹, Restaurant in Findeln

ANFAHRT: Mit der Bahn ab Brig/Visp nach Zermatt. Automobilisten parken den Wagen auf dem Parkplatz beim Bahnhof Täsch und fahren mit dem Zug weiter ins autofreie Zermatt. Die Züge zwischen Täsch und Zermatt verkehren in der Regel alle 20 Minuten.

DER WANDERWEG

Beim Bahnhof in **Zermatt** wenden wir uns südwärts, wandern die Dorfstraße hinunter und stoßen auf die Kirche und den Murmeltierbrunnen. Dazwischen führt ein Sträßchen gegen Osten. Wir folgen ihm und überqueren hinter dem Friedhof auf einer Brücke die Mattervispa, wenden uns nach rechts und wandern auf einem Sträßchen dorfauswärts, links über uns die Häusergruppe Am Stalden.

So erreichen wir das Dorf **Winkelmatten** (15 Min.). Hier werfen wir einen Blick in die der Heiligen Familie gewidmete Kapelle aus dem Jahr 1607.

Fünfmal im Jahr ist die kleine Kirche das Ziel der Zermatter Bevölkerung, welche auf Bittgängen vom Dorf bis hierher zieht. Wir gehen geradeaus weiter durch das Dorf und erreichen nach wenigen Minuten den Findelbach. Wir überschreiten ihn und treten direkt dahinter links auf einem Fußweg in den schattigen Bergwald ein.

Im Unterholz leuchten bis in den Hochsommer hinein üppig blühend die Alpenrosen. Das erste Wegstück führt uns recht steil über ein Fußweglein empor. Anschließend queren wir ein erstes Mal das Trassee der Gornergrat-bahn (40 Min.) und wandern nun in Richtung Nordosten. Nach kurzer Zeit beschreibt der Weg eine erste Spitzkehre und führt in einigen weiteren, weit angelegten Spitzkehren höher in den Wald hinauf. Bei der **Bahnstation Riffelalp** überschreiten wir wiederum die Gleise der Bahn (1.45 Std.), treten nach rund 300 m aus dem Wald heraus und lassen die Baumgrenze unter uns.

Wir halten auf das Hotel ›Riffelalp‹ zu. Nachdem wir die erste Kapelle passiert haben, zweigt links ein Weg nach Osten ab, in den wir einbiegen. Schräg oberhalb des Hotels und einer weiteren

Wanderung 13: Von Zermatt auf den Gornergrat

Kapelle erreichen wir erneut eine Abzweigung. Wir halten uns nach Süden und wenden uns an der nächsten Abzweigung nach rechts. Mäßig ansteigend, ab und zu in kleinen Spitzkehren, führt uns der breit angelegte Weg über die Matten der Riffelalp und das **Riffelbord** (2.30 Std.). Bald kommt nun das große Gasthaus auf dem **Riffelberg** in Sicht (3 Std.). Es lädt uns ein zur Rast und zu einem großartigen Ausblick: Die charakteristische Pyramide des Matterhorns hat sich unterwegs immer eindrücklicher aufgebaut. Im Südosten über dem Riffelberg gleißen Schnee und Firn des Monte-Rosa-Massivs, und über dem Berghang westlich von Zermatt sind Weisshorn, Zinalrothorn, Wellenkuppe und Obergabelhorn auszumachen.

Ein weiteres Mal queren wir das Bahntrassee, welches anschließend zu unserer Rechten einen weiten Bogen beschreibt. Sanft ansteigend, erreichen wir den **Rotenboden** (3.30 Std.), bevor der Weg steiler wird. Zu unserer Rechten zieht sich der Gornergletscher dahin, im Vordergrund präsentieren sich die schroffen Felsen des Riffelhorns, des ›Kletterbergs‹ von Zermatt. In geringer Entfernung folgt unser Weg weiterhin den Bahnschienen, die wir bald ein letztes Mal überschreiten, bevor wir den letzten, kurzen, aber steilen Aufstieg in Angriff nehmen.

Auf dem Felskamm des **Gornergrats** ist der höchste Punkt unserer Wanderung erreicht (4.30 Std.). Für die Anstrengung des Aufstiegs entschädigt uns eine der atemberaubendsten Rundsichten in den Alpen: Zahlreiche Viertausender, beherrscht vom berühmten Matterhorn, nehmen die Parade der gleißenden Eisströme ab. Uns zu Füßen, aus dem Osten vom Weissgrat her kommend, zieht sich blendendweiß das Band des mächtigen Gornergletschers zu Tale. An der Grenze zu Italien schickt im Süden der Liskamm den herrlichen Grenzgletscher auf die Reise. Er mündet in den Strom des Gornergletschers, zwischen die beiden drängt sich, etwas bescheidener, der Monte-Rosa-Gletscher. Er entspringt an der Dufourspitze im Monte-Rosa-Massiv – mit 4634 m die höchste Erhebung der Schweiz – und überzieht etliche kleine Grate und Kuppen. Ans Matterhorn schließt der Furgggrat an, im Halbrund breitet sich darunter das Eismeer von Furgg- und Oberem Theodulgletscher aus. Im Süden sind das Kleine Matterhorn und das wuchtige Breithorn zu sehen, östlich davon folgt das Zwillingsgebirge von Castor und Pollux, darunter fließen die zerklüfteten Zwillings- und Schwärzengletscher dem Gornergletscher zu. Im Westen sind die Berge und Gletscher in Richtung Val d'Hérens zu erkennen, und im Norden grüßt die Mischabel-Gruppe mit dem majestätischen Dom. Oberhalb der Gornergratbahn-Endstation fällt uns ein Hotel auf, das nicht so recht in die Landschaft passen will, in der Nähe steht eine Kapelle aus dem Jahr 1950.

Rostblättrige Alpenrose

Wir bereiten uns auf den Abstieg ins Tal vor und folgen bis zur **Bahnstation Riffelalp** unserer Aufstiegsroute (6 Std.). Nach dem Überqueren des Bahntrassees schlagen wir bei der Abzweigung den Weg nach rechts ein. Der

Wanderweg führt uns durch den Wald und über Alpweiden. Anschließend queren wir den **Balmbrunnen-Bach** (6.15 Std.) und steigen wiederum für ein längeres Wegstück in den Wald ein. Dabei halten wir uns an einer Gabelung rechts. Aus dem Gehölz herausgetreten, stehen wir vor dem **Hotel ›Findelgletscher** (6.30 Std.).

Wir behalten die Richtung bei, und nach wenigen Minuten leuchtet uns das klare Wasser des Grüensees entgegen. Über dem Ansatz des Findelgletschers im Osten zeigen sich Rimpfischhorn und Strahlhorn. Im Frühsommer stehen die Alpenrosen in voller Blüte, im Hochsommer schrumpft der kleine Alpsee und wird zu einer großen Pfütze, einem wachen Auge mitten in der Berglandschaft.

Wir wandern zum Hotel zurück und folgen einige Meter dem bereits bekannten Weg, bis uns ein Wegweiser in Richtung Findeln weist. In sanft abfallendem Gelände durchwandern wir ein ausgedehntes Waldstück, die Börter, und steigen zum Findelbach ab. Wir überqueren ihn auf einem Brücklein, steigen auf der anderen Seite des Tälchens einen sonnigen Hang hinan und erreichen rasch **Findeln** (7 Std.). Mehrere Gruppen ursprünglicher, braungebrannter Holzhäuser prägen den Charakter dieses typischen alten Walliser Bergdorfes. In der Kapelle aus dem Jahr 1691 besichtigen wir den schönen spätgotischen Altar.

Ein gepflegter Weg führt uns nun weiter nach Westen, durch farbenfroh blühende Wiesen am rechten Hang des Findelbachs. Wir sind nicht die einzigen, die sich an der prächtigen Alpenflora freuen: In der Umgebung von Findeln sind wohl die meisten der in Zermatt beheimateten Schmetterlinge zu Hause – nicht weniger als 300 Arten! Bei **Rieben** treten wir in den Wald ein (7.20 Std.). Vorerst mehr oder weniger geradeaus, führt uns der Weg schließlich im Zickzack über der Schlucht des Findelbachs Richtung Tal. In der letzten Spitzkehre queren wir – seit langem wieder einmal – die Gleise der Gornergratbahn, verlassen oberhalb eines kleinen Elektrizitätswerks den Wald und erreichen **Winkelmatten** (7.30 Std.). Auf dem Weg, dem wir bereits auf dem Hinweg gefolgt sind, erreichen wir das Zentrum von **Zermatt** (7.40 Std.).

AM WEGE

Die **Gornergratbahn** darf ohne Zweifel als eine technische Leistung der Superlative bezeichnet werden. Ab 1896 erbaut, wurde die Bahn 1898 als erste elektrische Zahnradbahn der Schweiz eingeweiht. Heute noch ist sie die höchstgelegene ohne technische Hilfsmittel frei im Gelände angelegte Zahnradbahn Europas. Vom Bahnhof Zermatt bis auf den felsigen Rücken des Gornergrats mißt die Strecke rund 10 km. Die Fahrt vermittelt großartige Ausblicke, der letzte Streckenabschnitt verläuft hoch über dem Gornergletscher. Eine Fahrt mit der Gornergratbahn bietet sich auch zum Abkürzen unserer Wanderung an.

Wo heute das moderne Hotel auf der **Riffelalp** steht, wurde 1856 das erste Berggasthaus der Region Zermatt errichtet. Bauherr war der berühmte Alexander Seiler, welcher als Pionier des Zermatter Tourismus und als bedeutender Förderer des ganzen Mattertals gilt. Im Jahr 1961 vernichtete ein Brand das historische Gebäude, verschont geblieben sind allein die ehemaligen Wirtschaftsgebäude. Unweit vom Hotel erblicken wir eine reformierte und eine katholische Kapelle. Beeindruckender als die Bauten ist jedoch die Aussicht: Im Südwesten kommt hinter dem Riffelberg erstmals das Matterhorn in Sicht, auf der gegenüberliegenden Talseite grüßen die imposanten Gabelhörner.

Blick über die Bergstation der Gornergratbahn auf das Monte-Rosa-Massiv

Der König der Alpen

Das Matterhorn

»Berg aller Berge«, »Sphinx aus Stein«, »König der Alpen«, »Archetyp eines Berges«, »schönster Berg der Alpen«, »schönste Felspyramide paläozoischen Alters auf diesem Planeten« – nur die großartigsten Bezeichnungen scheinen dem Charakter und der Gestalt des berühmten Matterhorns gerecht zu werden. Der Chronist Werner Kämpfen beschreibt es gar als »phantastisches Felsenriff, das da aus einer Welt des Chaos und des Umsturzes, aus einem zu Eis erstarrten Meer nackt und unvermittelt bis an den Rand des Himmels springt«.

Die Faszination des ›Hore‹ (Horn), wie die Zermatter ihren Hausberg nennen, ist seit Jahrhunderten ungebrochen. Heutzutage wird die 4478 m hohe Pyramide jährlich rund 3000mal bezwungen. Für geübte Bergsteiger auf der Zermatter Seite kein schwieriger Kletterberg, ist das ›Hore‹ dennoch nicht zu unterschätzen. Jährlich behält der Berg 10–20 Menschen; allzuoft sind sie Opfer ihres eigenen Leichtsinns geworden.

Mitte des 19. Jh. gehörte der Gipfel noch sich allein, bis dato hatte keiner ihn zu bezwingen vermocht. Seine ›Jungfräulichkeit‹ sowie die Tatsache, daß das Matterhorn unter den zahlreichen Viertausendern im hintersten Mattertal als letzter noch unbesiegt war, brachte die Engländer, ihres Zeichens Wegbereiter des Hochalpinismus, auf den Plan. Einen besonders langen Atem hatte Edward Whymper. Schmächtig, aber – typisch britisch – sportlich und zäh, gab er sich auch nach dem siebten vergeblichen Versuch, das Horn zu bezwingen, nicht geschlagen. In Zermatt mit drei Landsmännern und drei einheimischen Führern aufgebrochen, gelang ihm am 14. Juli 1865 um 13.42 Uhr nach einem verbissenen Zweikampf mit Jean Antoine Carrel, einem Italiener, welcher gleichzeitig den Berg von der Südseite in Angriff genommen hatte, die Erstbesteigung. Der Sieg über den ›Berg der Berge‹ wurde jedoch teuer bezahlt: Das späte Erreichen des Gipfels machte einen raschen Abstieg notwendig; ein Engländer glitt aus, riß die Seilschaft mit sich – und nur ein Riß im Seil bewirkte, daß Whymper und zwei seiner Führer lebendig und unversehrt ins Tal zurückgelangten. Die anderen vier hatte der Berg als Tribut gefordert.

Die Nachricht von Sieg und Niederlage am Matterhorn wurde in Windeseile in die ganze Welt getragen. Seither hat der Berg keine Ruhe mehr gefunden. 1879 erfolgte die erstmalige Besteigung über den Zmuttgrat, 1922 und 1927 wurden die Routen über den Furgggrat und die Westwand ›eingeweiht‹. 1931 wurden der Eispanzer der Nordwand und die Südwand, 1932 die Ostwand durchstiegen. Heute führen über 30 verschiedene, teilweise extrem anspruchsvolle Routen auf den Gipfel. Über 100 000 Bergfreunde aus aller Welt, manche davon im Winter, haben bereits den Gipfel erreicht. Ein Ende des Ansturms ist nicht abzusehen.

In den 50er Jahren wäre es beinahe soweit gekommen, daß man in Sandalen auf dem Matterhorn hätte stehen können. Daß der spektakuläre Plan italienischer Unternehmer, auf dem Gipfel eine Aussichtsterrasse zu errichten, nicht Wirklichkeit wurde, ist zahlreichen Protesttelegrammen aus aller Welt an die italienische Regierung zu verdanken.

14

Ein alter Übergang im rauhen Gebirge

Aus dem Mattertal über den Augstbordpaß ins Turtmanntal

Ein lieblicher Bergweiler hoch über den Felsen, Alphänge und Bergwald, imposante Lawinenverbauungen, ein rauhes, wildes Hochtal und eine heilsame Quelle – das sind die Stationen unseres Aufstiegs auf den Augstbordpaß. Über Geröllhalden und Weiden wandernd, genießen wir danach weiterhin die Sicht auf die hohen Berge und erreichen, gemächlich absteigend, das abgeschiedene Turtmanntal.

WEGVERLAUF: Jungu – Twära (1.50 Std.) – Augstbordpaß (1.45 Std.) – Oberstafel (1 Std.) – Gruben/Meiden (1.15 Std.)

DAUER: 5.50 Std.

LÄNGE: 12,5 km

HÖHENUNTERSCHIED: ca. 1000 HM bergauf, ca. 1100 HM bergab (Jungu 1955 m, Augstbordpaß 2894 m, Gruben/Meiden 1822 m); nach einem steilen Kilometer zu Beginn anschließend gemächlicher Aufstieg, leichter Abstieg und wiederum Anstieg (auf dem letzten halben Kilometer sehr steil), ab dem Paß gleichmäßig bergab

SCHWIERIGKEITSGRAD: mittelschwer

WEGBESCHAFFENHEIT: Fußwege und Bergpfade über Alpweiden und Geröllfelder

AUSRÜSTUNG: Wanderschuhe, ausreichende Verpflegung

WANDERKARTEN: Kümmerly + Frey Wanderkarte 1 : 60 000 Visp–Zermatt–Saas Fee–Grächen; Wanderkarte 1 : 40 000 Rund um Visp (herausgegeben von den Verkehrsvereinen der Region)

EINKEHRMÖGLICHKEITEN: keine

HINWEIS: Abstecher vom Augstbordpaß auf das Schwarzhorn (3202 m, großartiges Panorama) und zurück: 1.30 Std.

Wanderung 14: Aus dem Mattertal über den Augstbordpaß ins Turtmanntal

ANFAHRT: Nach St. Niklaus ab Brig oder Visp mit dem Auto oder mit der Bahn. Die Züge verkehren in der Regel stündlich. In der Nähe des Bahnhofs befindet sich die Talstation der Luftseilbahn nach Jungu.

Ab Gruben/Meiden mit dem Postauto nach Turtmann an der Bahnlinie durchs Rhonetal. Der Bus verkehrt nur wenige Male täglich. Der genaue Fahrplan ist an jedem schweizerischen Bahnhof zu erfahren.

DER WANDERWEG

Von der Seilbahn-Bergstation oberhalb **Jungu** führt uns ein Fußweg an den oberen Rand des abgeschiedenen Bergweilers. Am gegenüberliegenden Hang des Mattertals grüßen im Osten die Sonnenterrasse von Grächen und darüber die Gipfel des Mischabel-Massivs. Am nordwestlichen (oberen) Ortsende schlagen wir einen Fußweg ein und folgen ihm Richtung Nordwesten den Hang hinan. An einer wenig später erreichten Wegkreuzung wenden wir uns nach Westen, erreichen über die Alpmatten den Bergwald, beschreiben eine Kehre und, aus dem Wald hinausgetreten, eine zweite. Durch den Wald und über arvendurchsetzte Matten gelangen wir in westlicher Richtung an einen Bergbach, queren ihn und wählen an der Weggabelung am anderen Ufer den Fußpfad rechts (45 Min.).

Sofort überschreiten wir den Bach ein weiteres Mal und steigen über zwei weite Wegkehren immer höher den Berg hinauf. Der Wald ist unter uns zurückgeblieben, noch treffen wir jedoch einzelne knorrige Nadelbäume an. Zu unserer Rechten und am Steilhang über uns erkennen wir eine ganze Reihe teilweise massiver Lawinenverbauungen. Einen weiteren links abzweigenden Weg lassen wir unbeachtet, halten unsere Richtung nach Nordosten ein und queren in den Alpweiden die ersten, noch kleinen Geröllfelder.

Auf dem auslaufenden Grat der **Twära** – sie trennt das Jungtal im Süden vom Augstbord im Norden – dreht der Pfad nach Nordwesten ab (1.50 Std.). Im Gelände unter uns machen wir guterhaltene Überreste eines alten Pfades aus: Bereits im Mittelalter führte ein Handelsweg aus dem Rhonetal über den Augstbordpaß, St. Niklaus und Zermatt nach Italien. Durch felsiges Gebiet und über die

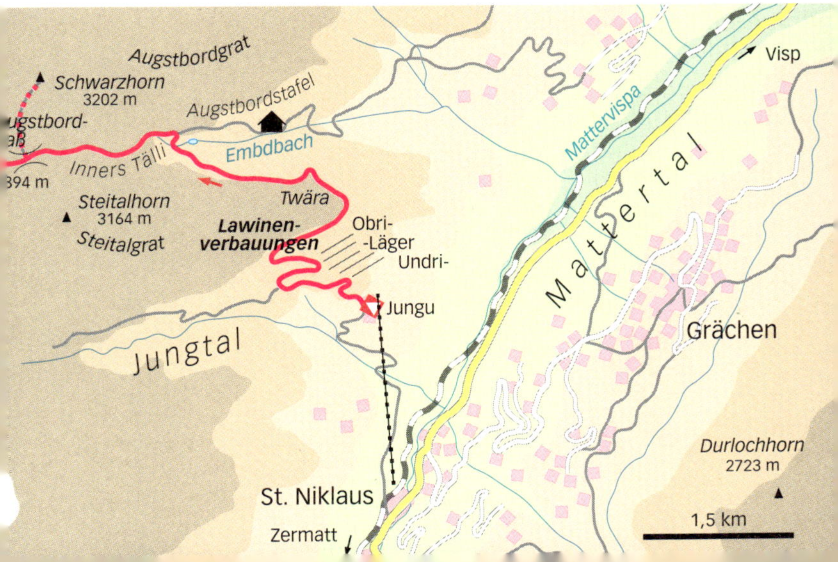

letzten Grasteppiche erreichen wir eine Krete und queren anschließend, vorerst in südwestlicher, dann in westlicher Richtung, leicht absteigend, eine ausgedehnte Geröllhalde.

Hie und da queren wir eine Runse, rechts unter uns zieht sich der Embdbach Richtung Osten zu Tale. Auf der anderen Seite des Bergflüßchens liegt einsam die Alphütte der Augstbordstafel, nördlich davon zieht sich der Augstbordgrat hin, um im Augstbordhorn zu gipfeln. Im hintersten Embdbachtal, als Augstbord bezeichnet, nähern wir uns einem kleinen, durch Moränen gestauten Bergsee. Wir steigen jedoch nicht ans Ufer hinab, sondern beschreiben einen großen Bogen um den See und queren den hier noch ganz jungen Embdbach.

Der Pfad führt uns ein kurzes Stück nach Norden, um sich dann abrupt Richtung Westen zu wenden (2.40 Std.).

Die Gebirgslandschaft wird karger, rauher, wilder. Unser Weg ist jedoch nach wie vor sicher und angenehm, verläuft oberhalb des Embdbachs durch Geröll und über felsigen Untergrund, stets höher ansteigend ins Innere Tälli. Die Quelle des Embdbachs soll, so erzählt man sich, im frühen 19. Jh. Gebrechliche geheilt haben. Wassersüchtige, Augenkranke und Engbrüstige, so ein Chronist, hätten pro Tag bis zu 30 Becher des eiskalten Wassers getrunken, im Bächlein die kranken Glieder gebadet und das heilsame Naß gleich fässerweise über die beschwerlichen Wege heimgetragen. Gelegentlich queren wir ein Altschneefeld und erreichen schließlich, kurz und steil Richtung Südwesten ansteigend, den **Augstbordpaß** (3.35 Std.).

Eine herrliche Aussicht entschädigt uns für die Anstrengungen des Aufstiegs: Richtung Osten schweift der

Die Turtmänna bei Gruben/Meiden, im Hintergrund der Bruneggletscher

Blick zum Fletschhorn (3993 m) und den beiden Viertausendern Lagginhorn (4010 m) und Weissmies (4023 m). Im Westen grüßen über dem Turtmanntal die eigenartigen Türmchen eines langen Grates, welcher die Deutschschweiz von der welschen und damit vom Val d'Anniviers trennt.

Abstecher: Wenn es uns die Kondition erlaubt, deponieren wir unseren Rucksack auf dem Paß und steigen über einen Bergweg auf dem Grat zum **Schwarzhorn** auf (3202 m; hin und zurück 1.30 Std.). Das Panorama gilt als das großartigste im Wallis auf der Nordseite der großen Gletscher. 20 Viertausender sind in allen Himmelsrichtungen zu bestaunen: im Osten sechs Gipfel im Weissmies-Massiv und dem Mischabel-Kamm, im Süden sieben der Monte-Rosa-Gruppe und vor ihnen Weisshorn und Bishorn. Richtung Westen fällt der Blick auf das Zinalrothorn, das Obergabelhorn und den imposanten Dent Blanche. Bei guter Sicht sind weit im Westen zudem die beiden Gipfel des Grand Combin auszumachen.

Der Abstieg vom Augstbordpaß ist deutlich weniger steil als die letzten Meter des Aufstiegs. Im Zickzack führt der Pfad hinab in Richtung Westen, quert, nach Süden abfallend, eine weite Geröllhalde, dreht nach rechts ab und bringt uns an einen kleinen Bergsee. In einigen Kehren absteigend, gelangen wir ins Grüobtälli, wo die Geröllfelder von Alpweiden abgelöst werden. Wenige Schritte unter uns entspringt ein quirliges Bergbächlein; es begleitet uns fortan über rund 2 km, wird zweimal überschritten und geleitet uns zur Alpsiedlung **Oberstafel** (4.35 Std.).

Hier übernehmen uns die zahlreichen Kehren des Salzwegs, so benannt von den Sennen, die den Pfad im Sommer täglich begehen, um in den Alphütten die Käselaibe zu salzen. Bald begrüßen uns die ersten Bäume, und wir gelangen in die Alpweiden von **Mittelstafel** (4.50 Std.). Uns gegenüber winkt im Westen über dem Turtmanntal die Pyramide des Meidhorns, im Süden schließt der Turtmanngletscher, bewacht von den Diablons, das Tal ab. Über dem Rhonetal im Norden machen wir die schnee- und firnbedeckten Gipfel der Berner Alpen aus.

An der Gabelung bei Punkt 2151 halten wir uns rechts und steigen in zwei Wegkehren in den Bergwald ab. In einigen Schlaufen wandern wir gemächlich talwärts, verlassen den Wald und finden uns nahe dem Talgrund wieder. Richtung Südwesten durch die Wiesen bummelnd, erreichen wir in wenigen Minuten unser Ziel und treffen im kleinen, aus zwei Weilern bestehenden Ort **Gruben/Meiden** ein (5.50 Std.).

15

An den ›heiligen Wassern‹

Von Oberems durch das Turtmanntal nach Ergisch

Wo im Mittelalter Kaufleute für Betrieb sorgten, ziehen wir heute ungestört durch den dunklen Wald an der kargen Westseite des abgeschiedenen Turtmanntals. Üppig grün sind hingegen die Wiesen und Äcker am Gegenhang, weil sie seit dem Mittelalter eine typische Walliser Wasserleitung speist. Sie begleitet uns auf dem zweiten Teil unserer romantischen Wanderung, die uns am Schluß ein großartiges Panorama bietet.

i

WEGVERLAUF: Oberems – Hübschweidi (1.10 Std.) – Chummu (1 Std.) – Ergisch (20 Min.)

DAUER: 2.30 Std.

LÄNGE: 9 km

HÖHENUNTERSCHIED: unter 100 HM bergauf, 250 HM bergab (Oberems 1332 m, Hübschweidi 1365 m, Ergisch 1086 m)

SCHWIERIGKEITSGRAD: leicht; an einigen wenigen Stellen ist jedoch Trittsicherheit erforderlich

WEGBESCHAFFENHEIT: Waldwege, schmale Pfade an der alten Wasserleitung entlang

AUSRÜSTUNG: Wanderschuhe

WANDERKARTEN: Kümmerly + Frey Wanderkarte 1:60000 Visp–Zermatt–Saas Fee–Grächen; Wanderkarte 1:40000 Rund um Visp (herausgegeben von den Verkehrsvereinen der Region)

EINKEHRMÖGLICHKEITEN: Gasthaus im Hübschweidi, Restaurants in Ergisch

HINWEISE: Die Wanderung kann verlängert werden: von Unterems (1003 m, Zwischenstation der Luftseilbahn Turtmann–Oberems) nach Oberems (1.15 Std.); von Ergisch Abstieg nach Gampel/Steg (950 m, 1 Std.); Rückfahrt von Gampel/Steg mit der Bahn (Strecke Turtmann–Brig).

Der erste oder zweite Teil dieser Route läßt sich mit der Wanderung über den Augstbordpaß (Wanderung 14) ideal zu einer Zweitagestour verbinden; Übernachtung in Gruben/Meiden (Endpunkt der Wanderung 14); Wanderweg Gruben–Meiden–Hübschweidi: 1.50 Std.

ANFAHRT: Ab Brig nach Turtmann mit der Bahn (verkehrt in der Regel stündlich) oder mit dem Auto und weiter nach Oberems mit der Luftseilbahn (ebenfalls etwa stündlich).

Zurück ab Ergisch nach Turtmann mit dem Postauto (20 Min. Fahrzeit).

DER WANDERWEG

Von der Seilbahnstation in **Oberems,** über dem kargen, steilen Hang am Ausgang des Turtmanntals gelegen, folgen wir dem Wanderweg taleinwärts Richtung Südosten. Die gegenüberliegende Talseite lockt mit üppigem Grün und gibt uns einen Vorgeschmack auf den zweiten Teil unserer Wanderung. Im Norden erkennen wir über der rechten Seite des Rhonetals das Torrenthorn, daneben den Eingang zum Lötschental und noch weiter östlich das mächtige Bietschhorn. Beim Dorfausgang steigen wir in den alten Talweg ein, welcher uns, unterhalb der Fahrstraße, vorerst über die Wiesen führt. Wir treten in den dunklen Bergwald ein und genießen von nun an eine eindrückliche Ruhe. Auf nahezu ebenem Wege dringen wir immer weiter in das unberührte, wildromantische Turtmanntal vor.

Beim **Restigufer** löst ein Waldweg unser Sträßchen ab (40 Min.), wir befinden uns nun im Taubenwald. An der Stelle, wo der Pfad nahe an die über uns verlaufende Straße gerät, entdecken wir linker Hand eine kleine Kapelle. Ein kurzes Stück weiter vereinigt sich unser Weg mit jenem, der von diesem kleinen Gotteshaus hierherführt (1 Std.). Bald erreichen wir das Chalet ›Enzian‹ im **Hübschweidi** (1.10 Std.); an der etwas höher gelegenen Straße erwartet uns ein Gasthaus.

Vom Hübschweidi bringt uns ein Weg links hinunter an die Turtmänna, den Fluß, welcher den typischen V-förmigen Querschnitt des Turtmanntals geschaffen hat. Kalt und klar schäumt das Wasser. Auf der Rohrbrücke überqueren wir den Bergfluß und folgen am anderen Ufer dem Weg, der uns Richtung Norden talauswärts führt. Von nun an begleitet uns eine Suone oder Bisse, eine jener typischen Walliser Wasserleitungen, die das kostbare Naß über die kargen Hänge leiten, um zu den trockensten Zeiten Äcker und Wiesen zu bewässern. Der Weg an der Suone entlang ist ungefährlich. Dort, wo das Gelände steil zur Turtmänna abfällt, verlangen einige Stellen jedoch Trittsicherheit.

Das Gelände ist wild, steil und abweisend. Unser romantischer Weg durch den schattigen Mischwald drückt sich, wie die Suone an unserer Seite, an die Felswand. Hie und da erhaschen wir einen kleinen Ausblick in ein Tobel. Das Wasser rauscht, erscheint geschwätzig und in Eile, dann wieder plätschert es kaum, zieht leicht schläfrig seinem Ziel zu. Etwa auf halbem Weg läßt sich auf einem Felsen beim **Frauenchännel**

Wanderung 15: Von Oberems durch das Turtmanntal nach Ergisch

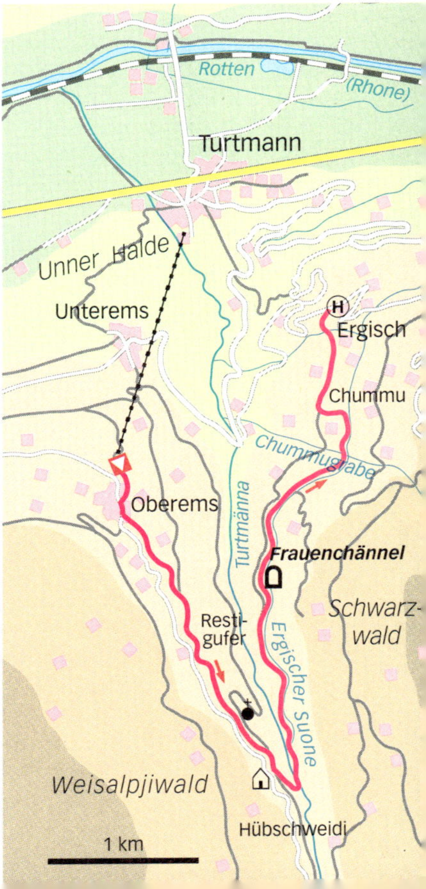

Mit den ›heiligen Wassern‹ gegen die Trockenheit

Im Mittelwallis, der regenärmsten und sonnenreichsten Region der Schweiz, ist die Bevölkerung seit jeher auf künstliche Bewässerung ihrer Wiesen, Weiden, Äcker und Rebberge angewiesen. Die traditionellen Wasserfuhren – auch Suonen oder, im französischsprachigen Gebiet, Bisses genannt – sicherten den fast ausschließlich von der Landwirtschaft lebenden Menschen die Ernte und bewahrten sie vor Hungersnöten. Bereits die Römer sollen an Quellen, Gletscherbächen und Flüssen das kostbare Naß gefaßt und über mehrere Kilometer auf die kargen Hänge geleitet haben. Schriftlich erwähnt wurden die Suonen erstmals im 14. Jh.

Das weitverzweigte Kanalnetz mit einer Gesamtlänge von 20 000 km war nur unter unbeschreiblichen Mühen anzulegen. Mit Pickel und Schaufel schlugen die Walliser im teilweise unwegsamen Gelände zahlreiche Gräben ins Erdreich, kleideten sie mit Steinen und Grassoden aus, um sie wasserdicht zu machen. Wo das Erdreich fehlte, wurden die Rinnen in den Stein gehauen oder mittels im Fels verankerter ›Chännel‹ – ausgehöhlten Lärchenstämmen – über Schluchten und Abgründe geführt.

Die Hauptleitungen verzweigten sich in Nebenkanäle, jene wiederum gaben ihr Wasser durch schmale Furchen an die Wiesen, Äcker und Gärten ab. Mit der Wasserkehrordnung, überwacht vom demokratisch gewählten Wasservogt, wurde die Nutzung des kostbaren Nasses genau geregelt. An den Kanalverzweigungen waren kleine Schieber – Metall- oder Steinplatten – angebracht, die nur nach Plan geöffnet werden durften. Da kaum ein Bauer lesen und schreiben konnte, wurden die Angaben, welches Gebiet wann und wie lange gewässert werden durfte, in kleine Holzbrettchen – im Wallis Tesseln genannt – eingekerbt. Dennoch waren gewisse Unregelmäßigkeiten nicht auszuschließen: Da gab es die Wasserdiebe, die ihren Fehltritt im Beichtstuhl zu bekennen hatten, wollten sie nicht das Fegefeuer in Kauf nehmen. Wasserverkäufe in Form von abgetretenen Wässerstunden kamen ebenfalls vor. Je mehr Wiesen und Felder ein Grundbesitzer sein eigen zählte, desto mehr Wasserrechte hatte er. Viele Wasserrechte bedeuteten großes Ansehen – aber auch entsprechende Pflichten: Auf den Tesseln legte die Wasserkehrordnung auch den Unterhalt des Systems, das heißt Kostenanteil und körperlichen Einsatz jedes einzelnen Nutznießers fest. Jedes Jahr setzte sich der ›Chänilzug‹ der Dorfbevölkerung in Gang, Männer und Frauen setzten die von Lawinen und Steinschlag beschädigten Leitungen wieder instand. Auch nach einem Unwetter mußten die Chännel abgelaufen, kontrolliert und nötigenfalls ausgebessert werden – eine gefährliche Arbeit, die manches Menschenleben forderte.

Heutzutage, da die Landwirtschaft stark an Bedeutung verloren hat, ist der größte Teil der historischen Wasserfuhren nicht mehr in Betrieb. Das einzigartige Bewässerungsnetz droht mehr und mehr zu verfallen. Zahlreiche Suonen sind mittels Kunststoffröhren in den Boden verlegt worden. Noch nutzen die Weinbauern die Wasserfuhren; für manche Bergdörfer bleiben sie gar lebenswichtig. Dort, wo der ›Chänilzug‹ noch durchgeführt wird, hat er die Bedeutung eines Rituals zu Ehren des lebenswichtigen Nasses.

Durch den Wald und über die Weiden dem plätschernden Wasser einiger alter Suonen zu folgen, ist zwar erquickend und überaus romantisch, allerdings nicht immer so ungefährlich wie an der Ergischer Suone. Manche Suonen-Wanderung verlangt Schwindelfreiheit und sollte nur unter kundiger Führung unternommen werden. Die lokalen Verkehrsbüros kennen den Zustand der Wege, informieren über die Wässerzeiten und geben eine Broschüre mit Wandervorschlägen entlang der ›heiligen Wasser‹ heraus.

An der Niwärch-Suone bei Ausserberg

gemütlich rasten (1.30 Std.). Keine Erholung durften sich hier während des Ersten Weltkriegs die Frauen von Ergisch leisten: Weil ihre Männer Aktivdienst leisteten und die Landesgrenzen zu schützen hatten, waren sie es, welche die eingebrochenen Wasserchännel ausbessern oder ersetzen mußten.

Wir wandern weiter, überqueren den **Chummugrabe** (2 Std.) und verabschieden uns rund 200 m danach von der Wasserfuhre. Aus dem Wald herausgetreten, führt uns linker Hand ein Feldweg hinab zu den Ställen und Schobern in der **Chummu** (2.10 Std.), wo uns ein Flursträßchen Richtung Norden aufnimmt. Von hier aus bietet sich uns ein schöner Ausblick in die Nähe wie in die Ferne: Vis-à-vis von uns sind am linken Hang des Turtmanntals Unterems und Oberems – Ausgangspunkt unserer Wanderung – zu erkennen. Weiter westlich ragen der Gorwetschgrat und die rötlich-grauen Felsen des Illgrabens auf; an dessen Fuß im Rhonetal zeigt sich der aufgeschüttete Kegel des Naturschutzgebiets Pfynwald. Weiter hinten im Turtmanntal erkennen wir das Pletschuhorn, die kleine Pyramide des Brunegghorns und das Emshorn. Im Norden unter uns zieht im Tal die Rhone Richtung Westen, an ihrem Nordhang präsentieren sich das stolze mittelalterliche Städtchen Leuk und (s. Wanderung 16, S. 116 f.), in reizvollem Gegensatz dazu, die futuristisch anmutenden Empfangsantennen der Satelliten-Bodenstation Brentjong. Hoch über Leuk erkennen wir das Torrenthorn, daneben das Wildstrubel-Massiv und etwas weiter im Westen das Wildhorn. Darunter liegt die sonnige Höhenterrasse von Montana. Im fernen Norden schließlich grüßen über dem Lötschental Eis und Firn des Petersgrats, und rechts dahinter leuchten die höchsten Gipfel der Berner Alpen.

Rasch erreichen wir **Ergisch** (2.30 Std.) und verlassen zuoberst im Dorf das Flursträßchen. In die Dorfgasse eingezweigt, steigen wir zwischen alten Häusern hinab zum Dorfplatz und damit zur Postautostation.

AM WEGE

Auf der Wanderung führt der Weg ein Stück weit in das unberührte, wildromantische **Turtmanntal** hinein. Kaum vorstellbar, daß im Mittelalter wichtige Handelswege nach Italien durch diese einsame Gegend führten! Bewohnt war das Turtmanntal jedoch schon in der Jungsteinzeit (4500–1800 v. Chr.). Als sich das Klima verschlechterte und im 16. Jh. die Pest wütete, verließ ein großer Teil der Bevölkerung das Tal, welches heute in weiten Bereichen nur noch im Sommer bewohnt ist. In früheren Zeiten brachte der fruchtbare Boden im Steilwald über der Turtmänna zwischen dem Gehölz kleine Heuwiesen und Alpweiden hervor. Heute sind diese kleinen Flecken selten geworden, auf manchen sprießt Gebüsch und wachsen Bäume.

Die **Ergischer Suone** tut ihren Dienst seit dem Mittelalter, abschüssige Stellen wurden mit Chänneln überbrückt. Vor rund 65 Jahren wurde die Wasserfuhre vollständig erneuert, heute verläuft sie ausschließlich durch festen Untergrund. Über einige Strecken wird sie durch Holzchännel geleitet, welche selten geworden sind: Wo die übrigen Walliser Wasserleitungen nicht im natürlichen Bett im Gelände verlaufen können, werden sie heute meist in Metall oder Beton gefaßt.

16

An sonnigen Wiesen- und Rebhängen über die Sprachgrenze

Von Gampel/Steg über Leuk nach Sierre

Ob wir von Dorf zu Dorf im Oberwalliser-Stil wandern, die trutzige Stadt Leuk besuchen, durch ausgedehnte Rebhänge schweifen, Winzergüter besichtigen oder uns schließlich im sonnenverwöhntesten Ort der Schweiz umsehen: Von Gampel/Steg bis Sierre gibt die Natur den Menschen Wärme und Licht. Nicht verwunderlich daher, daß die Vegetation am Wegrand mancherorts an die Provence erinnert.

WEGVERLAUF: Bahnhof Gampel/Steg – Gampel/Steg (25 Min.) – Bratsch (1.35 Std.) – Erschmatt (20 Min.) – Feschel (40 Min.) – Guttet (30 Min.) – Leuk (1.30 Std.) – Varen (35 Min.) – Salgesch (1.05 Std.) – Sierre (1.20 Std.)

DAUER: 8 Std.

LÄNGE: 25 km

HÖHENUNTERSCHIED: erster Teil der Route ca. 700 HM bergauf, ca. 600 HM bergab (Bahnhof Gampel/Steg 630 m, Guttet 1345 m, Leuk 713 m); zweiter Teil unter 100 HM bergauf, ca. 200 HM bergab (Leuk 713 m, Varen 760 m, Sierre 533 m)

SCHWIERIGKEITSGRAD: leicht

WEGBESCHAFFENHEIT: Feld- und Fußwege über Wiesen, durch Wald und Rebhänge, zwischendurch Passagen auf Fahrstraßen und asphaltierten Sträßchen

AUSRÜSTUNG: festes Schuhwerk (Wanderschuhe nicht erforderlich)

WANDERKARTEN: Kümmerly + Frey Wanderkarte 1 : 60 000 Val d'Anniviers–Val d'Hérens–Montana; Kartenmaterial der lokalen Verkehrsvereine

EINKEHRMÖGLICHKEITEN: Restaurants in allen Dörfern

HINWEISE: Vom Etappenziel Leuk an folgt die Wanderung einer Teilstrecke der ›Route du vin‹ (›Weinbergstraße‹), welche sich von Leuk über gute 50 km im Zickzack entlang der alten Hangsträßchen und -wege bis Fully, nordöstlich von Martigny, erstreckt. Die Wanderungen durch die Rebberge werden idealerweise zur Zeit der Weinlese oder im Frühling unternommen. Im Sommer ist es zu heiß und schwül.

Die relativ lange Wanderung kann in Leuk abgebrochen oder nur ab Leuk unternommen – oder mit Übernachtung in Leuk zu einer Zweitagestour erweitert – werden.

ANFAHRT: Nach Gampel/Steg mit der Bahn ab Brig.

Ab Sierre mit der Bahn rhonetalaufwärts Richtung Brig oder -abwärts in

Wanderung 16: Von Gampel/Steg über Leuk nach Sierre

Richtung Martigny. Automobilisten parken bei der Bahnstation oder im Dorf Gampel/Steg.

DER WANDERWEG

Bei der **Bahnstation Gampel/Steg** am linken Rhoneufer richten wir uns nach dem Wegweiser, der uns über Rhone und Lonza zur Post der zusammengewachsenen Dörfer Gampel und Steg führt (25 Min.). Hier folgen wir weiter dem markierten Wanderweg, treten aus dem Dorf hinaus und links der Lonza einige Meter ins Tal des Flüßchens ein. Nach einer Kehre gelangen wir, in südwestlicher Richtung gleichmäßig ansteigend, wieder aus dem Tal hinaus und stoßen am Weg auf eine Muttergotteskapelle (1 Std.), in deren Innern wir einen Blick auf die bunten Glasfenster werfen.

Unser Weg führt nun gemütlich Richtung Westen, an der sonnigen rechten Flanke des Rhonetals entlang. In der Tiefe begleitet uns die Rhone, auf der gegenüberliegenden Talseite grüßt der dichte Wald unterhalb Ergisch. Wir erreichen den Tschingelbach und durchqueren dessen Tobel auf einer Brücke. Uns gegenüber zeigen sich nun das Dorf Turtmann, der Eingang ins wildromantische Turtmanntal, im Süden überragt vom Weisshorn (4505 m). Rasch erreichen wir **Bratsch** mit seinen sonnengebräunten Holzhäusern (2 Std.), von der etwas unterhalb des Dorfes gelegenen Kapelle ›Maria zu den sieben Freuden‹ bewacht.

Am westlichen Dorfende wenden wir uns bei einer Abzweigung nach rechts, folgen der Fahrstraße für rund 1 km und verlassen sie rechter Hand wieder, um über einen Feldweg ins ebenfalls typisch-dunkle Walliser Dorf **Erschmatt** zu gelangen (2.20 Std.). Am nördlichen Dorfausgang wählen wir den rechts abzweigenden Feldweg, der uns vorerst leicht östlich, dann in westlicher Richtung über die Wiese führt, um kurz danach in eine Fahrstraße einzumünden, der wir nach links folgen.

Nach kurzer Zeit wählen wir wiederum einen rechts abzweigenden Fußweg, wandern oberhalb der Straße über die Matten und erreichen den Waldrand. Hier wendet sich der Weg scharf nach links, bald erreichen wir erneut die Straße (2.40 Std.) und folgen ihr ein Stück weit durch den Wald, bevor wir linker Hand auf einem Fußweg an Tuffsteintrümmern vorbei in ein Tobel absteigen. Hier überqueren wir den Feschilju-Bach und einen ihm zu-

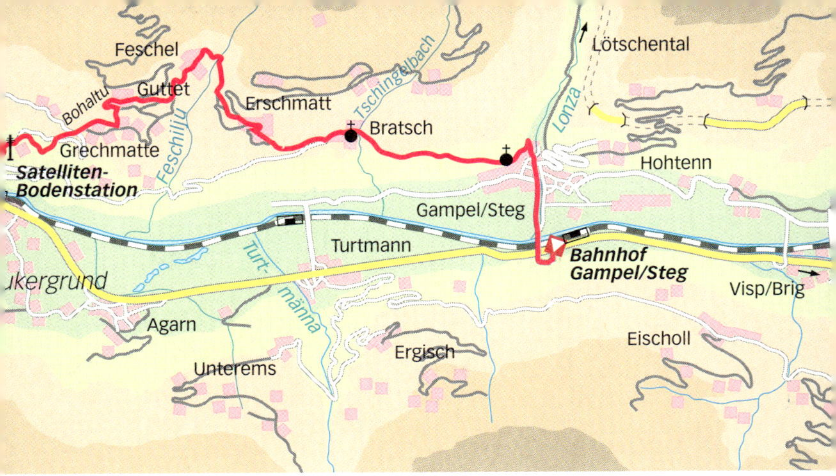

fließenden Bach, um nach **Feschel** zu gelangen (3 Std.).

Wir verlassen das Dorf geradeaus auf einem Fahrsträßchen, wandern am rechten Hang des Feschilju-Grabens durch die Wiesen, durchqueren ein kleines Waldstück und zweigen bei dessen Ausgang rechter Hand auf einen Fußweg ab. Nach dem Überschreiten eines Baches folgen wir der Fahrstraße nach rechts. Schon von weitem grüßt hoch über dem Tal der Glockenturm der Kapelle von **Guttet,** die wir bald erreichen (3.30 Std.). Im eng gescharten Dorf angelangt, steuern wir die untere, nach Osten abfallende Straße an und zweigen bald rechts auf einen Fußweg Richtung Süden ab. Bei der nächsten Verzweigung, vor einem kleinen Bächlein, halten wir uns wiederum rechts, wenden uns Richtung Südosten, überschreiten den Bach und queren ein Fahrsträßchen. Bei der nächsten Gabelung wenden wir uns links und erreichen die langgezogene Häuserreihe der **Grechmatte** (3.40 Std.). Wir folgen dem Fahrsträßchen Richtung Westen, wenden uns in einer Kehre wieder nach Osten und gelangen an eine Abzweigung.

Ein Fußweg führt uns Richtung Süden in den Weiler **Brentjong** (4.20 Std.). An der Wegkreuzung wenden wir uns Richtung Westen. Wo der Weg nach links abbiegt, wandern wir geradeaus über die Wiesen und erreichen rasch die riesigen Schüsseln der Satelliten-Bodenstation Brentjong. Unterhalb von deren Hauptgebäude beschreibt eine Fahrstraße einen Bogen. Wir folgen der unteren Straßenführung Richtung Nordwesten und erreichen eine Straßenkreuzung. Hier biegen wir in einen Fußweg ein. Vorerst Richtung Süden, anschließend nach Westen, wandern wir durch die Wiesen und schließlich in nordwestlicher Richtung durch den Wald. Am Waldrand steigen wir sogleich links ab und erreichen auf einem Sträßchen, an einem Weinberg entlang, die Fahrstraße am oberen Rand des mittelalterlichen Städtchens **Leuk** (5 Std.).

Wir folgen ihr Richtung Westen durch die Rebhänge und auf einer Brücke über die tief eingeschnittene Schlucht der Dala. Nun steigt die Straße an. Im Nordosten ist über einem Felshang bereits die Kirche von Varen zu sehen. Die Straße beschreibt eine enge Rechtskurve und führt dann in weitem Bogen durch ausgedehnte Rebhänge ins behäbige Winzerdorf **Varen** (5.35 Std.).

Beim ›Café de la Poste‹ wenden wir uns nach rechts und gelangen an den westlichen Dorfrand. Unter uns kann sich die Rhone im unbebauten Gelände diverse Ausschweifungen erlauben. Jenseits des Flusses erkennen wir das Naturschutzgebiet des Pfynwalds. Den unteren von zwei Wegen wählend, wandern wir auf einem kleinen Sträßchen durch die Rebberge. Die sonnige, geschützte Lage, fruchtbarer Boden und ausgezeichnete Weinfachleute lassen in dieser Gegend – von Leuk bis Sierre – einen köstlichen Wein gedeihen. Durch ein Stückchen Wald und weitere Rebhänge gelangen wir zum Bachlauf des Gulantschi. Weiter geht es, leicht abfallend, auf einem geteerten Sträßchen – einen rechter und einen linker Hand abzweigenden Weg lassen wir unbeachtet – und schließlich auf einem Rebweg zum Winzergut von **Tschangerang** (6.20 Std.).

Vor einem großen Rebhaus zweigen wir rechts ab, halten uns an der nächsten Weggabelung links und steigen in südwestlicher Richtung – abzweigende Wege wiederum außer acht lassend – in das für seinen Wein berühmte und wohlhabende Winzerdorf **Salgesch** ab (6.40 Std.). Die Häuser aus Holz und Stein wirken gediegen. Hinter den Bogengängen verbergen sich tiefe Kellergewölbe. Vor dem Ausgang des Dorfes befindet sich an einer Kreuzung rechter Hand das sehenswerte Zumofenhaus, welches einen Teil des Walliser Reb- und Weinmuseums beherbergt.

Von hier aus folgen wir den insgesamt 45 Informationsschildern des ›Rebwegs‹ von Salgesch nach Sierre (Siders) und durchwandern sozusagen ein Freilichtmuseum. Nach zwei harmlosen Bächlein queren wir mitten im Weinberg das Bett der wilden **Raspille** (7 Std.), welche sich tief in den Kalkuntergrund eingegraben hat. Nun befinden wir uns im französischsprachigen Teil des Kantons. Immer den Informationsschildern des ›Rebwegs‹ folgend, überschreiten wir auf unserem Weglein die **Sinièse** und eine Fahrstraße (7.20 Std.).

Bei der nächsten Kreuzung wenden wir uns nach links und erreichen das Dorf **Veyras** (7.30 Std.), wo uns ein Stück weit eine Fahrstraße aufnimmt, um uns rechter Hand wieder in den markierten ›Rebweg‹ zu entlassen. Über das Weindorf **Muraz** (7.45 Std.) erreichen wir, bereits im Städtchen Sierre angelangt, das Ziel des ›Rebwegs‹: das Museum **›Château de Villa‹** (8 Std.), wo wir alte und heutzutage verwendete Weinpressen besichtigen, die Nutzungen der Keller kennenlernen und uns über den ›Wein in der Gesellschaft‹ informieren können. In südöstlicher Richtung erreichen wir anschließend das Zentrum von **Sierre.**

AM WEGE

Schon von weither sind auf einer Terrasse im Rhonetal die riesigen, beinah futuristisch anmutenden Parabolantennen der **Satelliten-Bodenstation Brentjong** zu erkennen. Diese ›Ohren zum Weltraum‹ weisen einen Durchmesser von bis zu 30 m auf und sind – in idealer Lage am Sonnenhang über dem Rhonetal errichtet – eine Satelliten-Bodenstation der schweizerischen PTT. Im Ausstellungspavillon wird mit grafischen Darstellungen, Modellen und einer Diaschau leichtverständlich erklärt, wie Fernsehprogramme, Telefonverbindungen und weitere Daten über den Weltraum ins weltweite Fernmeldenetz eingespeist oder daraus empfangen werden.

Die historische Kleinstadt **Leuk,** inmitten von Rebbergen an der Grenze vom Ober- zum Unterwallis gelegen, weist eines der besterhaltenen mittelalterlichen Ortsbilder der Schweiz auf: Winzer- und Bauernhäuser, herrschaftliche Gebäude und aristokratische Paläste aus dem Mittelalter prägen *Leuca* *fortis* – das ›starke Leuk‹, wie die trutzige Kleinstadt auf dem Felssporn über der Dalaschlucht früher genannt wurde. Ihre Bedeutung im Mittelalter verdankte die Stadt ihrer Lage am alten Saumweg zum Gemmipaß und vor allem den Bischöfen von Sitten (Sion), welche Leuk zu ihrem Sommersitz machten. Das Bischofsschloß mit wuchtigem viereckigem Turm stammt aus dem 13. Jh. Etliche Türme und Zinnen charakterisieren das spätgotische ehemalige Viztumschloß (1543), welches heute als Rathaus dient. Der Glockenturm der sehenswerten spätgotischen Pfarrkirche ist noch im Stil der Romanik erbaut; im Innern beeindrucken Barockaltar und großartige Barockkanzel aus dem Jahr 1672. Einen Besuch wert ist an der Straße in Richtung Varen der ehemalige Sitz des herrschaftlichen Geschlechts de Werra (16./17. Jh.).

Auf einer Geländeterrasse im Rebgelände südlich von Leuk steht die Wallfahrtskapelle Unserer Lieben Frau vom Ringacker (1690–94). Sie gilt als einer der prächtigsten Barockbauten des Wallis und beherbergt unter anderem prunkvolle Altäre und reichhaltige Stukkaturen. Die Orgel stammt aus einer Oberwalliser Werkstatt.

Viztumschloß, Pfarrkirche St. Stephan und Ringackerkapelle im mittelalterlichen Leuk

Das Naturschutzgebiet Pfynwald

Naturreservat mit Schönheitsfehlern in einer Landschaft mit Seltenheitswert

Zur Zeit, als das heutige Rhonetal von einem dicken Eispanzer überzogen war, stürzten von den Hängen des Illhorns gewaltige Fels- und Steinmassen nieder und hinterließen auf dem Gletscher ein ausgedehntes Trümmerfeld. Der große Schuttkegel des Illbachs, Rückzüge und weitere Vorstöße des Gletschers und nach der Eiszeit ein zweiter Bergsturz schufen auf Kalkgestein und Moränen die idealen Bedingungen für die Entstehung eines großartigen Naturparadieses. Diese Wildnis mitten in der heute intensiv genutzten Rhoneebene zählt nicht weniger als 14 Vegetationstypen. Mehrere Klimazonen liegen dicht beieinander. So sind auf kleinem Raum zahlreiche Nadelhölzer, wie Edeltanne, Fichte, Bergkiefer, Lärche, Arve, Eibe und Wacholder, zu entdecken. Dunkel und mit Flaumeichen durchsetzt breitet sich der größte zusammenhängende Föhrenwald Mitteleuropas aus. Darüber gedeihen Alpenrosen und Heidelbeeren, etwas höher liegen Bergmatten, und schließlich folgen Geröll und ewiger Schnee, welche keine Vegetation mehr zulassen. In der Tiefe bahnt sich ungehindert die Rhone ihren Weg. Die Ufer sind von prächtigen Auenwäldern – Weiden, Schwarzpappeln, Grauerlen, Eschen und Wildkirschen – gesäumt, wie sie in Mitteleuropa heute kaum mehr vorkommen. Eigenständig sorgt der Fluß für viel Abwechslung. Er verzweigt sich, tritt über die Ufer, läßt Inselchen entstehen und wieder verschwinden, nährt Sumpfgebiete und Flachmoore.

Im Pfynwald gedeihen über 120 Pflanzenarten, darunter hochalpine wie mediterrane Gewächse. Edelraute, Tragant, Ephedra, Augentrost und Hauhechel sind nur einige von ihnen. In den Hecken am linken Flußufer blüht neben vielen anderen Blumen der seltene Frauenschuh, die stillen, im Schilf versteckten Tümpel und kleinen Seen bringen zahlreiche Wasserpflanzen hervor. Auch die Fauna ist ungewöhnlich mannigfaltig. Unter den zahlreichen Insekten finden sich Zikaden, Gottesanbeterinnen, Segelfalter und die meistgefährdeten Libellenarten der Schweiz. 1977 wurde eine bisher weltweit unbekannte Tierart, ein kleiner Pseudoskorpion entdeckt. In den Feuchtgebieten leben ganze Kolonien von Fröschen, Kröten und Molchen.

Auch die Reptilien sind artenreich vertreten: verschiedene Eidechsen, aber auch Ringelnatter, Schlingnatter, Aspisviper und die äußerst seltene Äskulapnatter. Giftig ist allein die Aspisviper, welche allerdings Menschen meidet und vor Ihren Schritten das Weite sucht. Am Rhonelauf tummelt sich der Biber und nisten 132 Vogelarten, darunter vom Aussterben bedrohte wie der Flußregenpfeifer und der Flußuferläufer.

Zahlreiche Tiere und Pflanzen kommen in der Schweiz nirgendwo anders vor. Sie haben im Pfynwald Zuflucht gefunden, doch gehen sie auch hier etliche Risiken ein: Im Waldboden sammelt sich giftiges Fluor an, in den Wäldern stören mancherorts Starkstromleitungen den freien Wuchs der Bäume. Mitten durch den Pfynwald führt eine verkehrsreiche Kantonsstraße und führt ihre Abgase den Pflanzen zu. Überdüngte Weiden, Abfalldeponien, Dämme und militärische Einrichtungen gefährden den einzigartigen Lebensraum. Seit einiger Zeit setzen sich Naturschützer intensiv dafür ein, daß große Teile des Pfynwaldes auch in Zukunft ein Naturschutzgebiet von nationaler Bedeutung bleiben.

Eine Broschüre, erhältlich in den Verkehrsbüros der Region, weist den Weg zu den Informationspunkten eines Naturlehrpfades, stellt die Pflanzen und Tiere vor und weist auch auf die drohenden Gefahren hin. Das Verkehrsbüro Sierre (✆ 0 27/55 85 35) bietet dreistündige Führungen an.

Im Naturschutzgebiet Pfynwald

Salgesch und **Varen** sind die einzigen Oberwalliser Dörfer, deren Bevölkerung fast ausschließlich vom Rebbau lebt. Die kalkhaltigen, steinigen und weitgehend flach angelegten Rebberge liefern einen der besten Rotweine der Schweiz, aber auch Weißwein-Spezialitäten. Die Kleinkellereien von Salgesch und Varen, ausschließlich Familienbetriebe, öffnen sich gerne den Touristen. Es kann degustiert und – zu verhältnismäßig günstigen Preisen – auch ein guter Tropfen eingekauft werden. In Salgesch wird im Walliser Reb- und Weinmuseum im Zumofenhaus der Weinbau vorgestellt: Boden und Weinberg, Rebe und Rebsorten, Weinbau, Arbeitsweisen und Werkzeuge, die Winzer und ihre Stellung in Vergangenheit und Gegenwart.

Eingebettet zwischen den Trümmern eines prähistorischen Bergsturzes und anmutigen, rebenbewachsenen Hügeln genießt **Sierre** (deutsch: Siders) ein sehr mildes und niederschlagsarmes Klima: Hier werden die meisten Sonnenstunden in der ganzen Schweiz gezählt. Bereits in der Bronzezeit besiedelt, gehört das Städtchen heute zu den bedeutendsten Industrieorten und den Zentren des Obsthandels des Kantons. Zahlreiche mittelalterliche Bauten prägen das Ortsbild. Sehenswerte Gotteshäuser sind die gotische Kirche Notre-Dame-des-Marais (1422–1542), die Barockkirche Ste-Cathérine (1649) und die Pfarrkirche Ste-Croix. Das Städtchen verfügt über etliche Schlösser, etwa das Château des Vidomnes aus dem 15. Jh. und Schloß Bellevue aus dem Jahr 1658. Letzteres dient heute als Rathaus und beherbergt das kleine Rilke-Museum, welches die Jahre des Dichters dokumentiert, während derer er im Wallis lebte (s. S. 130 f.). In Sierre wurde – selten für die Schweiz – im Laufe der Jahrhunderte die Sprache gewechselt: Früher wurde hier vor allem Deutsch gesprochen, heute ist Französisch vorherrschend.

Château de Vidomnes in Sierre

17

Hoch über dem Rhonetal

Von Montana auf die Bella Lui

Im weltbekannten Ferienort Crans-Montana erwarten uns kleine Seen, viel Sonne und ein umfangreiches Wanderwegenetz. Von der Sonnenterrasse über dem Rhonetal steigen wir durch den Bergwald an und wandern oberhalb der Baumgrenze über blühende Alpwiesen. Am Ziel angelangt, genießen wir einen großartigen Ausblick auf die Walliser Hochalpen.

WEGVERLAUF: Montana – Chetseron (2 Std.) – Cry-d'Er (40 Min.) – Bella Lui (1 Std.)

DAUER: 3.40 Std.

LÄNGE: 7 km

HÖHENUNTERSCHIED: ca. 1050 HM bergauf (Montana 1495 m, Cry-d'Er 2258 m, Bella Lui 2543 m); weitgehend gleichmäßiger Aufstieg, auf dem letzten Kilometer etwas steiler

SCHWIERIGKEITSGRAD: leicht, jedoch aufgrund des Höhenunterschieds anstrengend

WEGBESCHAFFENHEIT: Fahr- und Fußwege durch Wälder und über Alpweiden

AUSRÜSTUNG: Wanderschuhe

WANDERKARTEN: Kümmerly + Frey Wanderkarte 1:60 000 Val d'Anniviers–Val d'Hérens–Montana; MPA Wanderkarte 1:50 000 Montana–Crans–Val d'Anniviers; Kümmerly + Frey Wanderkarte 1:25 000 Crans-Montana

EINKEHRMÖGLICHKEITEN: Restaurants auf Chetseron, Cry-d'Er und Bella Lui

HINWEISE: Das Wald- und Weidegelände oberhalb von Montana ist von zahlreichen markierten Wanderwegen durchzogen. Bis Chetseron führen außer der unten beschriebenen Route auch andere Wege, denen wir genausogut folgen können.

Die Wanderung kann fast beliebig abgekürzt werden: Es verkehren Luftseilbahnen bzw. Gondelbahnen zwischen Montana und Chetseron, Montana und Cry-d'Er, Cry-d'Er und Bella Lui.

ANFAHRT: Ab Bahnstation Sion oder Sierre im Rhonetal mit dem Bus nach Montana (Haltestelle am Etang Grenon) oder – kürzer und spannender – ab Bahnhof Sierre einige Schritte zur Talstation der Standseilbahn nach Montana. Automobilisten parken bei der Post in Montana, zwischen Endstation der Standseilbahn und Etang Grenon gelegen.

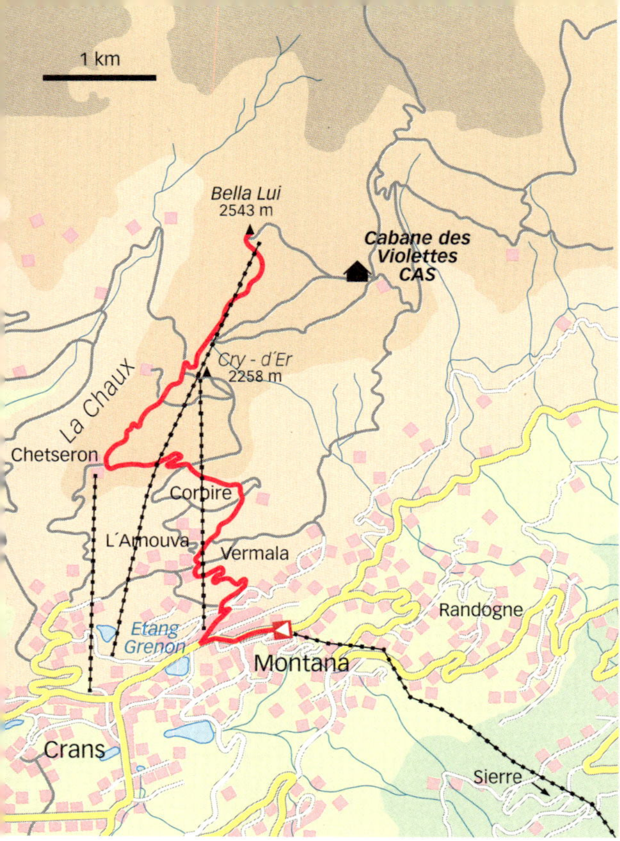

Wanderung 17: Von Montana auf die Bella Lui

DER WANDERWEG

Die Standseilbahn ab Sierre ist an ihrer Endstation angelangt, am Rand des ausgedehnten Ferienzentrums von **Crans-Montana.** Wir folgen der Hauptstraße nach Westen, durch den Kern von **Montana,** bummeln an Restaurants und Läden vorbei und erreichen bald das östliche Ende des kleinen künstlichen Sees Etang Grenon. Rechter Hand zweigt die Straße nach Montana-Vermala ab und führt uns, unterhalb an der Gondelbahn-Talstation nach Cry-d'Er vorbei, den Hang hinan, an eine Kreuzung. Wir halten uns links, treten in den Wald ein und zweigen nach wenigen Metern rechter Hand in einen Fahrweg ein. Bald gelangen wir an ein weiteres Sträßchen, folgen ihm nur wenige Schritte nach links, um dann rechts in einen Fahrweg einzubiegen, der uns, in nordöstlicher Richtung ansteigend, tiefer in den Bergwald hineinführt. In einigen Kehren wandern wir höher – abzweigende Wege lassen wir unbeachtet – und gelangen unter den Seilen der Gondelbahn hindurch an eine Kreuzung (1 Std.).

Von dort führt uns ein Pfad in Richtung Nordwesten rasch aus dem Wald und auf die Hochebene von **L'Arnouva.** Wenige Schritte vom Waldrand entfernt betreten wir ein Sträßchen nach Nordosten, beschreiben einen kleinen Bogen nach links und steigen anschließend rechter Hand in einen Fußweg ein. Am Waldrand entlang wandern wir über Alpweiden weiter aufwärts, kreuzen einmal mehr die Gondelbahn und anschließend im Wald einen Fußweg. Nun gibt uns die Routenmarkierung links abzweigend ein kurzes, wegloses Stück an. Vorerst noch durch den Wald, anschließend über die Wiese, erreichen wir eine Weggabelung, an der wir uns links halten.

In nordwestlicher Richtung gelangen wir über ein Fahrsträßchen auf die Alpweiden von **Corbire** (1.30 Std.). Nach der nächsten Wegkreuzung beschreiben wir einen kleinen Bogen nach Osten, wandern in nordwestlicher Richtung weiter und erreichen, unter den Seilen der Gondelbahn hindurch, wieder den Wald. Nach der Querung einer Runse kommen wir schon bald wieder an den Waldrand, halten uns an der folgenden Gabelung rechts und oberhalb des Waldes wieder links. Anschließend überschreiten wir die Baumgrenze. In zwei weiten Kehren queren wir einen ausgedehnten Sonnenhang Richtung Westen und erreichen schließlich schräg oberhalb einer weiteren Gondelbahn-Bergstation die Kreuzung von **Chetseron** (2 Std.).

Das manchmal verwirrende Wanderwegenetz liegt nun unter uns. Ein einziger, angenehmer Weg führt uns den breiten Rücken von La Chaux hinauf. Blühende Matten und eine einzigartige Aussicht prägen den Aufstieg. Im Süden erheben sich immer deutlicher die höchsten Walliser Gipfel, im Nordosten fällt der Blick auf die Berner Alpen. Und je höher wir steigen, desto umfassender wird das Panorama. Nach dem **Cry-d'Er** (2.40 Std.) wird der Grat etwas schmaler, die Rundsicht immer weiter. Das letzte, etwas anstrengendere Stück Aufstieg lassen wir uns durch die Vorfreude auf die Aussicht versüßen – und schon stehen wir auf der **Bella Lui** (3.40 Std.).

Tief unter uns öffnet sich das Tal der Rhone, präsentiert sich bis hinauf ins Oberwallis und weit hinunter Richtung Martigny. Aus dem Süden streben ihm die zahlreichen engen und weiten, kürzeren und längeren Seitentäler zu. Über den Weiden und Wäldern grüßen in der Ferne die Gletscher und, Gipfel an Gipfel, die höchsten Berge der Schweiz. Im Süden machen wir die Pyramide des Matterhorns aus, weit im Südwesten grüßt die schneebedeckte Kuppe des Montblanc, das ›Dach Europas‹. Im Norden und Nordosten winken die Berner Alpen, darunter in unmittelbarer Nähe der Wildstrubel.

Mit dem Genuß dieses Panoramas findet unsere Wanderung ein Ende. Wir steigen in die Kabine der Luftseilbahn – es sei denn, wir haben noch genug Energie und Lust, zu Fuß nach Montana zurückzukehren.

AM WEGE

Als erste Gäste erholten sich auf der gegen Norden geschützten Sonnenterrasse von **Crans-Montana** die Lungenkranken. Heute sind die beiden zusammengewachsenen Dörfer mit ihren kleinen Seen nicht nur als Höhenkurort, sondern auch als Sommer- und vor allem Winterferienziel weltbekannt. In Montana sind einige Dorfteile zwar nicht ursprünglich geblieben, haben sich mit ihren Chalets neueren Datums jedoch gut in die Landschaft integriert. Ein anderes Bild bietet Crans, eine mondäne Bergstadt mit modernen Appartmenthäusern und einem reichhaltigen Boutiquen- und Sportangebot. Besonders gerühmt werden die weitläufigen Golfplätze und die lange Sonnenscheindauer.

Auf dem Gebiet des modernen Touristenzentrums Montana erstrecken sich mehrere künstliche Seen, hier der Etang de Moubra

18

Von Weinbergen umgeben

Über dem Rhonetal von Sierre nach Sion

Mit freiem Blick ins Rhonetal verläuft unsere ›Weinstraße‹ fast ausschließlich durch die sonnenverwöhnten Rebberge. Die Trauben begleiten uns auf Schritt und Tritt – auf kleinen Hügelchen, in sanften Mulden, beiderseits von Bächen, Rinnsalen und an einer traditionellen Walliser Wasserleitung entlang. Ihr verdankt ein Teil des trockenen Geländes seine Fruchtbarkeit.

i

WEGVERLAUF: Sierre – Corin-de-la-Crête (50 Min.) – St-Clément (1.10 Std.) – St-Léonard (1 Std.) – Sion (1.30 Std.).

DAUER: 4.30 Std.

LÄNGE: 18 km

HÖHENUNTERSCHIED: ca. 400 HM (Sierre 533 m, höchster Punkt zwischen Sierre und Flanthey 732 m, St-Léonard 508 m, höchster Punkt zwischen St-Léonard und Sion 690 m, Sion 491 m)

SCHWIERIGKEITSGRAD: leicht

WEGBESCHAFFENHEIT: geteerte Fußwege, Feldwege und Fahrstraßen durch die Rebberge

AUSRÜSTUNG: gutes Schuhwerk (Wanderschuhe nicht erforderlich)

WANDERKARTEN: Kümmerly + Frey Wanderkarte 1:60 000 Val d'Anniviers–Val d'Hérens–Montana; MPA Wanderkarte 1:50 000 Montana–Crans–Val d'Anniviers

EINKEHRMÖGLICHKEITEN: Restaurants in St-Léonard und Sion

HINWEISE: Wie die zweite Teilstrecke der Wanderung 16 verläuft die Wande-

Wanderung 18:
Über dem Rhonetal von Sierre nach Sion

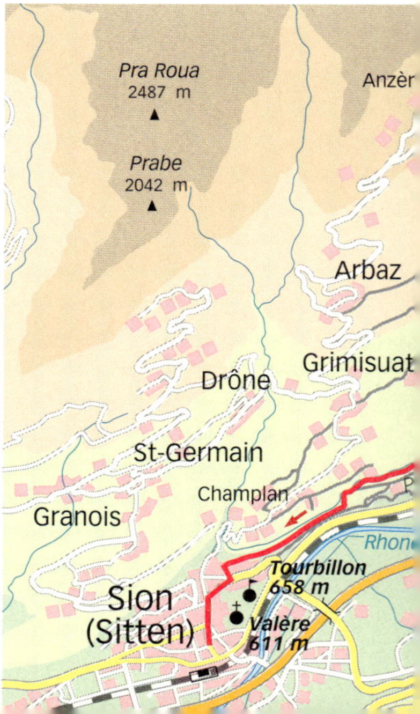

rung 18 größtenteils entlang der ›Route du vin‹ (›Weinbergstraße‹) von Leuk nach Fully. Der Wegverlauf entspricht den offiziell markierten Wanderwegen; zusätzlich ist er durch das Signet einer stilisierten Traube gekennzeichnet. In den lokalen Verkehrsbüros ist ein Prospekt erhältlich, welcher den ganzen Routenverlauf in fünf Tagesetappen beschreibt und zudem Angaben zur Weinlandschaft und den Rebsorten macht. Wer sich für einen Kellerbesuch mit Weinprobe in einem der durchwanderten Dörfer interessiert, kann sich bis drei Tage im voraus bei der Propagandastelle für Erzeugnisse der Walliser Landwirtschaft (✆ 027/ 22 22 47) anmelden.

Die Wanderung wird idealerweise im Herbst – zur Zeit der Weinlese – oder im Frühling unternommen. Im Sommer ist es zu heiß und schwül.

ANFAHRT: Nach Sierre mit der Bahn oder dem Auto, das man am Bahnhof parken kann. Ab Sion mit der Bahn zurück nach Sierre (Stundentakt).

DER WANDERWEG

Vor dem Bahnhof in **Sierre** (s. S. 120) wenden wir uns nach links und folgen der Avenue General Guisan bis zur Place Beaulieu, von wo aus uns die Avenue du Marché und später die Rue de Villa ins Quartier Villa führen. Unter uns erkennen wir in der Ebene vor dem Eingang ins Val d'Anniviers Chippis und seine große Aluminiumfabrik. Wir wandern am **Schloß Villa** (20 Min.) vorbei, folgen nach einigen Minuten der Fahrstraße nach links und wenden uns an der nächsten Straßenkreuzung nach rechts, um in die Weinberge einzutreten. Bald treffen wir auf ein Sträßchen, welches uns nach links durchs Rebgelände wiederum für kurze Zeit Richtung Süden führt, und treffen anschließend auf einen Fußweg, dem wir sanft aufsteigend nach rechts folgen. Bei der nächsten Wegkreuzung wenden wir uns nach links (Westen), überschreiten das Flüßchen Bonne Eau (›Gutes Wasser‹) und folgen dem Weg

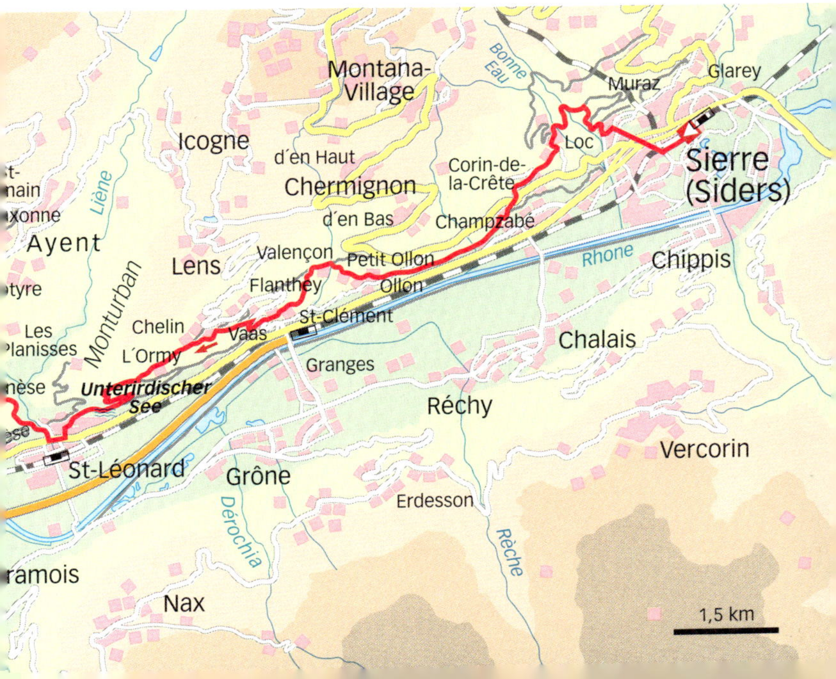

Rebberge in der Umgebung von Molignon, im Hintergrund Sion

nach einer scharfen Kurve erneut nach Süden. An einer Weggabelung vorbei erreichen wir den Bach La Loquette; die anschließende Straßenkehre führt uns in den Weiler **Loc** (40 Min.).

Mitten im Dörfchen wählen wir links die Straße in Richtung Südwesten, um nach einer Kurve rechter Hand in einen Weg einzusteigen, der uns rasch wieder in die Reben führt. Er mündet in eine weitere Fahrstraße ein, der wir linker Hand folgen. Wir überschreiten zwei weitere Bächlein, bevor wir nach **Corin-de-la-Crête** gelangen (50 Min.). Die Häuser aus Stein erinnern an die Dörfer südlich der Alpenpässe. Großartig ist hier der Blick auf das Rhonetal.

Am unteren Dorfausgang übernimmt uns ein Sträßchen durch den Weinberg und führt uns nach **Champzabe** (1 Std.) und weiter Richtung Ollon. Kurz vor Ollon steigen wir über ein Sträßchen und anschließend einen Pfad nach **Petit Ollon** auf (1.30 Std.). Etwas oberhalb des Weilers folgen wir linker Hand einem anderen Fahrsträßchen nach **Valençon** (1.40 Std.) und weiter ein kurzes Stück Richtung Westen bis zu einer Straßengabelung. Hier halten wir uns links und steigen durch die Rebberge leicht ab zum Weiler **St-Clément,** wo wir eine Hauptstraße erreichen (2 Std.). Über einige Kehren folgen wir ihr leicht hinan und zweigen dann in einer Kurve in einen Weg ein, um Richtung Südwesten nach **Chelin** zu gelangen (2.15 Std.).

Von hier aus folgen wir zwischen Waldrand und Weinberg einem Weg unterhalb des kleinen Bergrückens Monturban. Wir gelangen in den Wald, der Weg wendet sich am Fuße des Monturban nach Nordwesten, wo uns oberhalb von Les Planisses ein Wegweiser abrupt die Richtung ändern heißt (2.30 Std.). Richtung Südwesten folgen wir einem Weg durch den Weinberg und erreichen ein Fahrsträßchen. Richtung Rhonetal abfallend, beschreibt es einen Schlenker nach links, um uns anschließend oberhalb von St-Léonard ein längeres Stück nach Osten zu bringen. Vor einer Kurve zweigt rechts ein Sträßchen ab, führt uns in einer langgezogenen Schleife noch weiter ostwärts und mündet etwas tiefer in ein Fahrsträßchen ein. Diesem folgen wir Richtung Westen und erreichen schließlich linker Hand den Eingang zum unterirdischen See von St-Léonard (2.50 Std.).

Nach kurzer Zeit erreichen wir, auf der gleichen Straße weitergehend, das in der Rhoneebene gelegene freundliche Dorf **St-Léonard** (3 Std.), bekannt für seine weitläufigen Obstkulturen. Auf einer Brücke überschreiten wir am westlichen Dorfrand den Fluß La Liène und wandern jenseits der Liène-Schlucht auf einem Weg die Weinberge hinan. Auf der Ebene des **Plan Signèse** angelangt, steigen wir linker Hand in einen Fußweg ein, der uns unterhalb des Winzerdorfs **Signèse** an die **Bisse de Clavau** (3.15 Std.) bringt. Seit anno 1453 führt die künstliche Leitung ihr Wasser aus dem östlich gelegenen Tal der Liène heran, um die Rebhänge zwischen Sion und St-Léonard zu bewässern. Heutzutage wird sie allerdings von modernen Berieselungsanlagen unterstützt.

Weiterhin wandern wir an der Bisse entlang, oberhalb des Weilers **Molignon** vorbei, und gelangen an einen mit Rebstöcken bewachsenen Bergrücken (3.45 Std.). An seiner südlichen Flanke verabschieden wir uns von der Bisse de Clavau, um einem Fahrsträßchen zu folgen, welches parallel zur Wasserleitung verläuft. Wo der Weinberg aufhört, begrüßen uns bereits die nördlichsten Quartiere von Sion. Vor uns erheben sich im östlichen Teil der Stadt zwei auffällige Felshügel. Es sind die Wahrzeichen Sions: Auf dem einen stehen die Ruinen der alten Burg Tourbillon, vom zweiten grüßt die Bischofskirche Valère. Ein Wegweiser führt uns auf eine Durchgangsstraße und schließlich in südlicher Richtung hinein ins Zentrum von **Sion** (4.30 Std.).

AM WEGE

300 m lang, 8–29 m breit und bis zu 15 m tief, ist der **Lac souterrain** von St-Léonard der größte unterirdische See Europas. Entdeckt wurde er erst 1946, als ein Erdbeben den gipshaltigen Felsen erschütterte und den Eingang in eine geheimnisvolle Unterwelt auftat. Steile Stufen führen hinab in die kühle, feuchte Tiefe an das Ufer des Sees. Mystisches Licht bescheint das glasklare Wasser, in dessen Tiefe nahezu jeder Stein zu erkennen ist. An den Wänden und der Decke der Höhle zeigen sich unwirklich anmutende, bizarre Ausbildungen des Gesteins. Gespenstische Stille herrscht. Unter kundiger Führung kann der See mit dem Ruderboot erkundet werden.

Rainer Maria Rilke und andere Künstler im Wallis

Von dem »überaus schönen Tal« inspiriert

Unter den zahlreichen Reisenden, die im Laufe der Jahrhunderte das Wallis aufgesucht haben, findet sich manch berühmter Name. Derweil die einen nur einen Zwischenhalt einlegten, einige Stunden oder Tage im Wallis verweilten, sind andere hiergeblieben – Wochen, Monate, Jahre oder für immer. Selbst jene, die unfreiwillig kamen – etwa um in den milden Gefilden des mittleren Rhonetals eine Krankheit auszukurieren –, haben sich schließlich von der Landschaft erfreuen und den Kontrasten zwischen eisbedeckten Viertausendern und sonnenverwöhnten Berghängen verzaubern lassen.

Bereits im 16. Jh. weilte der italienische Gelehrte Geronimo Cardano kurz im Wallis. Auf dem Pferd ritt er unter großen Strapazen über den Simplon, trank den Walliser Wein und verließ das Land Richtung Paris. Im 18. Jh. ließ sich Jean-Jacques Rousseau lobend über das Wallis aus. Goethe, unterwegs von Deutschland nach Rom, blieb nicht lange, fand aber dennoch Zeit, in einem Brief an Frau von Stein das »überaus schöne Tal« zu rühmen. Im 19. Jh. begab sich der französische Vorromantiker Etienne Senancour ins Wallis, welches er beinahe nicht mehr verlassen hätte – nicht, weil es ihm so gut gefiel, sondern weil ihn die Dranse, ein wilder Bergfluß, erfaßt hatte. In Bourg-St-Pierre am Großen St. Bernhard nahm sich ein Pfarrer seiner an, legte ihn vors wärmende Feuer, flößte ihm Schnaps ein, hieß ihn sich erholen und ließ ihn schließlich weiterziehen. Mehr Glück hatten Wanderer wie Alexandre Dumas, Guy de Maupassant und Mark Twain, welche von ihren Paßwanderungen unversehrt nach Hause zurückkehrten. Vom Pech verfolgt war hingegen Fjodor Dostojewski – soll doch der russische Dichter im damals berühmt-berüchtigten Casino von Saxon Mantel und Ehering verspielt haben. Arthur Rimbaud hingegen erinnerte sich gerne an das Wallis – vor allem an den Wein: »Er hat Herz«, versicherte er.

Im 20. Jh. überquerte Pablo Picasso den Gemmipaß, Katherine Mansfield begab sich aus gesundheitlichen Gründen nach Montana. Kürzer oder länger weilten auch Paul Hindemith, Thomas Mann, Charles Ferdinand Ramuz

Rainer Maria Rilke

(der sich 1907 in Chandolin niederließ), Jean Cocteau und zahlreiche andere im Wallis. Zwei große Dichter fanden hier gar ihre Wahlheimat. Rainer Maria Rilke, welcher das Wallis »kleines Spanien« nannte, kaufte 1921 den Turm von Muzot, ein ehemaliges Wohnschlößchen aus dem 13. Jh., am Stadtrand von Sierre. Während sechs Jahren ließ er sich von der südlichen Atmosphäre des Rhonetals inspirieren, empfing Besuch, las und züchtete Rosen. Hier vollendete er seine letzten Werke und verfaßte zahlreiche dem Wallis gewidmete Gedichte. Heute zeigt das Rilke-Zimmer in Muzot dem Publikum Werke des Dichters, darunter Manuskripte und seine Briefe an Yvonne de Wattenwyl und Jeanne de Septibus-de-Preux. 1926 starb Rainer Maria Rilke und fand die letzte Ruhe, seinem Wunsch entsprechend, in Raron. An der Südseite der sehenswerten, auf einem steilabfallenden Felshügel gelegenen Burgkirche aus dem 16. Jh. finden wir sein berühmtes, rätselhaftes Wort: »Rose, o reiner Widerspruch Lust, niemandes Schlaf zu sein unter soviel Lidern.«

Auch Carl Zuckmayer verbrachte seinen Lebensabend im Wallis. Als Ehrenbürger von Saas Fee, welches er überschwenglich beschrieben hatte, wurde er 1977 auf dem dortigen Friedhof begraben.

19

Zeugen der Vergangenheit auf Schritt und Tritt

Stadtspaziergang durch Sion

Für die einen eine langweilige Beamtenstadt, für die anderen eine Fundgrube bedeutender kulturhistorischer Sehenswürdigkeiten, besticht Sion, der südlich geprägte Hauptort des Wallis, schon von weitem mit seinen beiden Wächtern, den mittelalterlichen Festungsanlagen von Tourbillon und Valère.

i

DAUER: 2 Std. (ohne Besichtigungen)

LÄNGE: 7 km

HÖHENUNTERSCHIED: unter 200 HM (Unterstadt 500 m, Valère 611 m, Tourbillon 658 m)

KARTE: MPA Stadtplan Sion 1 : 8 000

EINKEHRMÖGLICHKEITEN: in der Unterstadt

ANFAHRT: Mit dem Zug nach Sion, vom Bahnhof durch Avenue des Mayennets, Rue de la Porte-Neuve und Rue du Grand-Pont zum Ausgangspunkt des Stadtrundganges an der Kreuzung von Rue du Rawil, Rue de Loèche, Avenue Ritz und Rue du Grand-Pont im Norden der Stadt. Hier stehen auch genügend Parkplätze zur Verfügung.

DER STADTRUNDGANG

Von der Kreuzung von Rue du Rawil, Rue de Loèche, **Avenue Ritz** und Rue du Grand-Pont im Norden Sions folgen wir der Avenue Ritz Richtung Westen und biegen nach 200 m rechts in die Avenue St-François ein. Wo von ihr die Rue de Gravelone abzweigt, legen wir an dem außergewöhnlichen, 1966 erstellten **Mauleseldenkmal** den ersten Halt ein.

Zurück an der Avenue Ritz, folgen wir ihr weiter bis zur Kreuzung mit der Rue de la Tour, wo uns der Anblick des **Hexenturms (Tour des Sorciers)** schaudern läßt: Der unfreundliche Turm mit spitzem Hut ist der einzige erhaltene Teil der Stadtmauer und Verteidigungsanlage aus dem ausgehenden 12. Jh. und diente lange Zeit als Gefängnis. Den Höhepunkt seiner grausigen Karriere erlebte der Turm im Jahr 1428, als hier nach der Legende nicht weniger als 200 Hexen und Hexer verbrannt wurden. Im 19. Jh. wurde die restliche Stadtmauer zwecks Erweiterung der Stadt dem Erdboden gleichgemacht.

Auf der Avenue Ritz gehen wir zurück und biegen rechter Hand in die Rue de Savièse ein. Auf der Ecke steht das **Maison de Courten** aus dem Jahr 1539. Die Rue de Savièse zeigt in ihrem weiteren Verlauf einige spätbarock-klassizistische Gebäude, etwa die Häuser de Wolff und Barberini (Hausnummern 6 und 8). Sie wurden nach 1788, als zwei Drittel der Stadt durch einen großen Brand vernichtet worden waren, errichtet. Der Rue de Savièse weiter folgend, gelangen wir in den Kirchenbezirk.

Zur besseren Besichtigung aller drei Gebäudeflügel umrunden wir das **Kapitelhaus (Maison du Chapître)** aus dem frühen 19. Jh. Nebenan beherrscht als Krone der Altstadt **Notre-Dame-du-Glarier,** die letzte aus dem Mittelalter stammende Kathedrale der Schweiz, eindrucksvoll das Quartier. Das Fundament und der wunderschöne Glockenturm mit achteckigem Helm sind romanisch (12./13. Jh.), das Kirchenschiff stammt aus dem 15. Jh. und beeindruckt mit prächtiger spätgotischer Ausstattung: Von den zahlreichen Sehenswürdigkeiten seien das geschnitzte Chorgestühl, der reichhaltige St.-Barbara-Altar und das vergoldete holzgeschnitzte Jesse-Triptychon (16. Jh.) erwähnt. Der wertvolle Kirchenschatz umfaßt zahlreiche Kostbarkeiten, die ältesten aus dem 7. Jh., darunter ein karolingisches Reliquienkästchen (9. Jh.), ein großer Schrein (10. Jh.) und, als Geschenk Kaiser Karls IV., ein weiterer Schrein aus dem Jahr 1355.

Südlich der Kathedrale steht die um 1500 begonnene, jedoch erst im 17. Jh. fertiggestellte **Kirche Saint-Théodule.** Am Nordportal begrüßt uns ein Teufel mit einer Glocke. Satan selbst soll eine Glocke, die der Papst in Rom dem heiligen Theodul für seine Kirche gestiftet hatte, nach Sion geflogen haben. Als Preis für den Transport forderte der Teufel die Seele Theoduls, sofern er vor dem ersten Hahnenschrei in der Stadt einträfe. Die Hähne, bestochen von den Getreuen Theoduls, krähten jedoch zu früh, der Teufel war vergeblich geflogen. Zwischen Notre-Dame-du-Glarier und Saint-Théodule hindurch erreichen wir am westlichen Rand des mit Bäumen bestandenen Vorplatzes der Kathedrale das spätklassizistische, noch heute vom Bischof bewohnte

Tour des Sorciers (Hexenturm), letzter Überrest der Stadtmauer von Sion

Bischöfliche Palais (Evêché) aus dem Jahr 1840.

Wir umgehen das Evêché im Norden und gelangen durch den Stadtpark auf die weite **Place de la Planta.** Der Platz kann auf eine bewegte Vergangenheit zurückblicken. Die Entdeckung urgeschichtlicher Stätten hat bewiesen, daß die Gegend schon in der Jungsteinzeit besiedelt war. Im Jahr 1475 schlugen hier Sittener und Oberwalliser gemeinsam die Savoyarden, bevor sie sich aufmachten, das Unterwallis zu erobern. Die Stadtbevölkerung traf sich hier auch zu friedlichen Zwecken, etwa um dem Bischof nach dessen Ernennung die Treue zu schwören. Schließlich erinnert ein Denkmal aus dem Jahr 1915 an den Beitritt des Wallis zur Eidgenossenschaft im Jahr 1815.

Von der Rue de Lausanne auf der südlichen Seite des Platzes machen wir einen Abstecher durch die Rue des Remparts und die Rue de la Porte-

Neuve. In den neueren Quartieren aus dem 19. Jh. locken etliche Restaurants, Kaufhäuser und kleinere Geschäfte. Zurück in der Rue de Lausanne, gelangen wir durch das Supersaxo-Gäßchen zum **Maison Supersaxo.** Im Jahr 1505 erbaut, gilt der ehemalige Sitz der reichen und mächtigen Familie Supersaxo als eines der beeindruckendsten Bürgerhäuser der Schweiz. Besonders sehenswert sind die geschnitzte und bemalte spätgotische Holzdecke im Festsaal – die prächtigste der Schweiz – und das Treppenhaus mit Rippengewölbe.

Durch die Rue de Conthey erreichen wir auf der Hauptgasse der Altstadt, der Grand-Pont (›Große Brücke‹ – hier floß früher die Sionne offen durch die Stadt), das **Rathaus (Hôtel de Ville).** 1657–1665 errichtet, weist der Bau eine rote, asymmetrische Fassade, großartig geschnitzte Barocktüren, meisterhafte Kunstschmiedearbeiten und die älteste überlieferte christliche Inschrift der Schweiz (377 n. Chr.) sowie einen Glockenturm mit astronomischer Uhr auf. Seit nicht mehr ausschließlich Hauptstädter, vorrangig Aristokraten, sondern Bürgerinnen und Bürger aus dem ganzen Wallis die kantonale Politik bestimmen, tagen die Abgeordneten nicht mehr hier, sondern nebenan im Casino.

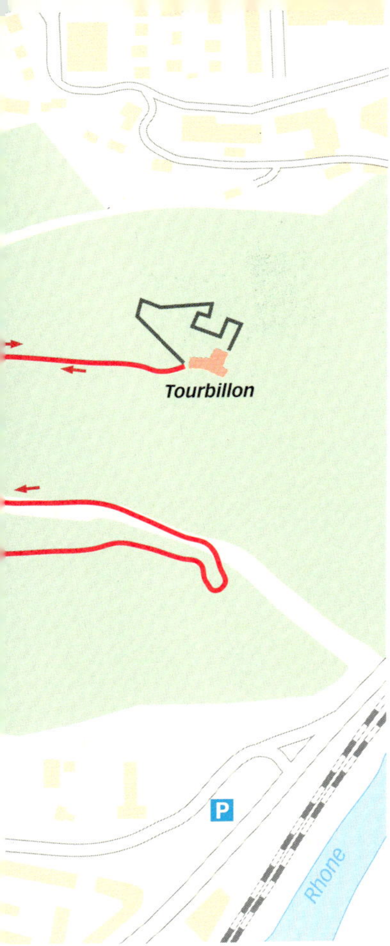

Wanderung 19:
Stadtspaziergang durch Sion

Vom Rathaus wenden wir uns nach Osten und stoßen an der ersten Straßengabelung auf das 1699 erbaute **Haus der Landratsabgeordneten (Maison de la Diète),** welches heute ein Antiquitätengeschäft beherbergt. Schräg gegenüber steht am Vieux-Collège das stattliche, aus zwei mittelalterlichen Bauten bestehende **Maison de Platéa.** Richtung Osten weitergehend, gelangen wir auf eine Terrasse. Im Mittelalter residierte hier der Bischof, heute treffen wir auf die 1815 fertiggestellte **Katholische Kollegien- oder Jesuitenkirche.**

Bei der Treppe vor dem Theater machen wir uns an den malerischen Aufstieg auf den Hügel von **Valère.** Wie ein Adlerhorst auf einem Felsen angelegt, krönt die majestätische mittelalterliche Kirchenburg Notre-Dame-de-Valère die Stadt. Von der obersten Terrasse innerhalb des Festungswerkes aus dem 12./13. Jh. überblicken wir ganz Sion sowie das Rhonetal bis hinab nach Martigny. In den ehemaligen Wirtschaftsgebäuden der Burgherren, den Wohnungen des Dienstpersonals und im Wachhaus ist ein Museum untergebracht. Die Kunst- und Kultgegenstände stammen aus der Zeit des 4.–11. Jh., weiter sind romanische und gotische Truhen der Bischöfe von Sion, Waffen und Uniformen zu besichtigen. Südlich des Museums betreten wir die berühmte Kirche **Notre-Dame-de-Valère.** Vom 11. bis zum 14. Jh. im romanischen und gotischen Stil erbaut, beeindruckt die dreischiffige Pfeilerbasilika durch ein reiches Inneres. Das Chorgestühl wurde im 17. Jh. geschnitzt. Die ältesten der schönen Textilien im rechten Querschiff stammen aus dem 10. Jh. An der westlichen Mauer klebt, einem Schwalbennest nicht unähnlich, eine Burgunderorgel aus dem 14. Jh. Ob das 1954 restaurierte prächtige Stück die älteste noch spielbare Orgel Europas ist, bleibt umstritten.

Wir steigen hinunter zu der mageren Wiese auf dem Sattel zwischen den beiden Burghügeln. Auf einem kleinen Plateau erwartet uns in herrlicher Lage die kleine, romanisch-frühgotische **Allerheiligenkapelle** mit einem Turm aus dem Jahr 1325.

Nun beginnt der etwas mühsame Aufstieg auf die Felskuppe zur Burg **Tourbillon.** Die eindrücklichste Burganlage des Kantons stammt aus dem 13. Jh. und diente den Bischöfen als Sommersitz, bis sie 1788 der verheerende Brand vertrieb. Die Ruinen vermitteln jedoch heute noch die Atmosphäre früherer Jahrhunderte.

Auf dem bereits bekannten Weg gelangen wir zurück zur Allerheiligenkapelle und weiter in die Stadt hinunter. Von der Rue des Châteaux führt uns ein kleines Gäßchen zur **Majorie.** In den Jahren 1373 bis 1788 bewohnten die Bischöfe die festungsartige Anlage. Heute ist die Majorie Sitz des kantonalen Kunstmuseums. Unter den Ausstellungsobjekten finden wir mittelalterliche Bild- und Tafelwerke, Steindrucke, Holz- und Kupferstiche, darunter etliche zu Walliser Themen. Ein Höhepunkt sind die Werke von Raphael Ritz. Der ›Meister mit dem Goldenen Pinsel‹ ist der berühmteste Abkömmling der Walliser Künstlerfamilie Ritz. Gegenüber, in einem Nebengebäude der Majorie, sind im Archäologischen Museum prähistorische und römische Funde aus dem Wallis und eine reiche Sammlung von Glaswaren aus dem östlichen Mittelmeerraum zu besichtigen.

Zurück in der Rue des Châteaux, folgen wir ihr stadteinwärts. Rechter Hand – gegenüber dem Haus der Landratsabgeordneten, welches wir bereits besichtigt haben – stoßen wir auf das **Viztumschloß** aus dem 15. Jh. Sein Vorgängerbau wie das heutige Schloß dienten dem Verwalter der bischöflichen Güter als Wohnsitz. Die Rue des Châteaux bringt uns zur ebenfalls bereits bekannten Rue du Grand-Pont. Richtung Norden wandernd, entdecken wir unter den gedeckten Lauben Antiquitäten- und Souvenirgeschäfte. Nachdem wir uns von den illusionistischen Fassadenmalereien am stattlichen **Maison Ambuel** haben verwirren lassen, gelangen wir an den Ausgangspunkt unseres Stadtrundganges zurück.

Blick über Sion mit Tourbillon und Valère, davor Hexenturm, Notre-Dame-du-Glarier, Majorie und Kollegien- oder Jesuitenkirche (von links)

20

Von den Folgen eines Bergsturzes

Von Derborence an der Schlucht der Lizerne entlang nach Ardon

»Einer der wunderbarsten Orte unseres Landes« oder »ein Säbelhieb, der quer durch den Berg geführt worden ist« – so charakterisierten zwei einheimische Dichter die Bergregion von Derborence: einen Talkessel unter unfreundlichen Felswänden und weißem Firn, durch die Schlucht der Lizerne mit dem Rhonetal verbunden.

WEGVERLAUF: Derborence – Moleton (55 Min.) – Aveine – (45 Min.) – L'Airette (40 Min.) – Montau (1.10 Std.) – Ardon (30 Min.)

DAUER: 4 Std.

LÄNGE: 12 km

HÖHENUNTERSCHIED: ca. 1000 HM bergab (Derborence 1449 m, Ardon 488 m); kurzer, steiler Abstieg vor Ardon

SCHWIERIGKEITSGRAD: leicht

WEGBESCHAFFENHEIT: Fußwege durch Wälder und Wiesen, ein kurzes Stück Fahrstraße

AUSRÜSTUNG: Wanderschuhe

WANDERKARTE: Kümmerly + Frey Wanderkarte 1 : 60 000 Val d'Anniviers–Val d'Hérens–Montana

EINKEHRMÖGLICHKEITEN: Berggasthaus beim See von Derborence, Restaurants in Ardon

ANFAHRT: Nach Derborence mit dem Postauto ab Bahnhof Sion. Das Postauto verkehrt von Ende Juni bis Mitte Oktober und auch dann nur wenige Male täglich. Der genaue Fahrplan ist an jedem schweizerischen Bahnhof zu erfahren.

Ab Ardon mit dem Postauto zurück nach Sion.

DER WANDERWEG

An der Postauto-Endstation von **Derborence** lassen wir unsere abenteuerliche einstündige Anreise auf der schmalen Bergstraße Revue passieren: Hoch über der Lizerne-Schlucht führt die Fahrt oft dicht am Abgrund entlang. An exponierten Stellen bohrt sich die kurvenreiche, oft unübersichtliche Straße durch Felsentunnel, und dementsprechend oft ertönt das Dreiklanghorn.

Nun stehen wir hoch oben im Talkessel von Derborence. In den Steilhängen der abweisenden Felsen nördlich von uns machen wir mit etwas Glück ein Gemsrudel aus, vielleicht gar den Königsadler, der dort jedes Jahr nistet.

Wanderung 20: Von Derborence an der Schlucht der Lizerne entlang nach Argon

Wenige Schritte von uns entfernt liegt gleißend im Sonnenlicht ein stiller Bergsee, geschaffen durch den berühmten Bergsturz der Derborence im Jahr 1714. Wir schlagen den markierten Wanderweg ein und erreichen, einige Meter vom Ufer dieses jüngsten natürlichen Stausees der Schweiz entfernt, das Delta des Bergflüßchens Derbonne. Zahlreiche Bächlein, welche sich ihren Weg zum idyllischen Gewässer bahnen, kreuzen unseren Pfad. Das ganze Gebiet steht unter Naturschutz. Eine kleine Staumauer versucht zaghaft zu verhindern, daß der langsam verlandende See vollends zusammenschmilzt, und sorgt dafür, daß sich im Sommer genügend Wasser in der Mulde sammelt. Der schmale Pfad führt uns weiter Richtung Nordosten an den steilen Berghang L'Ecorcha unter dem Felsen Verouet. Hier gedeiht einer der letzten Urwälder des Landes. Die Wildnis gewährt uns Einblick in alle Entwicklungsstadien eines Waldes und steht ebenfalls unter Naturschutz: Der Weg darf nicht verlassen werden.

Aus dem Reservat hinausgetreten, treffen wir nicht, wie es in diesen Höhenlagen die Regel ist, auf saftige Alpweiden: Ein eindrückliches Feld voller Felstrümmer, etwa 5 km lang, erwartet uns. Im Jahr 1714 hatten die Diablerets, das schneebedeckte Massiv der ›Teufelsberge‹, im Nordwesten riesige Felsmassen zu Tale geschickt, die Gegend verschüttet und die vormals grünen Bergmatten in eine Steinwüste verwandelt. Die grobkantigen Felsbrokken bilden verständlicherweise einen denkbar ungeeigneten Untergrund für eine üppige Vegetation. Dennoch wachsen auf und zwischen den Blöcken wieder Bäume, Sträucher und Blumen, wenn auch viel bescheidener als im Urwald. Durch schütteren Baumbestand gelangen wir an die **Lizerne** und überqueren das Flüßchen (40 Min.). In der Nähe einer Wasserfassung verbreitert sich unser Pfad zum Natursträßchen, welches in die uns von der Hinfahrt bekannte Bergstraße einmündet. Wir folgen der Straße talauswärts und verlassen sie nach rund 500 m beim Weiler **Moleton** auf einem angenehmen Wanderweg (55 Min.).

Vorerst wandern wir leicht bergauf und treten, nach einem letzten Blick zurück auf die Trümmerlandschaft, in den Arven- und Lärchenwald ein. Kurz

Die Schlucht der Lizerne, im Hintergrund der Bergkessel von Derborence und die Diablerets

vor der Häusergruppe von **Aveine** quert unser Weg eine erste Runse (1.40 Std.). Solche mal schmalen, mal breiteren Gräben im Gestein, durch die gelegentlich Steinschlag ins Tobel der Lizerne niedergeht, werden uns noch öfter begegnen.

In manchen der steilen Seitentälchen über den Runsen sichten wir, sofern wir uns nicht gerade im Hochsommer befinden, hie und da einen Flecken Schnee. Bei einer weiteren Runse kurz nach Aveine fällt unser Blick auf die gegenüberliegende Seite der Lizerne-Schlucht: Im Felsgestein erkennen wir die in Reih und Glied angeordneten Sichtöffnungen der Straßentunnel. Großenteils durch den Wald gelangen wir zum Weiler **Grand-Dzeu** (1.55 Std.).

Kurz vor den Häusern von **L'Airette** (2.20 Std.) sind im Tunnel am Gegenhang wiederum eine ganze Reihe Sichtlöcher zu sehen. Stets parallel zur Schlucht der Lizerne führt uns der Weg weiter durch den Wald und dazwischen über felsigen Untergrund leicht abfallend talwärts. Kurz bevor am Gegenhang die Bergstraße unseren Blicken entschwindet, vereinigt sich unser Pfad mit einem aus der Lizerneschlucht hinaufführenden Weg (2.50 Std.). In einer kleinen Kurve überschreiten wir die Schlucht der Tine, eines Nebenflüßchens der Lizerne, und erreichen den Weiler **Montau** (3.30 Std.).

Von hier genießen wir eine freie Sicht ins Rhonetal: In der Ebene sind die regelmäßig angelegten Gemüse- und Obstkulturen zu erkennen. Flußaufwärts grüßt Sion mit den Hügeln Valère und Tourbillon, dahinter erhebt sich beeindruckend das Wildhorn. Auf der gegenüberliegenden Talseite liegen auf Geländeterrassen die modernen Gebäudekomplexe des Wintersportgebietes von Nendaz.

Recht steil steigen wir nun in den Rebberg ein. Eine reichhaltige Flora säumt unseren Weg, vielleicht stoßen wir auf den stark duftenden Klebrigen Augentrost, welcher in der Schweiz nur an drei Stellen im Wallis gedeiht. Schließlich nimmt unser anstrengender, jedoch kurzer Abstieg ein Ende, und wir erreichen das am Gebirgsfuß gelegene Winzerdorf **Ardon** (4 Std.).

AM WEGE

Der **Bergsturz von Derborence** im Jahr 1714 gilt als eine der größten Naturkatastrophen in der Geschichte der Schweiz. Von den Flanken der Diablerets donnerten über 50 Mio. m³ Gestein in den Talkessel von Derborence und begruben unter sich 25 Alphütten. Für 15 Menschen und rund hundert Stück Vieh gab es keine Rettung mehr – eine relativ geringe Zahl von Opfern, die dadurch zu erklären ist, daß die abgeschiedene Bergregion nur dünn besiedelt war. Weitere Bergstürze folgten in den Jahren 1749, 1881 und 1947. Der Schaden hielt sich in Grenzen: Weiden und Fluren waren bereits seit 1714 zerstört, die Bewohner der Gegend waren gewarnt und konnten die Gefahrenzone schon bei den ersten Anzeichen einer Katastrophe mit ihrem Vieh verlassen.

Die Wissenschaftler sind sich über die Ursache des Bergsturzes im klaren: In der Entstehungszeit der Alpen bewegte sich das Kalkgestein, so entstanden zahlreiche Felsspalten. Eingesikkertes Wasser gefror und erweiterte die Risse, so daß sich die Felsmassen schließlich nicht mehr halten konnten und zu Tale stürzten. Die Einheimischen hingegen glaubten nicht an diese Theorie. Sie waren überzeugt, die Katastrophe sei ein Werk des Bösen, hier habe der Teufel seine Hand im Spiel.

Südlich des Sees von Derborence knickten die Gesteinstrümmer des Bergsturzes zahlreiche Bäume. Die Felsblöcke blieben liegen, die Baumstämme vermoderten und schufen Nahrung für zahlreiche Gewächse wie krautige Pflanzen, Sträucher und Jungholz. Lange Zeit gab es in dieser Wildnis kein Durchdringen mehr. Von Eingriffen durch den Menschen verschont, folgte die Natur ihren ewigen Gesetzen von Leben und Sterben: Auf rund 80 ha entwickelte sich im Trümmerfeld ein **Urwald.** Seit 1959 steht das Gebiet unter Naturschutz, die Hinweistafeln gilt es zu respektieren! Hier studieren die Wissenschaftler die verschiedenen Stadien der Forstverjüngung und -erneuerung. Manche riesigen Tannen stehen schief oder wurden durch die Gewalten der Natur gefällt. An ihrem heutigen Alter von fast 350 Jahren kann man jedoch erkennen, daß etliche Bäume den Bergsturz stehend überlebt haben. Am mächtigsten sind die Weißtannen: bis zu 45 m hoch, die Stämme mit einem Durchmesser von bis zu 160 cm. Wie die Rottannen, Lärchen und zahlreiche andere Pflanzen kämpfen sie im dichten, undurchdringlichen Gehölz um das Licht. Der Urwald umfaßt acht verschieden alte Teile und gilt in der Schweiz, vielleicht sogar im gesamten Alpenraum, als einzigartig und daher äußerst wertvoll.

21 Großartige Ausblicke, ein historisches Stadtbild und ein Falschmünzer

Über dem Rhonetal von Sion nach Saillon

Unsere letzte Tour durch ausgedehnte Weinberge am Hang des Rhonetals führt durch die fruchtbarste Region des Wallis und bietet viel Abwechslung: ein idyllischer See inmitten reicher Vegetation, Aussicht in die Nähe wie die Ferne, behäbige Winzerdörfer und in der Talebene reiche Obst- und Gemüsekulturen. Am Wege liegt eine der schönsten romanischen Kirchen der Schweiz, und schließlich gelangen wir in eines der besterhaltenen mittelalterlichen Städtchen des Landes.

WEGVERLAUF: Sion – Mont d'Orge (1.20 Std.) – Pont-de-la-Morge (20 Min.) – Sensine (40 Min.) – Vétroz (1.10 Std.) – Ardon (1 Std.) – Chamoson (40 Min.) – Leytron (40 Min.) – Saillon (1 Std.)

DAUER: 6.50 Std.

LÄNGE: 20,5 km

HÖHENUNTERSCHIED: ca. 300 HM (Sion 491 m, Mont d'Orge 786 m, Saillon510 m); sanfte Zwischenan- und -abstiege

SCHWIERIGKEITSGRAD: leicht

WEGBESCHAFFENHEIT: Fußwege und geteerte Sträßchen durch die Rebberge, einige kurze Strecken auf Fahrstraßen

AUSRÜSTUNG: gutes Schuhwerk (Wanderschuhe nicht erforderlich)

WANDERKARTEN: Wanderkarten 1 : 50 000 Blatt 273 T Montana und 272 T St-Maurice (Landestopographie in Zusammenarbeit mit den Schweizer Wanderwegen)

Wanderung 21:
Über dem Rhonetal von Sion nach Saillon

EINKEHRMÖGLICHKEITEN: Restaurants am Lac de Mont d'Orge, in Pont-de-la-Morge und in allen folgenden Ortschaften

HINWEISE: Wie die zweite Teilstrecke der Wanderung 16 und die Wanderung 18 verläuft die Wanderung 21 größtenteils entlang der ›Route du vin‹ (›Weinbergstraße‹) von Leuk nach Fully. Der Wegverlauf entspricht den offiziell markierten Wanderwegen; zusätzlich ist er durch das Signet einer stilisierten Traube gekennzeichnet. In den lokalen Verkehrsbüros ist ein Prospekt erhältlich, welcher den ganzen Routenverlauf in fünf Tagesetappen beschreibt und zudem Angaben zur Weinlandschaft und den Rebsorten macht. Wer sich für einen Kellerbesuch mit Weinprobe in einem der durchwanderten Dörfer interessiert, kann sich bis drei Tage im voraus bei der Propagandastelle für Erzeugnisse der Walliser Landwirtschaft (✆ 0 27/22 22 47) anmelden.

Die Wanderung wird idealerweise im Herbst – zur Zeit der Weinlese – oder im Frühling unternommen. Im Sommer ist es zu heiß und schwül.

ANFAHRT: Nach Sion mit der Bahn oder dem Auto.

Ab Saillon mit dem Postauto (etwa alle 2 Std.) nach Riddes auf der anderen Seite der Rhone oder zu Fuß nach Saxon. Weiterfahrt ab beiden Stationen mit der Bahn nach Sion–Sierre–Brig oder nach Martigny (Stundentakt).

DER WANDERWEG

Vom Bahnhof der Stadt **Sion** führt uns die Avenue de la Gare nordwärts in die Altstadt. Gegenüber dem Hügel Tourbillon wenden wir uns einige Meter nach rechts, wählen die kleine Fahrstraße Richtung Norden, zweigen links ab in die Rue de Gravelone und folgen anschließend den Wegweisern, um auf

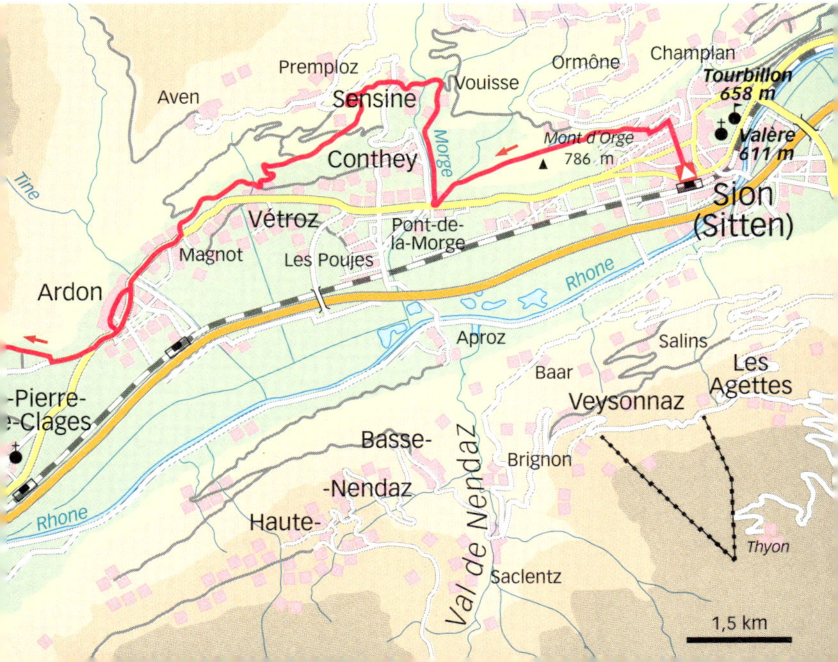

See auf der Höhe des Mont d'Orge

einem Pfad in die am Steilhang auf Geländeterrassen angelegten Rebberge einzusteigen, wo wir der ›Route du vin‹ folgen (30 Min.).

Auf kleinen Felshügelchen und entlang von Wegen und Mauern wachsen verschiedene Pflanzen. Im frühen Frühling erfrischt die Mandelblüte die – abgesehen von den Weinreben – eher karge Gegend. Leicht ansteigend, erreichen wir den Bergrücken des Mont d'Orge und in einer von Reben umgebenen Mulde einen kleinen See (1 Std.). Hier gedeiht eine reichhaltige Flora: Schilf, Seerosen, Anemonen und verschiedene Sträucher, darüber Mandelbäume, Eichen, Weiden und hochragende Pappeln.

Wir folgen dem südlichen Seeufer unterhalb des **Mont d'Orge** (1.20 Std.). Aus Sion verabschieden uns die beiden Hügel mit der Kirche Valère und der Burganlage Tourbillon. Im Westen breitet sich vom Tal bis in die Berge hinauf die weitläufige Gemeinde Conthey aus, noch weiter rhoneabwärts fällt die stumpfe Pyramide des Ardève am diesseitigen Hang auf.

Ein Fußweg führt uns vom Mont d'Orge nach Westen hinab. Am rechten Hang unter uns steht ein Wald. Der linke ist mit Reben bewachsen, auffällig bewacht von farbigen Markierungen, welche den Helikoptern beim Besprühen der Reben mit Schädlingsbekämpfungsmittel den Weg weisen. Wir gelangen in den Weinberg hinein und erreichen **Pont-de-la-Morge** (1.40 Std.). Von dort folgen wir dem ansteigenden Wanderweg nach rechts, Richtung Norden. Links von uns liegt das Dorf Conthey, dessen südlicher Teil bereits von den Römern besiedelt war und das in seiner heutigen Architektur teilweise an deren Nachfolger, die Herren von Savoyen, erinnert. Im Hintergrund ziehen sich wiederum Rebberge den Hang hinan. Neben Wein an den sonnigen Hängen bringt das fruchtbare Gebiet in der Rhoneebene viel Gemüse und Obst hervor. Durch den Weinberg gelangen wir in den Weiler **Vouisse** (2.10 Std.), wo der Weg eine Kurve beschreibt und über einen Bach und das Flüßchen Morge in westlicher Richtung leicht ansteigend ins Dorf **Sensine** (2.20 Std.), inmitten der Reben gelegen, führt.

Wir folgen unserem Sträßchen weiterhin nach Westen, ignorieren eine erste Abzweigung und wenden uns bei der nächsten Weggabelung nach links, Richtung Süden. Der Weg fällt nun stetig leicht ab, kreuzt mehrere Rebbergpfade, eine Fahrstraße und den Bach Chenet des Fontaines, verbreitert sich schließlich und führt in einer Kurve nach **Vétroz** (3.30 Std.). Auch dieses Winzerdorf ist eingebettet in einen mit Trockenmauern gestützten Weinberg.

Am oberen Dorfrand folgen wir wiederum nach rechts einem Sträßchen in die Weinberge und zweigen bei der ersten Kurve linker Hand in einen Pfad ab, welcher uns bei **Magnot** auf die Kantonsstraße hinunterführt (4 Std.). Wir folgen dieser am Eingang der Lizerne-Schlucht vorbei und kommen nach **Ardon** (4.30 Std.). Das Dorf durchqueren wir der Einfachheit halber auf der Hauptstraße – oder aber wir zweigen nach den ersten Häusern rechts ab, um durch den ruhigeren westlichen Teil der Ortschaft am Ortsende wieder auf die Hauptstraße zu gelangen.

Bei der folgenden Straßengabelung wenden wir uns nach rechts, um nach rund einem halben Kilometer rechter Hand in ein Sträßchen einzusteigen, welches uns durch die Weinberge ins stattliche Dorf **Chamoson,** die ›Hauptstadt‹ des fruchtigen Johannisberg-Weins führt (5.10 Std.).

Abstecher: Im Dorfzentrum von Chamoson zweigt eine Straße in die Rhoneebene nach **St-Pierre-de-Clages** ab, wo sich eine sehenswerte romanische Kirche aus dem 11. Jh. befindet (Hin- und Rückweg je 20 Min.).

Wir verlassen Chamoson im Südwesten auf der Fahrstraße, überschreiten einen ersten Bach und gleich anschließend die stürmische Losentse, welcher wir hinter der Brücke ein kurzes Stück nach links talauswärts folgen. Nun führt uns rechter Hand ein Rebenweg bis vor das schmucke Weindorf Leytron, am Fuße der hohen Kalkwand des Ardève gelegen. Auch in dieser Gemeinde werden in der Talebene großflächige Obst- und Gemüsekulturen unterhalten. Auf einer Fahrstraße gelangen wir, vorerst geradeaus, dann links abbiegend, ins Zentrum von **Leytron** (5.50 Std.).

An der Kirche zweigen wir rechts ab und folgen am westlichen Dorfausgang, vorbei am Friedhof, einem Weg in die Rebberge, welche auf dem Schuttkegel unterhalb der beiden höher gelegenen Weiler Produit und Montagnon gedeihen. Bei einer Straßenkreuzung zweigen wir links ab und queren den Rebhang bis zur Einmündung des Sträßchens in eine Fahrstraße (6.10 Std.). Wir folgen ihr nur kurz abwärts, verlassen sie dann wieder rechter Hand auf einem Weg, welcher sich nach rund 100 m nach Süden wendet.

Am Fuße eines Schuttkegels erreichen wir **Les Moulins** und queren die Salentse. Vor unseren Augen erhebt sich wie ein Gemälde aus alten Zeiten das Städtchen **Saillon:** ineinander verschachtelte Häuser, ein Mauertor als Eingang in den romantischen Ort. Auf der Fahrstraße gelangen wir geradeaus ins Zentrum der Stadt (6.50 Std.).

AM WEGE

Vom südöstlichen Dorfrand von Chamoson führt ein Weg durch den Rebberg zur Kirche von **St-Pierre-de-Clages** aus dem 11. Jh. Während Jahrhunderten haben Rhone und Wildbäche rund um den Bau so viel Geröll und Erdreich abgelagert, daß das Kircheninnere großenteils unter dem Niveau der Umgebung liegt. Dennoch gilt dieses Meisterwerk der romanischen Architektur als eines der schönsten Gotteshäuser der Schweiz. Der Innenraum mit modernen Glasfenstern liegt im Halbdunkel, welches dem Haupt- und den beiden Seitenschiffen, dem romanischen Tonnengewölbe, den Pfeilern und dem goldenen Tabernakel (1948) ein besonderes Gepräge verleiht.

Ein verehrter Krimineller

Hinter der barocken Pfarrkirche St-Laurent aus dem Jahr 1740 im oberen Teil von Saillon erinnert ein Grabkreuz an die letzte Ruhestätte des berüchtigten Falschmünzers Joseph Samuel Farinet. Den einen galt er als Krimineller, für andere ist er noch heute ein Freiheitsheld, wenn nicht gar ein heimlicher Nationalheiliger. Im letzten Jahrhundert hatte Farinet mit gefälschtem Geld, welches er unter den Armen verteilte, zehn Jahre lang den Geldumlauf einer ganzen Region beeinflußt. Seine Nickel-Zwanzigrappenstücke machten zeitweise ein Drittel des umlaufenden Geldes auf dem Markt in Martigny-Bourg aus und wurden von der Bevölkerung für stabiler gehalten als die Papierwährung der Kantonsregierung. Zehn Jahre lang jagte die Justiz den Falschmünzer vergeblich.

1880 starb der schöne Held 36jährig in der Salentse-Schlucht bei Leytron unter mysteriösen Umständen. Ob er erschossen wurde oder auf der Flucht vor der Polizei zu Tode stürzte? Das ganze Unterwallis trauerte, ganz besonders die Frauen. Der ›Robin Hood des Kanton Wallis‹ wird noch heute verehrt. Der Roman des Walliser Schriftstellers Charles-Ferdinand Ramuz über Leben, Legende und Wohltaten des Farinet ist längst berühmt geworden. Zu Ehren Farinets wird oberhalb von Saillon, auf dem Terrain Ardente, inmitten des Rebgeländes der kleinste Weinberg der Welt unterhalten. Auf knapp 2 m^2 wachsen nur drei Rebstöcke. Ihr Ertrag beträgt jährlich gerade einen halben Liter Wein, der mit anderem Wein vermischt im Sinne des Geldfälschers zugunsten wohltätiger Zwecke verkauft wird.

Die Gegend um das Städtchen Saillon ist das schweizerische Hauptanbaugebiet von Gemüse und Obst. Von den Herzögen von Savoyen auf einem Felsen hoch über der fruchtbaren Rhoneebene erbaut und befestigt, gehört **Saillon** zu den am ursprünglichsten bewahrten Siedlungen aus dem 13. Jh. Bis 1475 zählte das Städtchen zu den wichtigsten Handels- und Militärstützpunkten im Wallis. In diesem Jahr zerstörten die Oberwalliser die mächtige Schloßanlage und ließen allein den kreisrunden Bergfried (Tour Bayart) aus dem Jahr 1261 auf einem steilen Felsvorsprung und die Stadtmauer mit ihren Zinnentürmen stehen. Beide sind noch heute weitgehend intakt. Auch in den verwinkelten Gassen und auf den ruhigen Plätzen im Städtchen unterhalb der Burg wähnen wir uns auf Schritt und Tritt im Mittelalter. Im Süden der Stadt lädt ein Thermalbad zum Kuren ein.

22

Gipfelkranz im Val d'Anniviers

Von Zinal auf den Roc de la Vache

Gefesselt von einem einzigartigen Ausblick, stehen wir über einer hohen, fast senkrechten Felswand: Zu Füßen liegt das Val d'Anniviers, rund um uns ragen berühmte Schneegipfel gen Himmel. Im Moränengebiet des Zinalgletschers erkennen wir den Rückgang eines spektakulären Gletschers.

WEGVERLAUF: Zinal – Le Chiesso (1.15 Std.) – Roc de la Vache (1.45 Std.) – L'Ar Pitetta (30 Min) – Le Vichiesso (30 Min.) – Zinal (1 Std.).

DAUER: 5 Std.

LÄNGE: 13 km

HÖHENUNTERSCHIED: ca. 900 HM (Zinal 1675 m, Le Chiesso 2061 m, Roc de la Vache 2581 m, Le Vichiesso 1802 m); gleichmäßig steiler Aufstieg im ersten Drittel; abgesehen von zwei kurzen, etwas anstrengenden Passagen, etwas weniger steiler Abstieg im zweiten Drittel, danach sanft abfallend und zuletzt eben

SCHWIERIGKEITSGRAD: mittelschwer

WEGBESCHAFFENHEIT: Fußwege über Bergmatten und durch die Ebene von Barma, kurze Strecken auf Fahrsträßchen

AUSRÜSTUNG: Wanderschuhe, Proviant und Getränke

WANDERKARTE: Kümmerly + Frey Wanderkarte 1 : 60 000 Val d'Anniviers–Val d'Hérens–Montana

EINKEHRMÖGLICHKEITEN: keine

HINWEIS: In der Umgebung von Zinal gibt es mehrere Alpsiedlungen mit der Bezeichnung ›Le Chiesso‹, welche nicht verwechselt werden sollten. Allein unsere Route führt an zwei Alpen dieses Namens vorbei.

ANFAHRT: Aus Richtung Brig oder Martigny–Sion mit der Bahn nach Sierre (Stundentakt). Mit dem Postauto ab Bahnhof Sierre durchs Val d'Anniviers nach Zinal. Für Automobilisten gibt es ausreichend Parkplätze in Zinal.

DER WANDERWEG

Wir verlassen die Postautohaltestelle in **Zinal** und wandern auf der fast schnurgeraden Hauptstraße taleinwärts. Kurz vor dem Dorfausgang führen linker Hand ein Fahrsträßchen und ein Fußweg den Hang hinan. Wir folgen dem Fußweg (Wegweiser zur Cabane de Tracuit). Nach 300 m gelangen wir auf ein Fahrsträßchen in Richtung Norden, welches sich in einer Kurve zum Weg verengt und uns nun in südöstlicher Richtung durch die Bergmatten führt. In

Die Anniviarden

Nach der Niederlage auf den Katalaunischen Feldern im heutigen Frankreich anno 451 hatten sich versprengte Heereseinheiten des Hunnenkönigs Attila im Val d'Anniviers niedergelassen. Dies wird seit 200 Jahren immer wieder bewiesen – und immer wieder widerlegt. Tatsache ist, daß die Bergbauern im Val d'Anniviers ein wanderfreudiges Volk sind und weltweit Volkskundler in ihren Bann geschlagen haben.

Bis in die Mitte dieses Jahrhunderts hielten die ›Bergnomaden‹ bestimmte, durch die Jahreszeiten festgelegte Routen ein. Anfang Juni lebten die Bewohner von Zinal in ihrem Dorf und weideten ihr Vieh im Talboden der Navisence. Den Sommer verbrachten sie auf den umliegenden Alpen, etwa auf L'Ar Pitetta. Im Spätsommer zogen sie für kurze Zeit ins Dorf zurück, im Herbst war im Rhonetal die Weinlese und in deren Nähe das Weiden der Kühe fällig. Erst vor Weihnachten traf man wieder in Zinal ein, wo sich das Vieh an den Heuvorräten gütlich tat.

In der zweiten Hälfte unseres Jahrhunderts ermöglichten die Erschließung durch Straßen und der aufkommende Tourismus den Talbewohnern neue Verdienstmöglichkeiten. Heute herrschen die drei Erwerbszweige Alpweidewirtschaft, Baugewerbe und Tourismus bzw. Dienstleistungen vor. Jedoch halten sich viele Anniviarden neben einer anderen Erwerbstätigkeit noch eigene Kühe, und in der Nähe von Sierre besitzen etliche von ihnen nach wie vor einen Weinberg.

einer weiteren Wegkehre (30 Min.) steigen wir rechter Hand in einen Fußweg ein, folgen ihm über den Bergbach Torrent de Tracuit, durchqueren ein Waldstück und steigen im Zickzack gleichmäßig steil den Hang hinan nach **Le Chiesso** (1.15 Std.). Die Alpsiedlung, bestehend aus einem hölzernen, durch aufeinandergeschichtete Steinplatten vor dem Eindringen der Mäuse geschützten Käsespeicher und einer einfachen Unterkunft für die Hirten, gehört zum unteren Teil der Alp von Tracuit.

Unser Weg führt in südöstlicher Richtung weiter, beschreibt beim **Punkt 2140** eine Kurve (1.25 Std.), zieht sich weiter nach Norden und nach drei Spitzkehren wieder in die entgegengesetzte Richtung. Über Runsen, welche ab und zu Lawinen und Steinschlag in die Tiefe leiten, erreichen wir den **Punkt 2338** (2.30 Std.). Rechter Hand zweigt ein Fußpfad ab, wir halten jedoch weiter unsere Richtung ein, ändern sie nach zwei Wegschlaufen und folgen dem rauschenden Wildbach

Torrent du Barmé bis zu einer Weggabelung (2.40 Std.). Links hinauf führt der Weg auf den Col de Tracuit, wir jedoch halten uns rechts, überschreiten einen Bergbach und wandern Richtung Südwesten. Verlief der Weg bis jetzt recht steil, geht es nun gemächlicher über sanfte Matten und zwischen zahlreichen Felsblöcken hindurch bis an den oberen Rand der senkrechten Wand des **Roc de la Vache** (3 Std.), die in einem weiten Schuttkegel ausläuft.

Ein einzigartiges Panorama belohnt für die Mühen des Aufstiegs: Der Blick fällt weit ins Tal hinunter – auf Zinal mit seinen enggedrängten, an der Hauptstraße wie Perlen aufgereihten Holzhäusern und, weiter vorne im Val d'Anniviers, auf die Dörfer Ayer und St-Jean. Von dort aus schweift das Auge in die Rhoneebene. An der Sonnenterrasse jenseits des Flusses erkennen wir die Siedlungen rund um Crans-Montana, darüber erheben sich die schneebedeckten Gipfel der Berner und Walliser Alpen, im Westen abgeschlossen durch die Gletscher am Wildstrubel. Am meisten beeindruckt jedoch der berühmte firnbedeckte Gipfelkranz rund um Zinal: Im Nordosten ragen die gezackten Felsen der Diablons gen Himmel, gefolgt vom bescheideneren Col de Tracuit. Im Osten grüßt das Weisshorn – übrigens nicht weiß, sondern aus graugrünem Gneis – und an seinem Nordgrat der Grand Gendarme. Weiter südlich löst sich vom weißen Grat des Zinalrot-

Wanderung 22: Von Zinal auf den Roc de la Vache

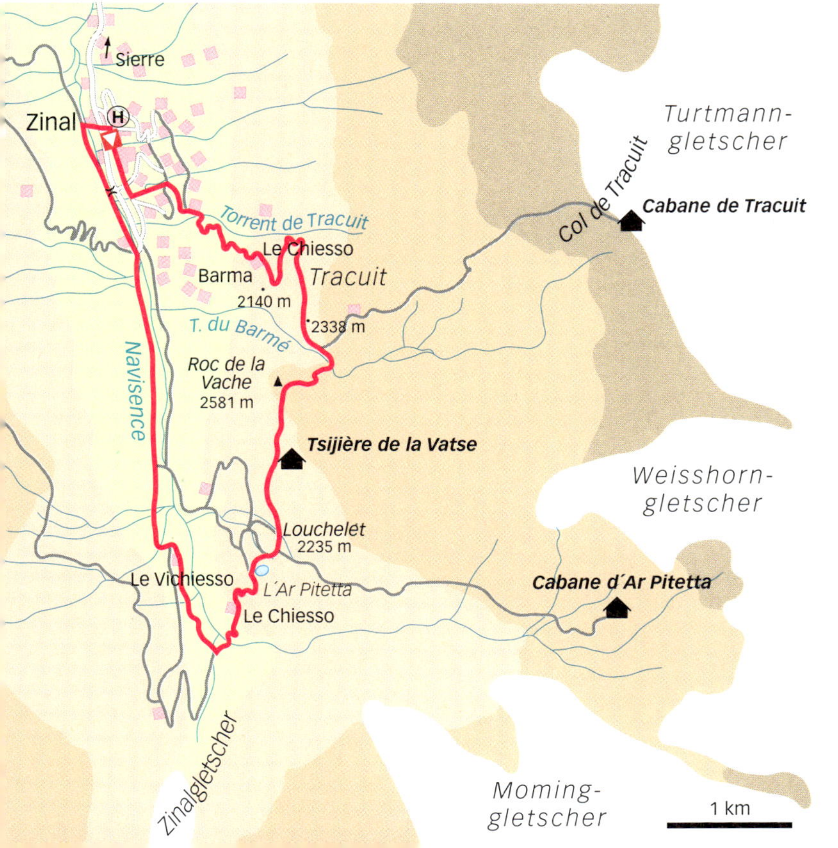

horns und bewacht von seinem Gipfel der mächtige, gleißende Eisstrom des Mominggletschers. Davor erheben sich in unserer Nähe – mit dem Zinalrothorn durch einen Schneegrat verbunden – die beiden dunklen, zackigen Felsgipfel des Besso. Südlich von uns dominieren die feine Pointe de Zinal und daneben die großartige Dent Blanche mit ihrem Grat Quatre Anes. Etwas nördlich davon zeigt sich schließlich der Grand Cornier mit seiner eisstarrenden Nordwand von der besten Seite.

Der Abstieg erfolgt auf einsamem Pfad und vorerst recht steil in Richtung Süden. Nach der Hütte **Tsijière de la Vatse** (3.10 Std.) – eine unter zahlreichen Alpsiedlungen der ausgedehnten Ar Pitetta – läßt die Steigung etwas nach. Über Louchelet erreichen wir einen kleinen Bach. Er speist den **See von Ar Pitetta** (3.30 Std.), der nun friedlich vor uns liegt.

Am gegenüberliegenden Bachufer führt der Weg links hinauf zur Cabane d'Ar Pitetta. Wir jedoch wenden uns nach rechts, wandern am See entlang zu seinem Abfluß, wo sich der Weg wiederum gabelt. Linker Hand führt uns ein Pfad auf farbenfrohe Matten. Hier, am Südhang der Ar Pitetta, blühen – am üppigsten Anfang Juli – die schönsten Alpenpflanzen: weiß und ganze Flächen bedeckend die Ranunkeln, gelben Inseln gleich die Anemonen, violett und samten die Frühlingsanemonen. Auf den Steinblöcken gedeihen büschelweise die behaarten dunkelrosa Primeln. Wir erkennen das Alpenstiefmütterchen, die Gletscherwurz und freuen uns an unzähligen anderen. Schließlich ist sogar das Edelweiß zu entdecken.

Den Hang hinab gelangen wir, auf den letzten Metern im Zickzack, zur Alpsiedlung **Le Chiesso** (3.40 Std.). Nun folgt wiederum ein recht steiles Stück Abstieg, vorerst in westlicher, dann in südlicher Richtung. An einem Felsband vorbei erreichen wir das ausgedehnte Moränenfeld des Zinalgletschers, welcher sich uns aus Richtung Süden nähert. Helle Felsblöcke zeigen an, wo sich noch vor rund 170 Jahren der Eisstrom ausgebreitet hat. Bis heute zieht er sich stetig zurück.

Auf einem Steg überschreiten wir jenen Arm der Navisence, der von den Gletschern des Weisshorns gespiesen

Blick über den Talgrund der Navisence mit Zinal auf die Felswand des Roc de la Vache, rechts davon Zinalrothorn, Besso, Obergabelhorn und Matterhorn

wird, und stehen vor einem großartigen, über die Felsen herabstürzenden Wasserfall. Nach rund 100 m queren wir den zweiten, vom Zinalgletscher herunterfließenden Arm des Flusses, wiederum auf einem Brücklein. Von hier aus begleiten wir die schäumende Navisence auf einem Pfad etwas oberhalb ihres Bettes auf ebenem Wege talauswärts, überschreiten einen kleinen Zufluß und erreichen **Le Vichiesso** (4 Std.).

Nach einer Kurve verläuft unser Weg auf einem Steg über einen Zufluß der Navisence. Wir wandern weiter geradeaus, Richtung Norden, queren vier weitere Bäche und gelangen in die langgestreckte Ebene von Barma. Sie ist das Werk von fünf von den Diablons herunterstürzenden Wildbächen. Mit ihrem Schutt beschnitten sie den Lauf der Navisence und nötigten sie, weiträumig Gesteinsschutt abzulagern, auf dem schließlich das flache Hochtal von Barma entstand.

Gegenüber der Siedlung Barma am rechten Ufer der Navisence treffen wir auf zwei weitere dem Fluß zufließende Bäche und gelangen an eine Brücke, die wir jedoch nicht überschreiten. Wir halten uns links und wandern nun dicht an der geschwätzig eilenden und schäumenden, durch die Gletschermilch der zufließenden Bäche getrübten Navisence entlang. Nach rund einem halben Kilometer lädt uns eine weitere Brücke ein, auf die andere Seite zu gelangen. Wir ziehen es jedoch vor, den Fluß noch ein Stück weiter zu begleiten, überschreiten ihn nach einem weiteren halben Kilometer und erreichen in wenigen Minuten das Dorfzentrum von **Zinal** (5 Std.).

AM WEGE

Auf mehreren von Wildbächen geschaffenen Schuttkegeln liegt zuhinterst im Val d'Anniviers in einer großartigen, von Bergen eingerahmten Landschaft die ehemalige Maiensäßsiedlung **Zinal.** Noch heute zählt das Dorf einige ursprüngliche, aus grobem, mit der Axt bearbeitetem Holz erbaute Hütten, welche der Bevölkerung und dem Vieh im Frühsommer als Zwischenstation dienten. Im Jahr 1856 hieß das erste Gasthaus die Alpinisten aus nah und fern willkommen, und noch heute gilt Zinal als beliebter Tourenstützpunkt. Die Gipfelstürmer brechen auf zur Dent Blanche, zu Obergabelhorn und Zinalrothorn. Gebieterisch schließen die berühmten Vier- und Fast-Viertausender das Tal ab, vom Dorf aus sind sie jedoch nicht zu sehen.

Im alten Dorfteil ist in einem Haus aus dem Jahr 1768 ein kleines Heimatmuseum zu besichtigen. Küche, Wohnzimmer, Tische, Stühle und Sitzbänke aus Lärchenholz dokumentieren, wie die Bergbauern im Val d'Anniviers vor 200 Jahren gelebt haben.

23

Fast wie in Skandinavien

Vom Val d'Anniviers über den Pas de Lona in das Val d'Hérens

Fast jeder Schweizer Fußsoldat hat ihn, schwer beladen und in militärischem Tempo, zu bewältigen: Der Pas de Lona, kürzester der drei Übergänge zwischen Val d'Anniviers und Val d'Hérens, macht zwar rechtschaffen müde, entschädigt dafür aber durch die Aussicht reichlich.

i

WEGVERLAUF: Bendolla – Lona (1.40 Std.) – Pas de Lona (40 Min.) – L'A Vieille (40 Min.) – Eison (1 Std.)

DAUER: 4 Std.

LÄNGE: 10 km

HÖHENUNTERSCHIED: ca. 650 HM bergauf, ca. 1150 HM bergab (Bendolla 2130 m, Pas de Lona 2787 m, Eison 1650 m); ziemlich gleichmäßiger Aufstieg, kurz vor dem Paß fast ebener Weg; etwas anstrengender Abstieg, vor allem im obersten Teil

SCHWIERIGKEITSGRAD: mittelschwer

WEGBESCHAFFENHEIT: Fußpfade über Alpweiden und Geröllhalden, kurze Teilstrecken auf Fahrwegen

AUSRÜSTUNG: Wanderschuhe, Proviant und Getränke

WANDERKARTEN: Kümmerly + Frey Wanderkarte 1 : 60 000 Val d'Anniviers–Val d'Hérens–Montana; MPA Wanderkarte 1 : 50 000 Montana–Crans–Val d'Anniviers; Wanderkarte 1 : 25 000 Val d'Hérens (herausgegeben von ›Hérens-Vacances‹, erhältlich in den lokalen Verkehrsbüros)

EINKEHRMÖGLICHKEITEN: keine

HINWEIS: Die Wanderung kann bereits in Grimentz begonnen werden (steiler Aufstieg über Les Meyes durch Alpweiden und Wald bis Bendolla; ca. 1 Std., ca. 600 HM bergauf)

ANFAHRT: Nach Sierre mit der Bahn aus Richtung Brig oder Martigny/Sion (Stundentakt), weiter mit dem Postauto nach Grimentz. Von etwas außerhalb des Dorfzentrums von Grimentz führt die Luftseilbahn nach Bendolla.

Rückfahrt ab Eison mit dem Postauto nach Sion.

DER WANDERWEG

Von der Bergstation der Luftseilbahn auf der **Alp Bendolla** folgen wir dem markierten Pfad unter der Station des Skilifts nach Les Crêts hindurch einige Minuten in Richtung Süden. Gleichmäßig ansteigend, führt uns der Pfad die Alpweiden empor, vorerst ein kurzes Stück west-, dann wieder südwärts. Nun queren wir das Skilift-Trassee. An manchen Stellen ist der Weg kaum sichtbar, wir orientieren uns aber am Skilift und steigen rund 50 m von ihm

Wanderung 23: Vom Val d'Anniviers über den Pas de Lona in das Val d'Hérens

entfernt weiter hinauf. Schließlich erreichen wir die Kurve eines Sträßchens, welches von Bendolla nach Les Crêts hinaufführt, und folgen diesem bis zum oberen Ende des Lifts (30 Min.).

Dahinter gabelt sich die Straße in zwei Fußwege. Wir wählen den linken, wandern nach Südwesten, über zwei Seitenarme des Wildbaches La Freinze und beschreiben einen weiten Linksbogen. Vor uns tauchen die Felsen der Pointe de Lona auf, und fast unmittelbar davor queren wir einen weiteren Arm der Freinze. Auf einem Gebirgspfad steigen wir in ein Geröllfeld ein, ändern auf einem kleinen Grat die Richtung (1 Std.) und wandern ein Stück weit etwas unterhalb des Grates den Hang entlang nach Südwesten. Am unteren Rand der Geröllhalde erhebt sich genau westlich von uns die Pointe de Lona. Nun geht es weiter über saftige Alpweiden. Anschließend gelangen wir, an Felsblöcken vorbei, in die wunderschöne Hochgebirgslandschaft der Ebene von Lona. In wenigen Minuten erreichen wir die Hütte von **Lona** (1.40 Std.). Auf einer Höhe von 2669 m gelegen, gilt diese Alp als höchste sommers bewohnte Siedlung der Schweiz.

Überdurchschnittlich hoch liegen in dieser Gegend auch die Alpweiden – sie ziehen sich bis auf 2800 m hinauf – und die Waldgrenze mit 2200 m. Einzelne Bäume wagen sich gar noch höher. Nordwestlich von uns grüßen die Felshänge der Becs de Bosson, im Süden beherrschen links der Diablon und rechts der Sasseneire den Alpkessel. Die Geländeformen und Bodenverhältnisse, dementsprechend auch die nordeuropäisch anmutende Pflanzenwelt, sind vielfältig: sanfte Hügel, Wellen und Kuppen, Heide und Hochmoor, Geröllfelder und rund 15 Bergseen, deren größter, der Lac de Lona, einen knappen Kilometer vor uns liegt.

Bei der Alphütte von Lona wenden wir uns Richtung Westen, überschreiten auf den Weiden zwei Arme des Torrent de Lona und drehen ab nach Süden. Anschließend queren wir eine kleine Geröllhalde, einen weiteren Arm des Torrent de Lona und erreichen in kaum spürbarer Steigung über zwei kleine Zuflüsse des Lac de Lona die Paßhöhe auf dem **Pas de Lona** (2.20 Std.).

Hier genießen wir ein wunderbares Panorama. Der Blick schweift in die Täler und auf die hohen Gipfel ringsum.

In unserem Rücken zeigt sich besonders schön noch einmal die Hochebene von Lona. Im Norden machen sich unweit von uns die Becs de Bosson breit. Südwestlich davon erkennen wir die Pointes de Tsavolire, und weiter schauen wir ins Val d'Hérens hinunter. Südlich von uns windet sich ein freundlicher Grat zum Sasseneire empor.

Der Abstieg ins Val d'Hérens erfolgt im ersten Teil über einen recht steilen Pfad durch einen Geröllhang, weiter durch Alpweiden und schließlich am Bergbach Grand Torrent entlang zu der kleinen Hütte von **Plan Levri** (2.40 Std.). Hier wird das Gelände flacher. Am Südhang des Montagne d'Eison folgen wir weiter unserem Pfad durch die Matten nach Westen und treffen auf die Hüttengruppe **L'A Vieille** (3 Std.).

Am westlichen Ausgang des Weilers bieten sich uns ein Sträßchen und zwei Wege an. Recht steil folgen wir dem untersten Weg den grasbewachsenen Hang hinab. Wir überschreiten einen Arm des Grand Torrent und einen weiteren Bach, kreuzen ein Fahrsträßchen und erreichen die malerischen Holzstadel von **Tsalet d'Eison** (3.20 Std.). Die Unterkünfte für das Vieh am Montagne d'Eison gelten aufgrund ihrer genossenschaftlichen Nutzung im ganzen Alpenraum als einzigartig. Aus dem Weiler hinausgetreten, beschreibt unser Weg eine Schleife nach Nordwesten und führt dann weiter abwärts in Richtung Süden. Nach der Querung eines Weges folgen wir dem Waldrand und treffen auf eine Gruppe kleiner, brauner Hütten. Sie gehören zu den über den ganzen Hang verstreuten Maiensässen von Eison (Mayens-d'Eison).

Weiter geht es jetzt weniger steil in südwestlicher Richtung über offenes Weideland hinab, wir kreuzen einige Sträßchen und Pfade und gelangen in zwei Wegschlaufen zum Weiler **La Crête d'Eison** (3.50 Std.). Unterhalb der Fahrstraße folgen wir einem Fußweg Richtung Nordwesten, überqueren den Torrent de Mely und treffen im Alpweiler **Eison** ein (4 Std.).

AM WEGE

Am Wildbach Marals über der Mündung des Val de Moiry gelegen, gilt **Grimentz** als Juwel unter den Walliser

Mountainbiker bei der Abfahrt vom Pas de Lona

Die Streusiedlung Eison im Val d'Hérens

Bergdörfern. Die alte Bausubstanz ist erhalten geblieben und wird bewußt gepflegt. Sehenswert ist vor allem der Ortskern: Eng aneinandergereiht stehen hier die charakteristischen mehrstöckigen, schindelbedachten Turmhäuser aus sonnenversengtem Holz mit steinernem Unterbau. Die ältesten stammen aus dem 16. Jh. Vor den Fenstern, neben den Türen und in zahlreichen idyllischen Winkeln leuchtet reicher, vorwiegend roter Blumenschmuck. Die weiße Kirche im Zentrum – auch sie mit Schindeldach – läßt ein eigentümliches Glockenspiel hören. Das Dorf war und bleibt verkehrsfrei, kein Auto kann die schmalen Gäßchen passieren.

Im Burgerhaus aus dem Jahr 1550 reift der berühmte ›Glacier‹, der Gletscherwein heran. Der Traubensaft wird zunächst einige Monate im Rhonetal, wo die Bürger von Grimentz eigene Weinberge unterhalten, gelagert. In der Zwischenzeit wird im Keller des Burgerhauses der Weißwein aus dem ältesten Faß in Flaschen abgefüllt. Anschließend ›rücken‹ alle Weine ›ein Faß auf‹. Im Juni wird der neueste Wein aus dem Rhonetal heraufgebracht und im jüngsten Faß gelagert – und ein Jahr später fängt das Prozedere von vorne an.

24

Von der Sonnenterrasse in die Gletscherwelt

Von Evolène durch das Val de Ferpècle auf die Alp Bricola und nach Les Haudères

Auf einem Felsband wandern wir durch pittoreske Bergdörfer und genießen einen herrlichen Ausblick ins Tal. Weiter südlich begleiten uns die Lärchen, nähern sich die Gletscher. Weite Geröllfelder zeigen, auf welche Weise Felsen und Gestein zerfallen und fortgetragen werden. Der höchste Punkt der Wanderung belohnt uns mit einer großartigen Gipfel- und Eisszenerie.

i

WEGVERLAUF: Evolène–Villa (1.15 Std.) – La Sage (20 Min.) – La Forclaz (25 Min.) – Pra Floric (15 Min.) – Salay/Ferpècle (30 Min.) – Bricola (1.30 Std.) – Salay/Ferpècle (1.10 Std.) – Renovillin (15 Min.) – Les Haudères (30 Min.)

DAUER: 6.10 Std.

LÄNGE: 16 km

HÖHENUNTERSCHIED: ca. 1050 HM bergauf, ca. 1000 HM bergab (Evolène 1371 m, Villa 1742 m, Salay/Ferpècle 1766 m, Bricola 2415 m, Les Haudères 1452 m); nach kurzem flachem Wegstück rund 1 km steiler Aufstieg vor Villa, anschließend Höhenwanderung ohne nennenswerte Höhenunterschiede, die letzten 3 km bis Bricola sind wiederum steil

SCHWIERIGKEITSGRAD: mittelschwer

WEGBESCHAFFENHEIT: wenig befahrene Fahrstraßen, Fußwege durch Wiesen und Wälder, über Alpweiden und Geröllhalden

AUSRÜSTUNG: Wanderschuhe

WANDERKARTEN: Kümmerly + Frey Wanderkarte 1 : 60 000 Val d'Anniviers–Val d'Hérens–Montana; Wanderkarte 1 : 25 000 Val d'Hérens (herausgegeben von ›Hérens-Vacances‹, erhältlich in den lokalen Verkehrsbüros)

EINKEHRMÖGLICHKEITEN: Restaurants in Villa, La Sage, La Forclaz und Salay, Berggasthaus auf der Alp Bricola

HINWEISE: Wem die ganze Wanderung mit Abstieg bis Les Haudères zu lang ist, der kann auf dem Rückweg in Salay/Ferpècle das Postauto nach Evolène besteigen. Die letzte Talfahrt erfolgt in der Regel am späten Nachmittag.

Die Route eignet sich auch gut als Zweitageswanderung mit Übernachtung im Berggasthaus von Bricola.

ANFAHRT: Von Sion mit dem Postauto oder dem Auto nach Evolène.

Rückfahrt mit dem Postauto von Les Haudères über Evolène nach Sion.

Wanderung 24:
Von Evolène durch das Val de Ferpècle auf die Alp Bricola und nach Les Haudères

DER WANDERWEG

Von der Postautohaltestelle in **Evolène** gehen wir auf der Dorfstraße Richtung Les Haudères taleinwärts, verlassen den Ort und erreichen, an einigen Einzelbauten vorbei, das **Haus de Ribeaupierre** (20 Min.). Hier steigen wir linker Hand in einen Wanderweg ein. Er führt uns in weiten Schlaufen steil bergan über Weiden, steinigen Boden, an Felsbändern vorbei und über den Wildbach Torrent des Maures. Der anstrengende Aufstieg verlangt nach kurzen Atempausen, wir genießen die großartige Aussicht hinunter ins Tal, auf die Dörfer Evolène und Les Haudères. Schließlich haben wir in kurzer Zeit rund 400 Höhenmeter hinter uns gebracht und erreichen **Villa** (1.15 Std.), das erste der drei Dörfer »auf den Felsen«. Die anderen beiden der hoch über dem Tal auf einem Felsband gelegenen Dörfer – La Sage und La Forclaz – durchqueren wir später. Das liebliche Bergdörfchen besticht vor allem durch die gleichmäßig gedeckten Steinplattendächer. Mitten im Weiler werfen wir an der Kreuzung einen Blick in die Kapelle Rois Mages aus der Mitte des 17. Jh. und biegen anschließend in einen Fußweg ein.

Er führt uns ein kurzes Stück nach Südwesten, dreht dann nach Südosten ab, beschreibt über den Bergbach Le Péterey einen Bogen und vereinigt sich nach einem einzelnstehenden Gebäude mit einem weiteren Pfad. Wir folgen ihm in Richtung Südosten über die Bergmatten, queren den Bach Le Bréquet und zwei kleine Wäldchen. Anschließend wenden wir uns an einer Weggabelung nach links. Durch das recht trockene, südlich anmutende, ja steppenartige Gelände erreichen wir auf einer schönen Sonnenterrasse **La Sage** (1.35 Std.). Der Ausblick in die Tiefe und auf die gegenüberliegende Talseite ist wunderbar. Seit Jahrzehnten inspirieren der malerische Weiler und seine Umgebung manche Künstler, die sich hier niedergelassen haben. In der Dorfkapelle Ste-Trinité, erbaut 1840, besichtigen wir den barocken Hauptaltar und zwei kleine Seitenaltäre.

Auf der wenig befahrenen Straße verlassen wir das Dorf Richtung Süden und gelangen an die Abzweigung bei Punkt 1644. Rechts hinunter gelangt man nach Les Haudères. Wir halten uns links, treten in den Wald ein, schlagen nach rund 300 m einen unterhalb der Fahrstraße verlaufenden Fußweg ein und überschreiten einen Bach. In den raren Feuchtzonen des Tales laicht übrigens der Grasfrosch, der nirgends in Europa so hoch lebt wie im Val d'Hérens. Wir verlassen den Wald und erreichen, immer am Hang entlang und mit schöner Sicht ins Tal, eine Wegkreuzung. Linker Hand führt uns ein Sträßchen nach wenigen Schritten ins Dorfzentrum von **La Forclaz** (2 Std.).

Unterhalb des Kirchleins führt uns eine Fahrstraße auf die andere Seite des Dorfbaches und an den unteren Dorfrand, wo wir rechter Hand in einen Fußweg durch die Wiesen einsteigen. Unter uns verzweigt sich das Tal: Das Val d'Arolla führt westlich von Les Haudères nach Süden, wir hingegen treten ins Val de Ferpècle ein. Einmal mehr überschreiten wir einen Bach und gelangen wieder auf die Fahrstraße, welcher wir ein gutes Stück über die Matten folgen. Unterhalb der Dents de Veisivi eilt am Fuße des gegenüberliegenden Hanges die Borgne de Ferpècle talaus. Wir queren zwei Bäche und treffen bei den Hütten von **Pra Floric** ein (2.15 Std.).

Die Natur wird immer ursprünglicher und wilder, die schneebedeckten Gipfel im Süden, allen voran die prächtige Dent Blanche (4357 m), treten immer näher. Auf der Straße über dem Tal und am Lärchenwald entlang, gelangen wir nach **Renovillin,** machen einen kurzen Besuch im Talgrund und steigen anschließend leicht bergan. An großen Felsblöcken und einigen Lärchen vorbei erreichen wir das kleine Dorf **Salay,** auch Ferpècle genannt (2.45 Std.). Der Weiler besteht aus Gasthaus, Kapelle sowie einigen Alphütten und ist Endstation der Postautoroute aus dem Val d'Hérens.

Aus dem Ort herausgetreten, verlassen wir die Fahrstraße und steigen linker Hand in einen Fußweg ein. Wir folgen ihm im Zickzack den Hang hinauf, queren den Torrent de Mourti und gelangen in den Lärchenwald. An einer Weggabelung (3.05 Std.) wandern wir weiter geradeaus, verlassen den Wald und folgen dem Pfad in Richtung Süd-

Die zerklüftete Zunge des Glacier du Mont Miné

osten, über Alpweiden und an einem der Lärchenhaine vorbei, die sich in dieser Höhe zu lichten beginnen. An der nächsten Gabelung halten wir uns rechts (3.15 Std.), überschreiten die Borgne de Ferpècle und wählen nach wenigen Schritten an einer weiteren Verzweigung den linken Weg.

Die letzten Lärchen liegen nun hinter uns, wir befinden uns oberhalb der Baumgrenze. Unter uns sehen wir einen kleinen Bergsee, von dem wir uns, in östlicher Richtung weiterwandernd, mehr und mehr entfernen. Um uns herum liegen kleine und größere Gesteinsblöcke. Mehr als das Geröll faszinieren jedoch die Gletscher. Beiderseits des Felsgrats des Mont Miné schieben sie sich ins Tal. Von Südwesten her fließt der Glacier du Mont Miné nach Norden, dem kleinen Bergsee entgegen. Von Südosten her

Die Königin des Alpviehs

Die Eringer Ringkuhkämpfe

Alljährlich wird in Aproz in der Rhoneebene die *reine des reines* – die Königin der Königinnen gekürt. Was sich wie eine Konkurrenzveranstaltung der schönsten Walliserinnen anhört, hat vielmehr mit Wendigkeit, Ausdauer, Mut, Kraft und Landwirtschaft zu tun: Auf der seilumspannten Weide treten am Tag des Alpaufzugs die stärksten unter den zähen Eringerkühen gegeneinander an. Ihren Titel als Leittier einer einzelnen Herde haben sie sich in der vorhergehenden Alpsaison im bescheideneren Rahmen regionaler Kampfveranstaltungen erobert.

Die traditionellen Walliser Ringkuhkämpfe unterliegen strengen Regeln, erfolgen nach Gewichts- und Altersklassen – die schwersten Tiere bringen über 580 kg auf die Waage – und werden tierärztlich überwacht. So haben sie denn auch nichts mit dem Stierkampf gemein: Die zähen Eringerinnen messen sich nur, wenn sie Lust dazu haben, verletzen sich so gut wie nie, setzen der unterlegenen Gegnerin nicht nach – und die Siegerin wird, anders als der todgeweihte spanische Stier, gebührend gefeiert. Zu Tausenden umgeben Einheimische und Fremde den Ring und harren gebannt des kommenden Schauspiels. Der Oberhirte hebt den Schlagbaum, und mit lautem Gebimmel betreten die Kühe den Platz. Einige laufen aufgeregt durcheinander, rennen gar, muhen, schütteln ihre Glocken und wirbeln Staubwolken auf. Andere halten sich etwas abseits, lassen keine Vorfreude aufs Kräftemessen erkennen. Einige bereiten sich vor, schleifen ihre Hörner, indem sie mit ihnen den Boden pflügen. Endlich suchen und finden sie sich. Zu zweien stellen sie sich einander gegenüber auf, pflanzen ihre Hufe in den Boden, senken die Häupter, krümmen das Rückgrat und schnellen schließlich vor. Angefeuert durch das Publikum – am lautesten schreien natürlich die Besitzer der Tiere – gehen sie breitbeinig und mit geweiteten Augen aufeinander los. Die Hörner verkeilen sich, die schweren Leiber prallen aufeinander, der Boden bebt. Die Kühe weichen zurück, blähen die Nüstern, schnaufen laut, sammeln ihre Kräfte und greifen sich erneut an. Da geht die schwächere in die Knie. Während sie sich aus dem Ring trollt, sucht die stärkere eine neue Gegnerin. Manch eine wendet sich mitten im Kampf vom Gegenüber ab, schlägt die ermutigenden Zurufe ihres Herrn in den

Wind und tollt umher, bis sie schließlich, wie auch die besiegte und friedlich grasende Kuh, vom enttäuschten Besitzer abgeführt werden muß.

Nach und nach leert sich der Ring, schließlich sind nur noch zwei Tiere ungeschlagen geblieben. Der große Moment steht nun unmittelbar bevor. Ein letztes Mal haften ergrimmte Köpfe aneinander, zittert die Erde, wuchten mit gesträubtem Fell die Körper gegeneinander. Die Finalistinnen geben alles – und endlich ist die Königin erkoren. Erhobenen Hauptes und gemessenen Schrittes verläßt sie blumengeschmückt und unter lautem Jubel den Platz. Am nun folgenden Volksfest mit Raclette und Fendant ist sie nicht interessiert.

Das schwarze, eher kleine Eringervieh – heute rund 13 000 Stück – gibt es nur im Wallis. Seit 6000 Jahren bevölkern die vom Auerochsen abstammenden Tiere die Alpen. Temperament, aber auch Anhänglichkeit, kurze, stämmige Beine und eine kräftige Brust gehören zu den Hauptmerkmalen der Eringerin. ›Rentabel‹ ist sie nicht, denn sie gibt nur wenig Milch. Daß sie nach wie vor gehalten wird, verdankt sie ihrer hervorragenden Anpassung an das rauhe Bergklima. Sie ist robust und zäh, trittsicher und genügsam – und ein Symbol. Der einheimische Schriftsteller Maurice Chappaz meint: »Das ganze Wallis findet sich in der Eringerrasse wieder.« Die Ringkuhkämpfe fördern die Eringerrasse und deren Preis: Kostet eine ›normale‹ Kuh 4000–5000 Franken, können für eine Siegerin im Ring oft weit über 15 000 Franken erlöst werden.

Über die Daten der Ringkuhkämpfe erteilt das Veterinäramt des Kantons Wallis (✆ 0 27/21 62 37) Auskunft.

nähert sich ihm der mächtigere Glacier de Ferpècle – das heißt: eigentlich entfernt er sich. Denn bis 1952 flossen am Nordfuß des Mont Miné die beiden Eisströme noch zusammen, seither ziehen sie sich stetig zurück. Im Angesicht des Ferpèclegletschers – unter dessen Eismassen, so die Sage, eine Stadt begraben sein soll – nehmen wir recht steil unser letztes Wegstück in Angriff. Über karge, steingespickte Matten erreichen wir **Bricola,** eine Alpsiedlung mit kleinem Berggasthof (4.15 Std.).

Eine überwältigende Kulisse tut sich vor uns auf: Südöstlich von uns überwacht die Dent Blanche, ein imposanter Viertausender, den gewaltigen Glacier de Ferpècle und das ganze Val d'Hérens. Ihr zu Füßen schmiegt sich in eine Mulde der Glacier de la Dent Blanche. Weiter südlich ist unter der Wandfluelücke der kleine Glacier des Manzettes zu erkennen. Am südwestlichen Ende des Glacier du Mont Miné ragen die Dents de Bertol gen Himmel, und an seinem östlichen Ausläufer grüßt die Aiguille de la Tsa. Westlich von der Stelle, wo sich früher die beiden großen Gletscher vereinigten, ist die Grande Dent de Veisivi zu erkennen. Die Alp Bricola hat übrigens schon früh Besucher empfangen: Der Fund von römischen Münzen deutet darauf hin, daß hier vor 2000 Jahren ein Handelsweg verlief und auf Bricola selber Waren umgeschlagen wurden.

Der Abstieg erfolgt auf der Route des Hinweges über **Salay/Ferpècle** (5.25 Std.) bis **Renovillin** (5.40 Std.), wo wir links abzweigen. Über zwei Bäche gelangen wir in die Ebene der Borgne de Ferpècle, auf den Wiesen und Matten erfreut uns eine reiche Flora: Soldanelle und Erika, Huflattich, Rittersporn, Iris und etliche andere Alpenblumen blühen hier. Durch den Wald an den auslaufenden Hängen der Dents de Veisivi erreichen wir auf dem markierten Wanderweg **Les Haudères** (6.10 Std.).

AM WEGE

Das von Blumenwiesen umgebene **Evolène** gehört zu den ursprünglichsten Walliser Dörfern. Traditionelle mehrgeschossige Wohnhäuser, die einen halb aus Mauerwerk, halb aus sonnenverbranntem Lärchenholz, die anderen vollständig aus Stein errichtet, prägen die Atmosphäre im Hauptort des Val d'Hérens (Eringertal). Alle Stockwerke verfügen über feine Holzlauben, manche Fassaden sind mit Malereien verziert, die Fenster und Türen mit schönem Stein gerahmt – und all dies herausgeputzt mit üppigem Blumenschmuck. Den Charakter des Ortes prägen jedoch auch die Menschen: Sie pflegen Traditionen und Brauchtum auch im Alltag, ziehen die berühmten Eringerkühe auf, schnitzen Truhen, weben, sticken, häkeln und klöppeln. Manche Frauen tragen auch heute noch die alten Trachten. Der stattliche Chor der Pfarrkirche St-Jean-Baptiste wurde 1852 errichtet, wie auch der Rest der Kirche. Lediglich der Turm stammt noch aus dem Jahr 1446 und bezeugt, daß der Ort weit hinten im Tal schon früh besiedelt war.

Das Bergdorf **La Forclaz,** in einer windgeschützten Mulde gelegen, hat seinen ursprünglichen Charakter bis heute erhalten können. Zahlreiche Wohnhäuser sind ganz aus Stein gebaut, vom Mauerwerk bis zum plattengedeckten Dach. Scheunen, Ställe, Stadel und Speicher wurden, auch dies traditionell, aus Lärchenholz errichtet. In der Kapelle St-Georges aus dem Jahr 1705 finden sich ein kleiner Altar aus dem 18. Jh., einige der dazugehörigen Statuen sind älteren Datums.

Les Haudères ist ein typisches Walliser Bergdorf, geprägt von den für das Val d'Hérens charakteristischen drei- bis vierstöckigen Holzhäusern aus dem 18. und 19. Jh. – wohl den imposantesten ihrer Art im ganzen Wallis.

25

Wo die hohen Gipfel locken

Von Arolla zur Cabane des Aiguilles Rouges

Unverdorbene Landschaft, klare Gewässer, hohe Gipfel in rauher Hochgebirgswelt erwarten uns im hinteren Teil des Val d'Arolla. Wir steigen auf Alpweiden empor, treffen die schönsten Bergblumen an und lassen uns nach einem strengen Aufstieg mit einem großartigen Panorama belohnen.

WEGVERLAUF: Arolla – Pra Gra (1.20 Std.) – Cabane des Aiguilles Rouges (1.30 Std.) – Lac Bleu (1 Std.) – Satarma (20 Min.) – Arolla (50 Min.)

DAUER: 5 Std.

LÄNGE: 14 km

HÖHENUNTERSCHIED: ca. 800 HM (Arolla 2006 m, Pra Gra 2479 m, Cabane des Aiguilles Rouges 2810 m, Satarma 1806 m); gleichmäßiger Anstieg und etwas steilerer Abstieg, ab und zu mit kurzen anstrengenden Stellen

SCHWIERIGKEITSGRAD: mittelschwer, ein kurzes Stück kettengesichert

WEGBESCHAFFENHEIT: Fußwege durch Wiesen, Alpweiden, Geröllhalden, Wälder und im Schwemmland der Borgne d'Arolla

AUSRÜSTUNG: Wanderschuhe

WANDERKARTEN: Kümmerly + Frey Wanderkarte 1 : 60 000 Val d'Anniviers–Val d'Hérens–Montana; Wanderkarte 1 : 25 000 Val d'Hérens (herausgegeben von ›Hérens-Vacances‹, erhältlich in den lokalen Verkehrsbüros)

EINKEHRMÖGLICHKEITEN: Berghütte Cabane des Aiguilles Rouges, Gasthaus in Satarma

HINWEIS: Ab dem Lac Bleu de Louché kann die Rückkehr nach Arolla auch auf dem gut markierten ›Höhenweg nach Arolla‹ erfolgen.

ANFAHRT: Von Sion mit dem Postauto oder dem Auto nach Arolla.

DER WANDERWEG

Vom Kurhaus in **Arolla,** wo sich auch das Verkehrsbüro befindet, folgen wir einem Fußweg in nördlicher Richtung talauswärts. Schon nach rund 100 m verlassen wir ihn wieder und steigen nach links durch die Wiese aufwärts. Bald erreichen wir einen weiteren Fußweg, der uns kurz in südwestlicher und anschließend in nördlicher Richtung den Hang hinauf bringt. Zwischen Arven, Lärchen und Kriechwacholder hindurch erreichen wir am **Punkt 2156** die Waldgrenze (20 Min.). Ein kurzes Stück nach Westen und weiter nach Nordwesten führt uns der Weg in etlichen Kehren durch die saftigen Weiden der Alp Pra Gra und hinauf zu den idyllisch gelegenen Alphütten von **Pra Gra** (1.20 Std.).

Hier genießen wir einen ersten Ausblick in die Bergwelt des Val d'Arolla: In unserem Rücken erhebt sich ehrfurchtgebietend die firnbedeckte Nordwand des Mont Collon, westlich von ihr grüßt die Pigne d'Arolla. Rechts davon zieht sich über der Mulde des Tsijiore-Nouve-Gletschers die Bergkette der Pointes de Tsena Réfien gegen Nordwesten. Es folgen die beiden Einschnitte der hochgelegenen Übergänge Pas de Chèvres und Col de Riedmatten ins Val des Dix, dahinter schließen sich die Monts Rouges an.

Wir verlassen die Alpsiedlung und steigen nach Nordwesten an. Reichlich gedeihen um uns herum die schönsten Alpenblumen: dunkelblau die Kelche des Enzians, leuchtend purpurrot die Blüten des Purpurenzians (aus dessen Wurzeln der berühmte Enzianschnaps gewonnen wird), die niederen Büsche der Alpenrosen, mit rotglänzenden Blüten die Seidelbaststräucher, die würzig riechende gelbe Arnika. Unser Pfad folgt nun einer Wasserrinne und biegt in einen Geröllhang ein. Wo vor ihrem Rückzug die Gletscher herrschten, queren wir in einer kargen, wilden, ja abweisenden Gebirgslandschaft, über steinigen Untergrund und Moränen ansteigend, einen Kessel. Nun stehen wir vor einem schäumenden Wasserlauf (2 Std.), gespiesen vom Glacier des Ignes im Südwesten. Eine Markierung weist uns den Weg über sein breites Bett und auf eine Gletschermoräne. Beim Punkt 2706 sichten wir, zwischen den Wänden einer kleinen Schlucht hindurch, nordöstlich unter uns den strahlend blauen Lac Bleu de Louché. Schon jetzt können wir uns darauf freuen, auf dem Abstieg an seinem stillen Ufer zu rasten.

Weitere Wegmarkierungen an den Steinen führen uns über Felsbuckel und in einem Bogen an den freundlichen Berghang zu Füßen der Aiguilles Rouges d'Arolla. Auf dem letzten Stück des Anstieges bedienen wir uns der Ketten-

Wanderung 25: Von Arolla zur Cabane des Aiguilles Rouges

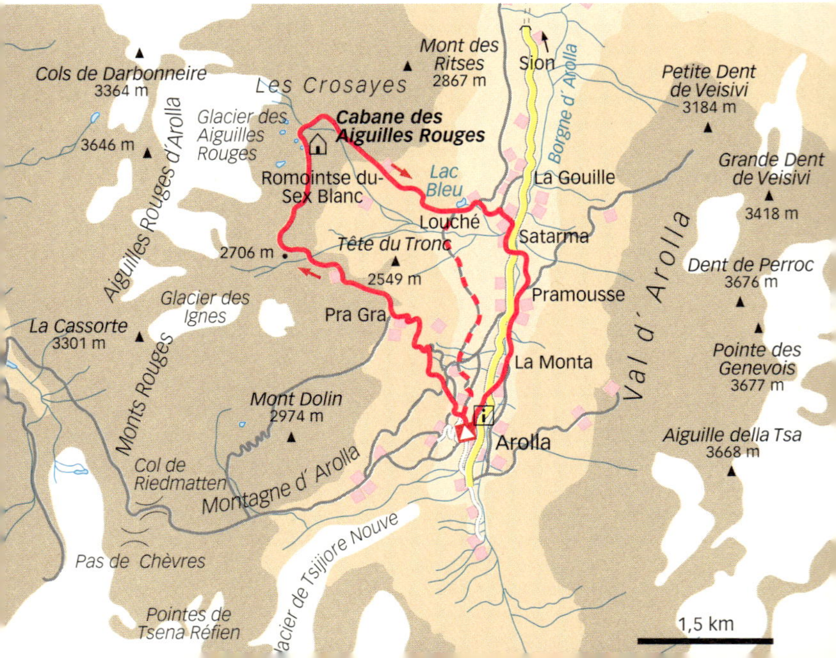

Die Cabane des Aiguilles Rouges

sicherung am glatten Felsen und erreichen schließlich die **Cabane des Aiguilles Rouges** (2.50 Std.).

Der beliebte Stützpunkt für Hochgebirgstouren, am Rande einer hohen Felskante errichtet, bietet einen atemberaubenden Ausblick. Im Osten prägt, spitz und steil aufragend, die Aiguille de la Tsa den langen, eigentümlich gezackten Grat zwischen Val de Ferpècle und Val d'Arolla. Im Süden grüßen vom Hauptkamm des Wallis einige Fast-Viertausender: Mont Collon, der Wächter des Val d'Arolla, schräg dahinter die Evêque und in deren Nordosten die Pigne d'Arolla. Unmittelbar westlich von uns erheben sich die drei stark verwitterten, aus rötlichem Granit bestehenden Pyramiden der Aiguilles Rouges d'Arolla. Das Profil der ›roten Nadeln‹ gilt als einzigartig in den Walliser Alpen. Vom nördlichsten der drei beliebten Kletterberge gleißt das Eis des Glacier des Aiguilles Rouges.

Der Abstieg erfolgt über einen Steig, der nördlich der Hütte oberhalb schroffer Felswände in einem Bogen zu einem Bergbach führt. Wir queren ihn und steigen in nordöstlicher Richtung in die Geröllhalde Les Crosayes ein. Ab und zu durchbricht der Pfiff eines Murmeltieres die Stille. Unterhalb eines kleinen Felsgrates beschreibt der Pfad eine Spitzkehre und bringt uns weiter bergab. Unweit vom Bach wenden wir uns in Richtung Südosten, verlassen das Felsgelände und begleiten den Wasserlauf in einigen Metern Entfernung. Steinmarkierungen weisen uns den Weiterweg in die Alpwiesen. Unterhalb eines kleinen Felsens erreichen wir die Alphütte der **Remointse du-Sex Blanc** (3.25 Std.).

Die Richtung beibehaltend, überqueren wir ein Grätchen und steigen durch Wiesen und Beerengesträuch, vorbei an bescheiden gedeihenden Wacholderbäumen, weiter ab. Bald begegnen wir den ersten, noch einzeln stehenden und recht verkrüppelten Lärchen, und schließlich treffen wir am Bergsee **Lac Bleu de Louché** ein (3.50 Std.). Intensiv blau leuchtend und unwahrscheinlich klar heißt er uns willkommen. Für

Arolla, dominiert vom Mont Collon

unsere Augen nicht sichtbar, hat sich das Wasser, vom Gletscher her kommend und durch Geröllhalden rieselnd, seinen Weg bis fast ans Ufer gebahnt. Hier tritt es ans Licht, aus zahlreichen kleinen Quellen streben die Rinnsale dem See zu. Auf der gegenüberliegenden Seite des Val d'Arolla erheben sich die mächtigen Dents de Veisivi.

Wir verlassen den Bergsee in Richtung Osten. Ein markierter Stein gibt nicht nur den Weiterweg, sondern auch das Ziel an: ›Arolla‹. Über den Alpweiler Louché gelangen wir an eine Gabelung, wählen den rechten Weg, steigen in einigen Kehren durch hellen Lärchenwald und Alpenrosenfelder ab und erreichen im Talgrund das Dörfchen **Satarma** (4.10 Std.).

Über die Wiesen wandern wir ein Stück in Richtung Süden, überqueren anschließend die Talstraße und auf einem Steg die Borgne d'Arolla. In geringer Entfernung vom Ufer folgen wir ihr auf einem Fußweg weiter südwärts. Ab **Pramousse** (4.30 Std.) führt der Weg unmittelbar am Fluß entlang, bis uns ein Steg ans andere Ufer bringt. Hier verläuft der Weg etwas unterhalb der Fahrstraße. Durch den Weiler **La Monta** (4.45 Std.) bringt er uns ins Zentrum von **Arolla** zurück (5 Std.).

AM WEGE

Die Arve *(arole)* hat dem Ort den Namen gegeben: **Arolla.** Tatsächlich behüten, oft sogar verbergen die zähen Nadelhölzer zahlreiche der Chalets, Hotels und alten Alphütten am steilen Hang des Montagne d'Arolla. Im Mittelalter war Arolla Etappenziel auf dem Handelsweg aus dem Walliser Rhonetal nach Aosta in Italien.

Das Dorf gibt sich bescheiden, Sehenswürdigkeiten gibt es kaum. Seine Anziehung verdankt es der Lage in einem sonnigen Hochtal, umgeben von blumenübersäten Weiden. Unmittelbar vor seiner Haustür erheben sich berühmte Gipfel: mächtig die Aiguilles Rouges und der Mont Collon, freundlicher der Pigne d'Arolla, abweisend der schwarze Vuibé. Seit der Errichtung des ersten Hotels im Jahr 1872 dient das Dorf den Bergsteigern als ›Bodenstation‹. Hier nächtigten die berühmtesten, von hier aus nahmen sie hohe Dreitausender und die Viertausender in Angriff. Arolla gehörte zu den ersten Ferienorten in den Alpen; dennoch ist es bis heute von Touristenströmen verschont geblieben.

26 Am größten Stausee Europas

Von Arolla über den Col de Riedmatten zum Lac des Dix

Von den Blumenwiesen im hintersten Arollatal erreichen wir über Alpweiden karges Geröll- und Felsgelände und steigen auf zu einem hochgelegenen Paß mit Ausblick in die alpine Bergwelt. Von dort geht es im Angesicht der Gletscher hinunter zu dem nordisch anmutenden Lac des Dix, dem größten Stausee Europas.

WEGVERLAUF: Arolla – Col de Riedmatten (2.40 Std.) – Passerelle de Cheilon (1.20 Std.) – La Barma (1.10 Std.) – Staumauer des Lac des Dix (30 Min.) – Le Chargeur (20 Min.)

DAUER: 6 Std.

LÄNGE: 14 km

HÖHENUNTERSCHIED: ca. 900 HM bergauf, ca. 800 HM bergab (Arolla 2006 m, Col de Riedmatten 2919 m, Lac des Dix 2364 m, Le Chargeur 2141 m); weitgehend gleichmäßiger Aufstieg mit kurzem, steilem Endstück; erstes Drittel des Abstieges gleichmäßig steil, zweites Drittel fast eben, letztes Drittel leicht abfallend

SCHWIERIGKEITSGRAD: mittelschwer

WEGBESCHAFFENHEIT: Fußwege und Bergpfade durch Alpweiden, Geröllhalden und Tunnel

AUSRÜSTUNG: Wanderschuhe, Taschenlampe, Proviant und Getränke

WANDERKARTEN: Kümmerly + Frey Wanderkarte 1 : 60 000 Val d'Anniviers–Val d'Hérens–Montana; Wanderkarte 1 : 25 000 Val d'Hérens (herausgegeben von ›Hérens-Vacances‹, erhältlich in den lokalen Verkehrsbüros)

EINKEHRMÖGLICHKEITEN: keine

HINWEIS: Der Aufzug von der Mauerkrone des Staudamms nach Le Chargeur stellt um 16 Uhr den Betrieb ein.

ANFAHRT: Von Sion mit dem Postauto oder dem Auto nach Arolla.

Das Postauto von Le Chargeur nach Sion verkehrt von Anfang Juni bis Mitte Oktober und nur wenige Male täglich. Der genaue Fahrplan ist an jedem schweizerischen Bahnhof zu erfahren. Wer nach Arolla zurückkehren will, wechselt in Vex das Postauto.

DER WANDERWEG

Vom Kurhaus in **Arolla,** wo sich auch das Verkehrsbüro befindet, führt uns eine Fahrstraße taleinwärts. Bei einer Kurve zweigen wir linker Hand in ein Sträßchen ein und steigen oberhalb der Gasthöfe von Arolla im Zickzack durch den Arvenwald hinauf. Auf einer Waldlichtung folgen wir einem Fußweg

Arolla mit dem Weg zum Col de Riedmatten

wenige Schritte nach Nordwesten und schwenken anschließend Richtung Süden, kreuzen einen weiteren Weg und queren einen kleinen Bergbach. Aus dem Wald hinausgetreten, erreichen wir über einen weiteren Bach auf der **Alp Tsijiore Nouve** eine Wegkreuzung (30 Min.).

Die Gegend ist geschützter Lebensraum für viele Alpentiere. Mit ein wenig Glück sichten wir possierliche, hier zahlreich vorkommende Murmeltiere und erkennen den – im Sommer hellbraunen – Schneehasen. Reich ist auch die Vogelwelt: Was – abgesehen von den rostroten Seitenfedern und dem zierlichen Schnabel – an einen großen, gutgenährten Spatz erinnert, ist eine Alpenbraunelle. Mit überdimensional großen, weiß-schwarzen Flügeln fliegt der Schneefink umher. Durch blühende Alpmatten, an den letzten einzelnstehenden Arven und Überresten von ehemaligen Alphütten vorbei, steigen wir, mehrmals die Richtung wechselnd, weiter hinan. Nach **Les Kiosses** (55 Min.) empfängt uns der Nordhang des ausladenden, sanft ansteigenden Hochtals Montagne d'Arolla.

Weiter geht es in südwestlicher Richtung an den Hütten von **La Remointse** vorbei (1.10 Std.). In unmittelbarer Nähe schiebt sich über dem gegenüberliegenden Hang der Glacier de Tsijiore Nouve heran. Einem gefrorenen Wasserfall ähnlich, zieht er sich von den Hängen der Pigne d'Arolla hinunter, streckt zwischen den gut sichtbaren Seitenmoränen seine Zunge frech der Talmulde von Arolla entgegen. Rechts neben der Pigne d'Arolla grüßen im Hintergrund, eingebettet in Firn und Eis, La Serpentine und mit seinen zerklüfteten Felshängen der Mont Blanc de Cheilon – eine großartige Kulisse, die uns weiter begleiten wird.

Nach dem Überschreiten eines Gletscherbachs kreuzen wir einen Bergpfad (1.50 Std.), welcher in nördlicher Richtung durch Fels und Geröll über die Forcla nach Pra Gra führt. Bald erhebt sich rechts von uns der Petit Mont Rouge, auf der Linken macht sich eine riesige, geröllbedeckte Firnhalde breit, und dazwischen steigen wir nun steil hinauf. Die Bergblumen wachsen spärlicher, wir queren ein erstes Geröllfeld und hie und da einen Flecken Schnee.

An einer Weggabelung (2.20 Std.) bietet sich linker Hand, ausschließlich Hochalpinisten vorbehalten, ein Pfad über den Pas de Chèvres und den Glacier de Cheilon an. Wir biegen ab nach Norden, folgen der Angabe ›Col de Riedmatten‹ – eine Wegmarkierung auf einem Stein –, ändern die Richtung nach Südwesten und nähern uns über einige Wegschlaufen einem Einschnitt in dem langen, von Norden nach Süden und weiter nach Südosten verlaufenden Bergkamm. Müde vom letzten, anstrengenden Wegstück stehen wir schließlich auf dem **Col de Riedmatten** (2.40 Std.), benannt nach einer vom 15. bis ins 19. Jh. mächtigen und einflußreichen Oberwalliser Familie.

Vollständig von Eis und Firn umgeben, grüßt im Talschluß des Val d'Arolla im Südosten die felsige Kuppe des Mont Collon. Uns ein wenig näher erhebt sich die Pigne d'Arolla, weit entfernt im Hintergrund zeigt sich links davon die Pyramide des Matterhorns. Im Süden erhebt sich hinter dem Glacier de Cheilon (rechts) und dem Glacier de Tsena Réfien, links in eine Mulde geschmiegt, der imposante Mont Blanc de Cheilon. Unmittelbar neben uns verlaufen die gleichmäßig hohen Monts Rouges gegen Norden. Dahinter setzt sich, über dem Col des Ignes, der Grat mit dem im ersten Teil geschwungenen Kamm der Aiguilles Rouges fort.

Das erste Stück Abstieg fordert unsere Kräfte. Sorgfältig und sehr steil steigen wir ab in Richtung Südwesten, zwischen Felsen hindurch und über Geröll dem letzten Ausläufer des Gla-

Wanderung 26: Von Arolla über den Col de Riedmatten zum Lac des Dix

Kletterpassage am Pas des Chèvres, dem direkt neben dem Col de Riedmatten gelegenen Übergang für erfahrene Bergsteiger

cier de Tsena Réfien entgegen. Der Weg wird nie gefährlich, an einigen Stellen hilft es aber, sich mit den Händen abzustützen. Zwischen den Felsen kommt ab und zu das breite Bett des Glacier de Cheilon in Sicht. Darüber erkennen wir, südwestlich von uns, die Tête Noire und darunter die Cabane des Dix. Rund 250 m unterhalb der Paßhöhe weist uns die Wegmarkierung auf einem Stein ein Stück weit in nordöstliche und anschließend in nordwestliche Richtung (2.50 Std.).

Der Abstieg auf der Seitenmoräne des Glacier de Cheilon verläuft nun bedeutend angenehmer. Die Steigung nimmt ab, wir wandern weiter über Geröllfelder. An schattigen Stellen liegt Schnee. Zu unserer Rechten wendet sich der Grat der Monts Rouges immer weiter von uns ab. Der Weg verläuft jetzt streckenweise fast eben.

Wo zaghaft die ersten Quadratmeter karger Alpmatten ihr Terrain zu halten versuchen, erwartet uns ein anstrengendes Auf und Ab: In zahlreichen kleinen Kehren windet sich der stets markierte Pfad durch die Tälchen dreier kleiner, von rechts herabführender Bergbäche. An manchen Stellen haben wir ein kleines Stück am Bachbett entlang aufzusteigen, dann wieder führt der Weg in der Mulde des Bettes erneut bergab. Unterwegs rücken die Geröllfelder links und rechts immer mehr von uns ab, schon ist der langgezogene Lac des Dix in Sichtweite.

Auf kargen hochalpinen Matten, vorbei an Felsblöcken, nähern wir uns dem Ostufer des Sees. Schließlich wechseln wir abrupt die Richtung, wenden uns gegen Süden und erreichen das südöstliche Ende des Stausees. Hier betreten wir die **Passerelle de Cheilon,** eine breite und gut gesicherte Hängebrücke (4 Std.). In schwindelerregender Höhe überqueren wir die Schlucht der Dixence, in der Tiefe stürzt brausend der Abfluß des Glacier de Cheilon in den See. Vom gegenüberliegenden Brückenkopf erkennen wir den Ausgang eines Schachtes, aus dem sich donnernd das von den Flüßchen und Bächen des Arollatals hergeführte Wasser in den Stausee ergießt.

Unser Weg führt nun am Seeufer entlang. Die Geröllhalde, welche an den südwestlichen Zipfel des Sees heranreicht, betreten wir nur kurz. Bei **Punkt 2386** wenden wir uns nordwestwärts (4.10 Std.) und wandern oberhalb des Lac des Dix ohne nennenswerte Höhenunterschiede durch ein eindrückliches einsames Hochtal. Einem norwegischen Fjord gleich, schmiegt sich der See in die steilen Felshänge. An einigen Stellen verläuft unser Weg einige Schritte, dann wieder bis zu 250 m vom Wasser entfernt durch das Alpgelände, über Runsen und mehrere Zuflüsse des Sees. Wir wandern unterhalb der Hütte von **La Barma** vorbei (5.10 Std.).

Danach führt der Weg direkt am See entlang. Schließlich wird das Gelände schroffer, kleine Felsgrate neigen sich dem Wasser zu. Wir durchqueren sie in mehreren, meist unbeleuchteten Tunneln; romantische Abenteuerstimmung macht sich breit. Aus dem letzten Durchgang herausgetreten, erreichen wir in wenigen Minuten das nördliche Ende des **Lac des Dix** (5.40 Std.) und damit die Krone der höchsten Staumauer der Welt. Annähernd 300 m hoch, reicht das wuchtige Bauwerk fast an die Höhe des Eiffelturmes heran. Die Breite des Fußes entspricht jener der Cheopspyramide. Ein Spaziergang auf der Mauer lohnt sich: 748 m lang, besteht sie aus 5,8 Mio. m^3 Beton und staut bis zu 400 Mio. m^3 Wasser.

Treffen wir vor 16 Uhr an der Mauerkrone ein, bringt uns ein Aufzug hinunter nach **Le Chargeur,** dem hintersten Dorf im Val d'Hérémence (6 Std.). Später am Tag ist der Betrieb eingestellt. Wir folgen unterhalb der Liftstation einem Fußweg und steigen über 270 Höhenmeter im Zickzack nach Le Chargeur ab.

Die Grande Dixence

Die höchste Staumauer der Welt

Im hochalpinen hintersten Val d'Hérémence sammelt auf 2165 m Höhe das größte Wasserkraftwerk der Alpen mit der höchsten Staumauer der Welt die Wasser aus nah und fern. Auch Jahrzehnte nach ihrer Errichtung in den Jahren 1951 bis 1965 gilt die Grande Dixence als Meisterwerk moderner Technik – Kenner sprechen gar vom ›achten Weltwunder‹. Die Zahlen und Fakten sind in der Tat beeindruckend: 284 m hoch, 700 m lang, am Fuß 200 m und an der Krone 15 m breit, besteht die wuchtige Staumauer aus 6 Mio. m^3 Beton, mit einem Gewicht von 15 Mio. t. Der See faßt 400 Mio. m^3 Wasser, welches unterirdisch zu den Kraftwerken Fionnay, Chandoline und Aproz im Rhonetal geleitet wird und dort jährlich nicht weniger als 1,6 Mrd. kWh Strom produziert. Durch rund 300 km Stollen und Leitungen wird das Gletscherwasser aus einem Gebiet von 360 km^2, etwa aus dem Val d'Arolla, dem Val d'Hérens und sogar dem Mattertal, unter etlichen Gletschern und Viertausendern hindurch, in den Stausee geleitet. Unsichtbar sind ebenfalls die zahlreichen Schächte, Ausgleichsbecken und Pumpwerke.

Eine erste, 87 m hohe Staumauer wurde bereits Ende der 20er Jahre errichtet. Ist der See voll, liegt ihre Krone heute 123 m unter dem Wasserspiegel. Der Bau der heutigen Mauer geriet zum großen Abenteuer der 50er Jahre: Mehr als zehn Jahre lang waren jeweils zwischen April und Oktober über 1500 Ingenieure und Handwerker insgesamt 25 Mio. Arbeitsstunden am Werk. Die Infrastruktur des großen Bauplatzes glich jener einer kleinen Stadt. Um die Arbeitskräfte unterzubringen, zu verköstigen und zu unterhalten, wurden ein neunstöckiges Aluminiumgebäude gebaut, Trinkwasserquellen gefaßt und eine riesige Kantine in Betrieb genommen, in welcher so gut gespiesen wurde, daß sie von den Arbeitern den Namen ›Le Ritz‹ erhielt. Im Wohnbau waren neben 400 Schlafplätzen ein Kino und eine umfangreiche Bibliothek, Turnhalle und Spital, Warenhaus, Wäscherei, Schneiderei, Coiffeursalon, Post- und Bankbüro untergebracht.

Um die Arbeit am Stauwerk möglich zu machen, war die Errichtung von Garagen und Werkstätten, Schmiede und Schreinerei, Betonfabrik und Zementsilos sowie zahlrei-

cher anderer Betriebe des Baugewerbes erforderlich. Unter großem Lärm transportierten Lastwagenkonvois jahrelang Kabel, Motoren, Bauteile und Werkzeuge hoch hinauf ins Tal. Die Arbeit am Stauwerk war mit der Einweihung keineswegs abgeschlossen. Regelmäßig wird die gewaltige Mauer überprüft. Zahlreiche Türen führen ins Innere der Betonmasse, die – so die Techniker – jeder Unbill, ja gar einem Erdbeben standhalten soll.

27

Eine unvergeßliche Kulisse

Von Verbier über die Pierre Avoi nach Isérables

Im vorderen Val de Bagnes erhebt sich hoch über dem Talkessel von Verbier der Felszacken der Pierre Avoi. Nach einem teilweise anstrengenden Aufstieg über saftige Alpwiesen genießen wir von hier aus eines der schönsten Panoramen des Wallis – weit über das Rhonetal nach Osten und bis hinüber zum höchsten Berg Europas, dem Mont Blanc, im Westen.

i

WEGVERLAUF: Verbier – Les Planards (1.45 Std.) – Pierre Avoi (1.15 Std.) – Croix de Cœur (40 Min.) – Mayens-de-Riddes (1.20 Std.) – Isérables (1.15 Std.)

DAUER: 6.15 Std.

LÄNGE: 17 km

HÖHENUNTERSCHIED: ca. 1000 HM bergauf, ca. 1400 HM bergab (Verbier 1490 m, Les Planards 1929 m, Pierre Avoi 2473 m, Croix de Cœur 2174 m, Mayens-de-Riddes 1506 m, Isérables 1106 m); Aufstieg gleichmäßig steil, mit einigen anstrengenderen Zwischenstücken; nach einem ersten anstrengenden, aber kurzen Abstieg während der folgenden 3 km nur leicht absteigend, dann wiederum gleichmäßig steil mit anstrengenderen Zwischenstücken

SCHWIERIGKEITSGRAD: mittelschwer

WEGBESCHAFFENHEIT: Fahrsträßchen und Fußwege durch Wiesen und Wald, ein kurzes Stück durch felsiges Gelände

AUSRÜSTUNG: Wanderschuhe

WANDERKARTE: MPA Wanderkarte 1 : 25 000 Mayens-de-Riddes–Isérables (herausgegeben von den lokalen Verkehrsvereinen)

EINKEHRMÖGLICHKEITEN: Berggasthäuser in Les Planards und Savoleyres, Restaurants in Mayens-de-Riddes

HINWEIS: Abkürzungsmöglichkeiten ab Savoleyres: mit der Luftseilbahn entweder zurück nach Verbier oder über die nördliche Hangseite hinunter nach Mayens-de-Riddes.

ANFAHRT: Mit der Bahn durchs Rhonetal (Stundentakt) oder mit dem Auto nach Martigny und umsteigen in die Bahn nach Le Châble. Ab Le Châble mit dem Postauto nach Verbier. Mitunter fährt auch ein Postauto ab Bahnhof Martigny bis Verbier.

Ab Isérables mit der Luftseilbahn nach Riddes im Rhonetal und von dort mit der Bahn (500 m zu Fuß zum Bahnhof) zurück nach Martigny.

Wanderung 27: Von Verbier über die Pierre Avoi nach Isérables

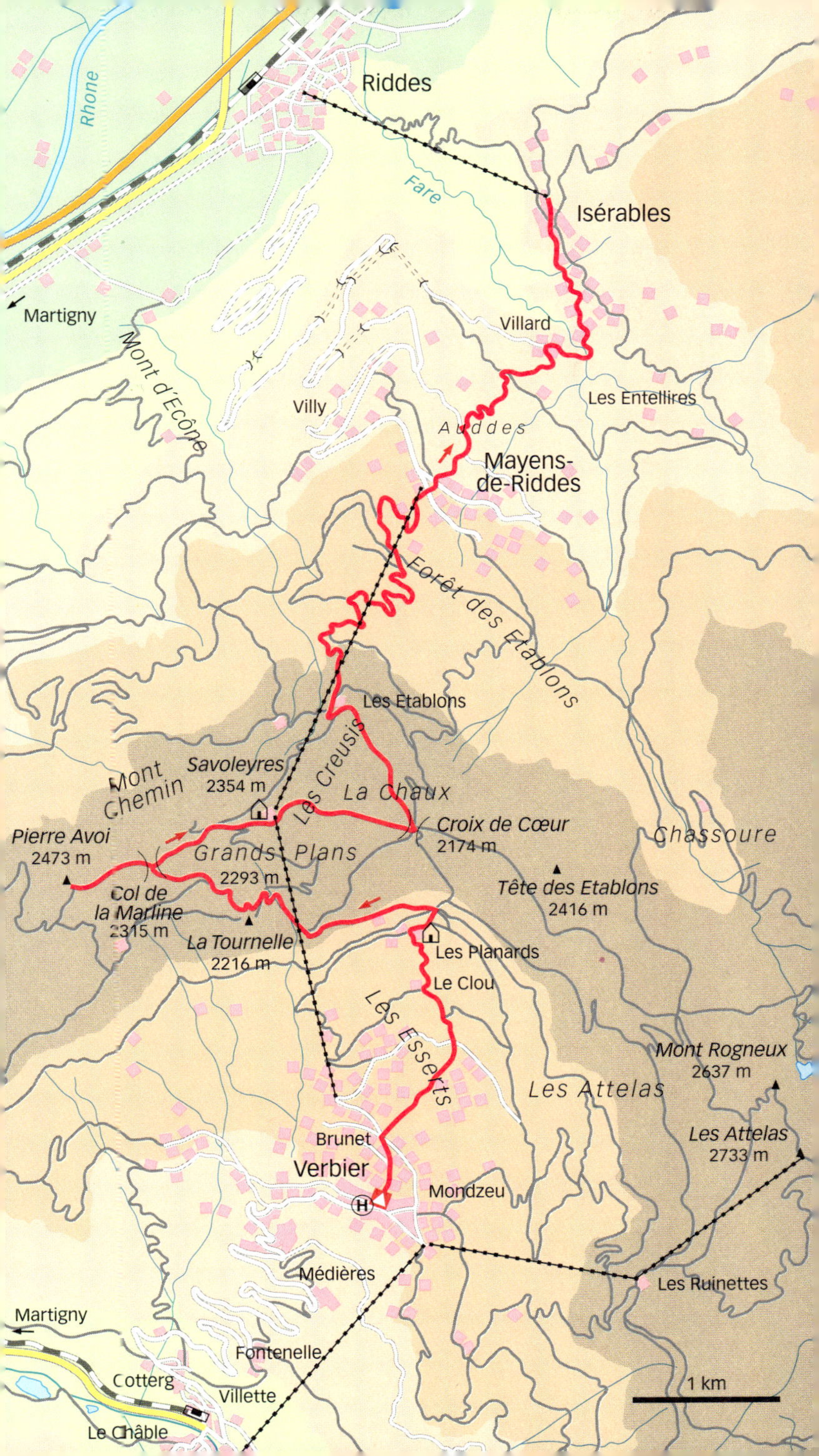

Riddes
Rhone
Fare
Isérables
Martigny
Villard
Mont d'Ecône
Les Entellires
Villy
Auddes
Mayens-de-Riddes
Forêt des Etablons
Les Etablons
Savoleyres
2354 m
Mont Chemin
Les Creusis
La Chaux
Pierre Avoi
2473 m
Grands Plans
Croix de Cœur
2174 m
Chassoure
2293 m
Col de la Marline
2315 m
Tête des Etablons
2416 m
La Tournelle
2216 m
Les Planards
Le Clou
Les Esserts
Mont Rogneux
2637 m
Les Attelas
Les Attelas
2733 m
Brunet
Verbier
Mondzeu
Médières
Les Ruinettes
Martigny
Fontenelle
Cotterg
Villette
Le Châble
1 km

DER WANDERWEG

Die Postautostation im Zentrum des ehemaligen Bergdorfes **Verbier,** heute ein renommierter Wintersportort mit Chalets, Appartementhäusern und Villen, verlassen wir auf der Straße Richtung Norden. Nach rund 500 m trennen sich im Dorfteil Brunet zwei Wanderwege auf die Pierre Avoi. Jenen in Richtung Nordwesten, die Fortsetzung der Fahrstraße, lassen wir außer acht. Wir wenden uns vielmehr nach rechts und steigen auf einem Fahrsträßchen gleichmäßig steil nach Nordosten in die Hänge der sonnigen, vor dem Nordwind geschützten Hangmulde von Verbier auf. Nach einigen Metern zweigt rechts ein weiteres Sträßchen und später ein Fußweg ein, anschließend erreichen wir eine Weggabelung (35 Min.).

Das Fahrsträßchen führt nach rechts weiter, uns jedoch weist die Wegmarkierung linker Hand in einen Fußweg. In nordöstlicher Richtung steigen wir weiter hinan durch saftige Bergwiesen, kreuzen ein Sträßchen und gelangen in das Gelände von Les Esserts. Bald wendet sich der Weg in Richtung Norden, später nach Nordosten. Wir queren eine Fahrstraße und erreichen, an einer Häusergruppe vorbei, die Alpsiedlung **Le Clou** (1.05 Std.).

In der schönen Alpenflora fällt uns, kleine Teppiche bildend, das Berglungenkraut auf. Die zierlichen Pflänzlein erinnern an Schlüsselblumen, wenn auch die Blüten rötlich leuchten und sich später bräunlich oder blauviolett verfärben. Unser Weg verläuft nun mit kleinen Abweichungen Richtung Norden, wird sehr steil und windet sich schließlich im Zickzack zur Häusergruppe **Les Planards** empor (1.45 Std.).

Für kurze Zeit geht es nun etwas gemächlicher weiter. Wir folgen einem Fahrsträßchen Richtung Nordosten, verlassen es nach rund 100 m und steigen über die Wiese zu einer Weggabelung über uns empor. Dort wenden wir uns nach links (Westen) auf ein Sträßchen, das, gemächlich ansteigend, bald einen kleinen Bach quert und links an einem Skilifthäuschen vorbeiführt. Rund einen halben Kilometer weiter zweigt ein aus Verbier heraufkommender Fußweg in die Straße ein. Einige Schritte weiter verlassen wir in einer Kurve das Fahrsträßchen endgültig (2.10 Std.).

Ein Fußpfad führt uns in Richtung Nordwesten; wir steigen oberhalb des Bettes eines Bergbaches weiter hinan und erreichen das Gelände der Alp Grands-Plans (2.20 Std.). Links von einer weiteren ›Skilift-Bodenstation‹ überqueren wir schließlich den Bach; der Pfad beschreibt zwei Spitzkehren, oberhalb des begrünten Felsvorsprunges La Tournelle einen großen Bogen nach Süden und führt danach ein kurzes Stück in Richtung Westen. Unterhalb von Punkt 2293 gabelt sich der Weg. Wir halten uns rechts und gelangen über eine Krete auf den **Col de la Marline** (2.45 Std.). Erstmals öffnet sich der Blick nach Norden, unser Auge schweift über Tälchen, Hänge, Dörfer und verstreute einzelne Häuser bis hinunter ins Rhonetal.

Auf einem Pfad unterhalb eines Felskamms bewältigen wir in kurzer Zeit die letzten 150 Höhenmeter unseres Aufstiegs zur Kalksteinnadel der **Pierre Avoi** (3 Std.). Herausragend aus dem Grat des Mont Chemin, schenkt sie uns, am schönsten an klaren Tagen, ein wunderbares Panorama.

Der Abstieg erfolgt auf dem bereits bekannten Pfad bis zum **Col de la Marline** (3.10 Std.). Von dort folgen wir ihm ein Stück weit durch den Nordhang des Grates und kehren dann wieder zurück in den Talkessel von Verbier. Wir wandern nordostwärts, queren ein Skilift-Trassee und erreichen, nun knapp unterhalb des Kammes nach Osten wandernd, **Savoleyres,** wo die Luftseilbahnen aus Verbier im Süden und Mayens-de-Riddes im Norden zusammentreffen (3.20 Std.). Mal auf dem Verbier zugeneigten Hang, mal auf der anderen Seite des Grates, beschreibt unser Weg nun einen weiten Bogen nach Norden, verläuft schließlich auf der Krete und bringt uns ostwärts zum Paßeinschritt von **Croix de Cœur** (3.40 Std.). Im Gelände zeigen sich typische Karstphänomene: durch die Auflösung der Gipsfelsen entstandene ungewöhnliche, mit Gras bewachsene Trichter.

Wir verlassen den Talkessel von Verbier endgültig und steigen auf dem markierten Wanderweg über die Alp La Chaux Richtung Nordwesten ab. Weiter unten umgehen wir die kleine Geländeschulter von Les Creusis und treffen über eine spitze Wegkehre in **Les Etablons** ein (4 Std.). In nördlicher Richtung weiterwandernd, durchqueren wir ein erstes kleines Stück Wald. Unter den Seilen der Luftseilbahn hindurch gelangen wir auf Alpwiesen und steigen in großen Schlaufen durch eine breite Waldschneise, durchsetzt von einzelnen Arven und Lärchen, ab. Nach einer schönen Waldpartie beschreibt unser Weg bei den ersten Häusern von Mayens-de-Riddes, einer weitverstreuten ehemaligen Maiensäß-Siedlung, die heute zahlreiche Ferienchalets zählt, einen großen Bogen nach Norden, führt anschließend einige Meter durch ein Wäldchen und macht einen kurzen Abstecher in Richtung Süden. An einzelnstehenden Gebäuden vorüber absteigend, erreichen wir schließlich in **Mayens-de-Riddes** die Talstation der Seilbahn (5 Std.).

Gleich anschließend queren wir eine erste, nach einigen Schritten eine zweite Fahrstraße und verlassen damit das Zentrum von Mayens-de-Riddes. Zum Rhonetal abfallend, führt uns der Weg bald wieder auf eine Fahrstraße. Wir folgen ihr nur kurz und steigen dann rechter Hand in einen weiteren Fußweg ein (5.10 Std.), welcher uns in einigen Kehren steil hinab durch die Wiesen von Auddes in die Feriensiedlung **Villard** bringt (5.45 Std.). Hier übernimmt uns ein wendiges Fahrsträßchen, dem wir nach rechts folgen. Wir überqueren die tiefe Schlucht der Fare und erreichen nach rund 1,5 km **Isérables** (6.15 Std.). Am nördlichen Dorfende befindet sich die Bergstation der Luftseilbahn, die uns hinunter ins Rhonetal nach **Riddes** bringt.

AM WEGE

Mit 2473 m ist die **Pierre Avoi** der höchste Gipfel zwischen der Rhone im Norden und der Dranse im Süden. Der Horizont ist weit, die Rundsicht in die Alpenwelt bleibt unvergeßlich: Im Norden und Nordwesten fällt der Blick hinunter ins Rhonetal, auf den Fluß und die akkurat voneinander abgegrenzten Felder und Äcker, Gemüse- und Obstkulturen. Auf der gegenüberliegenden Talseite grüßen Haut de Cry, Muverans, Dent Favre und Dent de Morcles, weit im Osten die Sonnenterrassen von Savièse, Ayent und Montana und im Tal schließlich der Rebberg von Conthey. Im Westen reiht sich Gipfel an Gipfel (von Norden nach Süden): Dents du Midi, Salanfe, Col de Susanfe, Tour Sallière, die gleichmäßige Felswand der Pointes d'Aboillon, Aiguilles Rouges. Im Südwesten erhebt sich im Vordergrund Le Catogne mit seinem markanten Nordostgrat, dahinter, weit in der Ferne, grüßt das Mont-Blanc-Massiv, darunter der Trientgletscher und die ›Nadeln‹ der Aiguilles du Tour, Aiguille Verte und Aiguille d'Argentière. Über den Tälern von Ferret und Entremont schließen sich der Mont Vélan, die Eiskuppel des Grand Combin und daneben der Petit Combin an. Im Nordwesten schließlich thront in der Ferne das majestätische Bietschhorn.

Blick über die Pierre Avoi auf das Rhonetal und die Savoyer Alpen

28

Auf den Spuren von Römern, Pilgern und Napoleon

Von Liddes durch das Val d'Entremont auf den Großen St. Bernhard

Keltische Stämme, römische Legionäre, fromme Pilger, Napoleon mit seinen Soldaten wie auch Schmuggler kannten schon unseren Weg. Zu den Höhepunkten der Wanderung gehört ein schon zur Römerzeit befestigtes Alpenstädtchen mit zahlreichen historischen Sehenswürdigkeiten.

i

WEGVERLAUF: Liddes – Pont de Tsarevesse (1.20 Std.) – Bourg-St-Pierre (30 Min.) – Stausee Lac des Toules (1.10 Std.) – Großer St. Bernhard (3 Std.)

DAUER: 6 Std.

LÄNGE: 20 km

HÖHENUNTERSCHIED: ca. 1100 HM bergauf (Liddes 1346 m, Bourg-St-Pierre 1632 m, Lac des Toules 1810 m, Großer St. Bernhard 2469 m); gleichmäßig ansteigend, letzter Kilometer vor der Paßhöhe etwas steiler

SCHWIERIGKEITSGRAD: leicht, aber aufgrund von Länge und Höhenunterschied anstrengend

WEGBESCHAFFENHEIT: Fahr- und Fußwege durch Wald, Alpmatten und Felsgelände

AUSRÜSTUNG: Wanderschuhe, Proviant und Getränke

WANDERKARTE: Wanderkarte 1 : 50 000 Entremont (Mont-Blanc–Grand-Combin –Grand-Saint-Bernard), erhältlich in den Verkehrsbüros der Region

EINKEHRMÖGLICHKEITEN: Restaurants in Bourg-St-Pierre, Hospiz auf dem Großen St. Bernhard

ANFAHRT: Mit der Bahn durchs Rhonetal nach Martigny. Von dort mit dem Postauto, welches über den Großen St. Bernhard fährt, nach Liddes.

Vom Großen St. Bernhard mit dem Postauto über Liddes nach Martigny zurück. Das Postauto verkehrt von Ende Mai bis Mitte Oktober; genaue Fahrpläne sind an jedem schweizerischen Bahnhof zu erfahren. Automobilisten parken in Martigny oder Liddes.

DER WANDERWEG

Von der Postautostation in **Liddes** folgen wir der Paßstraße über den Großen St. Bernhard in Richtung Südosten, verlassen das Dorf und erreichen eine Straßenkreuzung. Gegenüber der zierlichen Kapelle St-Etienne aus dem Jahr 1752 zweigen zwei Fahrsträßchen von der Paßstraße ab. Wir wählen das linke und erreichen auf dem Weg zur Dranse den Weiler **Palasui** (15 Min.).

Am südlichen Ende der Häusergruppe folgen wir einem Fußweg Richtung Westen, der uns im Zickzack an den Torrent de Palasui hinunterbringt. Wir queren den Bach, der sich einige Meter weiter in die Dranse ergießt, und gelangen, immer dem Weg in südöstlicher Richtung folgend, in ein kleines Wiesentälchen, links von Wald, rechts von der Dranse begrenzt. Wir erreichen die ersten Nadelhölzer, folgen anschließend ein kurzes Stück dem Waldrand und treten endgültig in den Wald ein. Auf einem Steg überqueren wir die Dranse und erreichen eine kleine Lichtung.

Der Weg wendet sich kurz gegen Osten, verbreitert sich bald zu einer bequemen Waldstraße und führt uns, immer an der Dranse entlang, taleinwärts. Nicht auszuschließen ist, daß in diesem Wald – will man alten Erzählungen glauben – die Einwohner von Liddes nach der Schlacht auf dem Planta-Platz in Sion (1475) ungebetene Gäste abpaßten. Wohl brauchte es dazu ein bißchen Mut: Erwartet wurden nämlich die Oberwalliser, welche, hungrig und als wilde Tiere verkleidet, auf reiche Beute aus waren.

Auf unserer Waldpartie überqueren wir drei Wildbäche, die sich unmittelbar vor uns in die Dranse ergießen. Schließlich treffen wir auf eine Fahrstraße, die sich, aus dem Tal kommend, den linken Berghang hinaufwindet. Auf ihr wenden wir uns nach links und überschreiten die Dranse auf der **Pont de Tsarevesse** (1.20 Std.).

Die Straße beschreibt eine Kehre nach Norden, führt uns anschließend aus dem Wald hinaus und Richtung Süden dem Talgrund zu. Über eine weitere enge Kurve erreichen wir, leicht

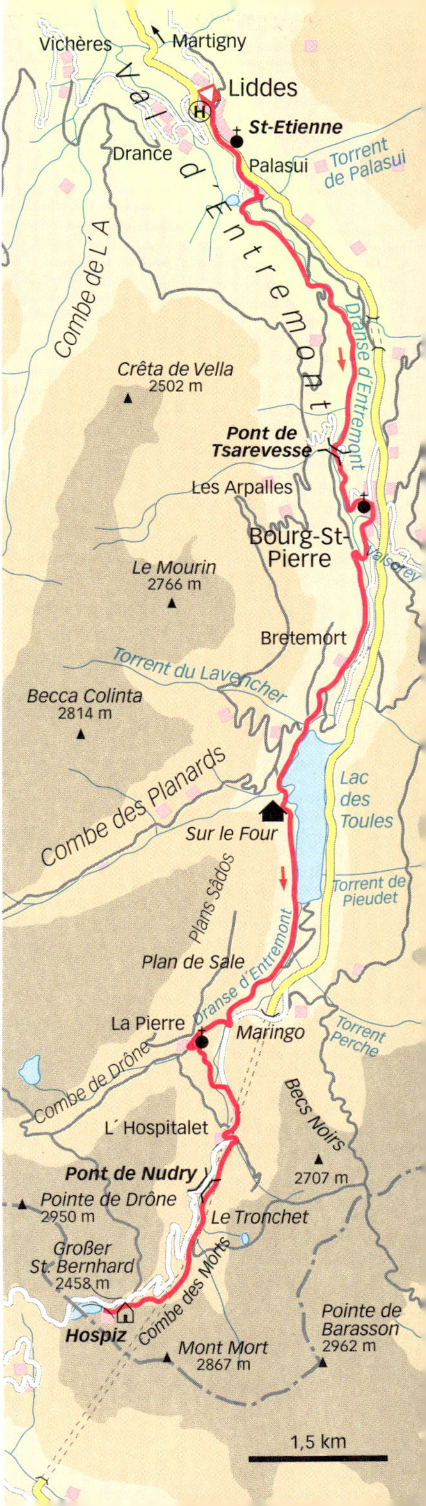

Wanderung 28: Von Liddes durch das Val d'Entremont auf den Großen St. Bernhard

ansteigend, das mittelalterliche Bergstädtchen **Bourg-St-Pierre** (1.50 Std.).

Auf der Ausfallstraße Richtung Südwesten verlassen wir das Dorf wieder, queren den Bergbach Valsorey und biegen rechter Hand in ein Sträßchen ab, welches uns durch die Wiesen an die Dranse hinunter führt. Wir queren den Fluß auf einem Steg, steigen kurz nach Nordwesten an und folgen am Waldrand einem Fußweg nach links, Richtung Süden. Am gegenüberliegenden Hang zieht sich die Straße an einer vorgelagerten Bergschulter entlang Richtung Paß, unter uns rauscht die Dranse zu Tale. In alter Zeit sei der Fluß, so die Legende, einmal derart angeschwollen, daß er beinahe das Städtchen Bourg-St-Pierre unter sich begraben habe. 4000 (!) Teufel, allerhand Geister und reuige Seelen, auf der Suche nach ewigem Frieden in den Alpen umherirrend, sollen die Dranse dazu bewogen haben.

Das Tal wird enger und steigt deutlich an. Zwischen der Paßstraße und dem Fluß ist ein Pfad zu erkennen, der den alten Römern den Weg über den Großen St. Bernhard gewiesen hat. Wir treten in den Wald ein und gelangen nach einer kleinen Schneise an eine Wegkreuzung (2.15 Std.). Ein zwischen zwei Fahrsträßchen ›entspringender‹ Fußweg bringt uns über Alpwiesen zu den Hütten von **Bretemort** (2.25 Std.).

Die Nadelbäume sind hinter uns zurückgeblieben, die Matten weichen nach und nach einer kargen Hochgebirgslandschaft. Unser Weg verläuft knapp oberhalb des Bettes der Dranse, wendet sich dann vom Fluß ab und zweigt vor dem Torrent du Lavencher in ein Sträßchen ein, auf dem wir uns nach rechts wenden. In einer weiten Schleife nach Norden führt die Straße höher, überquert den Torrent du Lavencher und erreicht die breite Bogenmauer des **Lac des Toules** mit ihrer 86 m hohen Betonkuppel (3 Std.). Wo sich heute auf einem weiten Plateau die Gletscherwasser stauen, fanden früher müde und hungrige Reisende in der ältesten Herberge auf dem Weg zum Paß dankbar Unterkunft.

Einige Meter oberhalb des Wasserspiegels führt uns der Weg am Stausee entlang südwärts. Am gegenüberliegenden Ufer tritt die Paßstraße, ab Bourg-St-Pierre in Galerien angelegt, kurz in den Berg ein, um dann weiter dem See zu folgen. Wir halten uns an das Westufer und erreichen, an einzelnen Arven und Lärchen vorbei, auf einem Felsgrätchen die Hütte von **Sur le Four** (3.30 Std.). Das Gelände wird steiler, der Weg zum Pfad. Streckenweise folgt er einem alten Handels- und Saumweg aus dem Mittelalter. Im Felsen sind ab und zu die alten Wegspuren der Römer auszumachen.

Am Ende des Sees angelangt, wandern wir an der Dranse entlang Richtung Süden. Nach etwa einem Kilometer wenden wir uns vom Fluß ab, queren einen kleinen Wildbach, erreichen den **Plan de Sale** und einige Meter weiter eine Weggabelung (4.15 Std.). Unter uns überwindet die Paßstraße die Talenge von Maringo, wo vor rund 200 Jahren Napoleon die Österreicher entscheidend schlug. Jenseits der Dranse wurde 1964 der Straßentunnel unter dem Großen St. Bernhard eröffnet.

Wir steigen rechter Hand an einem Nebenfluß der Dranse mäßig bergan Richtung Südwesten und erreichen die Alphütten von **La Pierre** (4.30 Std.). Etwas unterhalb steht eine kleine Kapelle aus dem Jahr 1893, errichtet von den Arbeitern, die die Paßstraße bauten. Nach einer Wegkehre wandern wir Richtung Südosten weiter, überqueren die Dranse, gelangen an eine Wegkreuzung und erreichen über einen Pfad parallel zur Paßstraße **L'Hospitalet** (4.55 Std.). Dort nahm im Mittelalter eine Herberge die ermüdeten Lebenden und ein Leichenschauhaus die Toten auf. Um im Winter ankommen-

Das mittelalterliche Städtchen Bourg-St-Pierre im Val d'Entremont

den Reisenden behilflich zu sein, stieg zu früheren Zeiten jeden Tag ein Chorherr ins Tal hinunter.

Wir folgen dem Weg auf der anderen Seite der Straße und erreichen **Pont de Nudry** (5.15 Std.), wo alle alten Verkehrswege, die Römerstraße vielleicht ausgenommen, den Fluß querten. Rund 400 m weiter erkennen wir bei Le Tronchet eine in den Fels gehauene Wasserleitung. Der Boden ist mit Ziegeln übersät, den Überresten einer Herberge aus der Antike.

Nun bleiben die Alpmatten endgültig hinter uns. Öde und Steinwüste, eine unwirtliche Gebirgswelt umgibt uns. Durch die Combe des Morts, die ›Totenschlucht‹, steigen wir steil hinan Richtung Südwesten, derweil die Paßstraße am Hang eine weite Schleife beschreibt, uns schließlich übernimmt und in wenigen Minuten zum Hospiz auf dem **Großen St. Bernhard** führt (6 Std.).

AM WEGE

Eine lange und bewegte Vergangenheit prägt **Bourg-St-Pierre,** den letzten Ort an der Paßstraße über den Großen St. Bernhard. In strategisch wichtiger Lage errichtet, war das auch heute noch mittelalterlich und südlich anmutende Bergstädtchen stark befestigt. Wo die kürzeste Verbindung zwischen der Westschweiz, Frankreich und Italien entlangführte, gaben sich Kaufleute, Pilger, aber auch eroberungslustige Soldaten und ihre Feldherren ein Stelldichein. Der Paß soll schon mehrere Jahrhunderte vor der römischen Eroberung der Region begangen worden sein. An der Friedhofsmauer zeugt ein römischer Meilenstein von der Reparatur der Straße anno 310 unter Konstantin dem Großen. Bewiesen ist zudem, daß vom Ende des 8. Jh. an ein Kloster-Hospiz Pilgern und Durchreisenden Unterkunft bot. Im Jahr 972 machten die eindringenden Sarazenen die Herberge dem Erdboden gleich. Das Kloster wurde wieder aufgebaut und kann besichtigt werden. Großartig sind die vertäfelten Säle aus dem Jahr 1410 im ersten Stock. Auf den Überresten einer ebenfalls von den Sarazenen zerstörten heiligen Stätte wurde im 11. Jh. eine Kirche errichtet. Der Turm ist als ältester romanischer Kirchturm im Wallis erhalten geblieben und schmückt heute die großartige Barockkirche aus dem Jahr 1739.

Über die Karlsbrücke oberhalb des Dorfes führte der mittelalterliche Paßweg. Das Bauwerk über den Wildbach Valsorey soll um das Jahr 800 von Karl dem Großen errichtet worden sein. Unweit der Brücke finden wir die Ruinen des mittelalterlichen Schlosses von Allinges.

Der Große St. Bernhard

Als *Mons Jovis* – ›Berg des Jupiter‹ – hat der heutige Große St.-Bernhard-Paß zwischen Martigny im Wallis und dem Aostatal in Italien zur Zeit der Römer Geschichte geschrieben. Begangen und besiedelt worden war er allerdings lange vorher. Mit einer Kultstätte auf der Paßhöhe verehrten Kelten ihren Gott Penninus. Anno 218 v. Chr. überquerte der legendäre karthagische Feldherr Hannibal mit seinen Elefanten den Paß. Als ihn 200 Jahre später die Römer erkundeten, fanden sie – auf einer Höhe von 2469 m! – einen gut markierten Weg vor. Sie ließen sich auf dem strategisch wichtigen Alpenübergang nieder, zerstörten das keltische Heiligtum und bauten an seiner Stelle einen Tempel zu Ehren Jupiters. Kaiser Augustus baute 12 v. Chr. die Straße von Martigny bis nach Aosta aus, und Kaiser Claudius befestigte sie anno 47 mit Pflastersteinen. Kaiser Konstantin schließlich ließ den Jupitertempel abbrechen und, als drittes Heiligtum auf dem Paß, eine christliche Kapelle errichten. Drei bis vier Jahrhunderte diente der Paß als einer der Hauptübergänge im ausgedehnten Römischen Reich und galt als wichtigster der ganzen westlichen Alpen. Dann drängten die Barbaren die Römer zurück, und im 6. Jh. fielen die Langobarden über den Paß in das Rhonetal ein.

Die arktischen Temperaturen machten die Bezwingung des Passes zu einem gefährlichen Unternehmen. Reisende aller Couleur ließen sich jedoch nicht abschrecken, galt die Route doch nach wie vor als bester und komfortabelster Übergang über den Alpenhauptkamm. Im Mittelalter diente sie vor allem Rompilgern, Handelsleuten und etlichen Königen und Kaisern, darunter anno 773 Karl dem Großen und 1077 Heinrich IV. auf seinem Gang nach Canossa. In dieser Zeit machten zahlreiche skrupellose Wegelagerer den Paß unsicher und raubten den Reisenden Hab, Gut und Leben. Im späten 11. Jh. trat die Wende ein: Wo die Römer erste bescheidene Unterkünfte für Reisende und Pferde betrieben hatten, errichtete Bernhard von Menthon, Erzbischof von Aosta, mit Mönchen des Augustinerordens ein Kloster mit einem großen zweistöckigen Hospiz. Die Vorüberziehenden erhielten Zuflucht, Nahrung und, wo nötig, über eine Strecke von 4 km Geleit. Bernhard von Menthon, von der Bevölkerung als Wohltäter verehrt, vertrieb die räuberischen Banden. Neun Jahrhunderte lang nahm die Klostergemeinschaft jeden, der vorüberzog – Arme und Reiche, Pilger und Arbeiter, Vagabunden und Kranke – kostenlos

auf. 1123 heiliggesprochen, hat Bernhard von Menthon dem Paß seinen heutigen Namen gegeben.

Im Mai 1800 überschritt Napoleon mit seinem Heer den Großen St. Bernhard, um bei Maringo die Österreicher entscheidend zu schlagen. Im 19 Jh. wurde eine neue Straße erbaut; über weite Strecken konnte die Paßüberquerung jetzt mit dem Pferdewagen erfolgen. Für die ersten Autos wurde die Straße von drei auf sechs Meter verbreitert, und seit 1964 führt ein 5,8 km langer, ganzjährig befahrbarer Tunnel durch den Berg.

Am kleinen Bergsee auf der Paßhöhe stehen noch heute Klostergebäude. Das graue Hospiz, nach wie vor von Augustinermönchen geführt, datiert aus dem 16. Jh. Im 1898 angebauten Teil werden immer noch Reisende beherbergt – allerdings nicht mehr kostenlos. Die barocke Kirche aus dem Jahr 1685 im Inneren des Hospizes weist reiche Holzschnitzereien auf, darunter ein wunderschönes Chorgestühl aus dem 17. und 18. Jh. Die Deckenfresken zeigen unter anderen Heiligen St. Bernhard, den Teufel an der Kette führend. Im Museum sind keltische Münzen und römische Funde aus dem Bereich der alten Paßstraße zu entdecken, darunter eine Jupiter-Statuette und bronzene Votivtafeln als ›Dankesbriefe‹ der Römer an ihren Hauptgott. Des weiteren finden sich hier eine naturwissenschaftliche Sammlung, Kultgegenstände, Dokumente zur Geschichte des Hospizes, Erinnerungen an Napoleon und eine Bibliothek mit rund 30 000 Bänden.

Zu weltweiter Berühmtheit verhalfen dem Großen St. Bernhard seine Hunde. Ursprünglich aus Tibet stammend und ihrer Blutrünstigkeit wegen eher gefürchtet, hatten sie schon das keltische wie das römische und das christliche Heiligtum bewacht, bevor sich die Augustinermönche ihrer annahmen. Tage- und nächtelang, angeleitet oder auf eigene Faust, spürten die Tiere – mit einer Decke auf dem Rücken und einem Proviantkorb am Hals – verirrte und geschwächte Reisende auf. Vom Schnee Verschüttete vermochten sie mit ihren mächtigen Pranken freizuschaufeln. Allein Barry, der berühmteste unter ihnen, hat auf diese Weise mindestens 40 Menschen das Leben gerettet. Heute sind die Bernhardiner ihres wichtigen Amtes enthoben. Rund 20 der 80–100 kg schweren Tiere, denen keinerlei Gelegenheit geboten wird, ihren berühmten Vorfahren nachzueifern, können als lebendiges, jedoch träges Inventar des Museums auf der Paßhöhe besucht werden.

29

Drei leuchtende Augen

Von Ferret über die Lacs de Fenêtre und das Fenêtre de Ferret zum Großen St. Bernhard

Reizvolle Kontraste zwischen grünen, sanften Weiden und hartem Granit prägen die Wanderung im hintersten Val Ferret. Über Alpweiden erreichen wir drei liebliche Bergseen, umrahmt von einem großartigen Gipfelkranz. Durch einen wilden Bergkessel steigen wir weiter empor und genießen auf dem höchsten Punkt ein weiteres Mal die Aussicht, bevor wir über italienisches Gebiet auf dem Großen St. Bernhard eintreffen.

i

WEGVERLAUF: Ferret – Alp Les Ars Dessous (30 Min.) – Plan de la Chaux (45 Min.) – Lacs de Fenêtre (1.15 Std.) – Fenêtre de Ferret (1 Std.) – Großer St. Bernhard (1 Std.)

DAUER: 4.30 Std.

LÄNGE: 10,5 km

HÖHENUNTERSCHIED: ca. 1100 HM bergauf, ca. 350 HM bergab (Ferret 1700 m, Lacs de Fenêtre 2501 m, Fenêtre de Ferret 2698 m, Großer St. Bernhard 2469 m); im ersten Drittel gleichmäßig leicht ansteigend, zweites Drittel stark ansteigend mit einem sanften Zwischenstück, danach steiler Abstieg, schließlich leicht ansteigend

SCHWIERIGKEITSGRAD: mittelschwer, da wegen des großen Höhenunterschiedes eine gute Kondition erforderlich ist

WEGBESCHAFFENHEIT: Fahr- und Fußwege durch Alpwiesen und Wald, Gebirgspfade über steinigen Untergrund, ein Stück Fahrstraße

AUSRÜSTUNG: Wanderschuhe, Ausweispapiere (kurze Strecke auf italienischem Gebiet), Proviant und Getränke

WANDERKARTEN: Wanderkarte 1 : 40 000 Orsières–Val Ferret; Wanderkarte 1 : 50 000 Entremont (Mont-Blanc –Grand-Combin–Grand-Saint-Bernard); beide erhältlich in den Verkehrsbüros der Region

EINKEHRMÖGLICHKEIT: Hospiz auf dem Großen St. Bernhard

ANFAHRT: Von Martigny im Rhonetal mit der Bahn nach Orsières. Von hier fährt das Postauto von Ende Mai bis Mitte Oktober nach Ferret.

Vom Großen St. Bernhard mit dem Postauto – ebenfalls von Ende Mai bis Mitte Oktober – über Orsières nach Martigny zurück. Genaue Fahrpläne sind an jedem schweizerischen Bahnhof zu erfahren.

Automobilisten gelangen ab Martigny auf der Paßstraße Richtung Großem St. Bernhard nach Orsières, wo sie ihren Wagen parken.

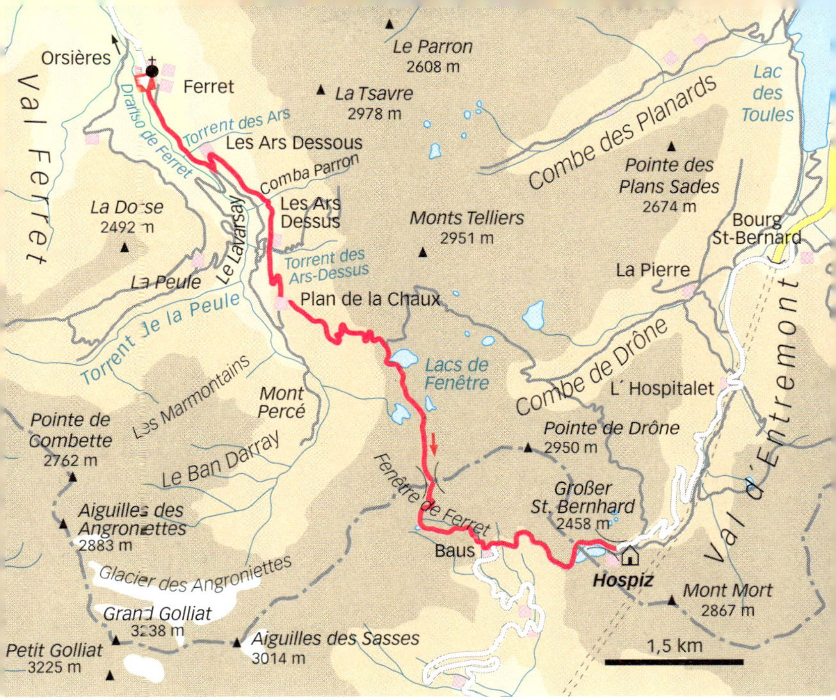

Wanderung 29:
Von Ferret über die Lacs de Fenêtre und das Fenêtre de Ferret zum Großen St. Bernhard

DER WANDERWEG

Der Bergweiler **Ferret** – rund zwei Dutzend Maiensäß-Hütten und Steinhäuser, einige kleine Gasthöfe und eine Kirche – ist nur im Sommer bewohnt. Im hintersten Ort des idyllischen Val Ferret endet zugleich die Fahrstraße, die aus dem Rhonetal hinaufkommt. Vor dem Aufbruch zu unserer Wanderung lohnt sich ein Blick in die kleine Bergkapelle Notre-Dame-des-Neiges aus dem Jahr 1707; sehenswert ist insbesondere die barocke Madonnenfigur.

Auf einem kleinen Sträßchen oberhalb der Dranse de Ferret wandern wir in südöstlicher Richtung taleinwärts. Vorerst geht es ein kurzes Stück durch die Wiesen, dann treten wir in den Wald ein, welchen wir nach rund 500 m verlassen, um den Bergbach Torrent des Ars zu überqueren. An einer Weggabelung halten wir uns links und gelangen nach einigen Minuten an eine weitere Abzweigung. Richtung Nordwesten führt uns ein Fußpfad in die Wiesen und zu den Hütten der Alp **Les Ars Dessous** empor (30 Min.). Durch die Wiese steigen wir einige Meter nach Nordosten empor und treffen auf einen weiteren Fußweg. Die Alpmatten im hintersten Val Ferret sind üppig grün und erfreuen mit großartiger Bergflora. Aufs schönste gedeihen die blauen Kelche des Enzians, das schokoladenbraune Männertreu, die Arnika, eine Heilpflanze mit margeritenähnlichen, jedoch goldgelben Blüten, und zahlreiche andere Alpenblumen.

Wir folgen unserem – vorerst fast ebenen – Weg Richtung Südosten, an einzelnen Arven und Lärchen vorbei und über eine Runse. Nun steigt das Gelände an. In einer kleinen Kehre gelangen wir über eine weitere Runse und drehen allmählich Richtung Süden ab. Über uns zieht sich das Felsgrätchen

Comba Parron nach Nordosten. Wir überschreiten drei dem Talboden und der Dranse zueilende Bergbäche, queren eine weitere Runse und erreichen auf einem kleinen Geländebuckel die Alp **Les Ars Dessus** (1 Std.).

Auf der gegenüberliegenden Talseite zieht sich der felsige Hang des Lavarsay Richtung Süden. Auch unser Weg verläuft weiter nach Süden, quert den Torrent des Ars Dessus sowie einen weiteren Bergbach und führt uns in das weite Gelände der Alp La Chaux. Unten im Tal mündet von Südwesten her der Torrent de la Peule in die Dranse, an seinem linken Hang erkennen wir die sanften, üppig grünen Alpen von La Peule. Westlich und nordwestlich davon ziehen sich als Ausläufer des Mont-Blanc-Massivs einige Grate zu Tal. Bald ist die Alpsiedlung **Plan de la Chaux** erreicht (1.15 Std.). Im Nordwesten erheben sich mit abweisendem Granit, hellen Gletschern und wilden Bergbächen die Gipfel von Trient- und Argentière-Massiv.

Hinter den Alphütten führt uns ein Fußweg Richtung Nordosten den nächsten Hang hinan, dreht ab nach Südwesten und verläuft, gleichmäßig aufsteigend, über eine Runse. Der Weg wird steiler, die Umgebung wilder. Schmal zieht sich der Bergpfad ins steinige Gelände hinein, windet sich in zahlreichen Kehren über steinigen Untergrund bergan. Es folgt ein etwas flacheres Stück – und unvermittelt liegt uns in einer felsigen Mulde, gespiesen von einigen kurzen Rinnsalen, der erste tiefblaue **Lac de Fenêtre** zu Füßen (2.30 Std.).

Südlich davon verzweigt sich unterhalb eines kleinen Hügels der Pfad. Linker Hand führt er in wenigen Schritten zum zweiten und zugleich kleinsten der drei Bergseen hinunter. Wir halten uns jedoch rechts, steigen weiter hinan und finden uns oberhalb des dritten Sees wieder. Leuchtenden Augen gleich muntern die klaren, verträumten Seelein die kargen Geröllhalden und Felshöcker über den Bergwiesen auf.

Streichelt der Gletscherwind das Wasser, kräuselt es sich leicht, bildet kleine Wellen. Wieder glatt, spiegelt es wunderschön die umliegenden Berge und Schneefelder – etwa den imposant gezackten Grand Golliat im Südwesten, welcher die Grenze zu Italien markiert. Links daneben grüßt sein – allerdings nur wenige Meter niedrigerer – kleiner Bruder, der Petit Golliat. Über dem Glacier des Angroniettes – dem Ursprung des Val de Ferret – zieht sich nördlich der beiden Riesen ein kleiner Grat nach Westen. Wie der Grand Golliat erinnert er an ein mit Ziegeln gedecktes Dach. An der Landesgrenze zwischen Italien und Frankreich grüßen fern im Westen zurückhaltend die ersten Gipfel des Mont-Blanc-Massivs, darunter die dunkle Pyramide der Grandes Jorasses mit ihrer berühmten Nordwand. Nördlich davon zieht sich über den grünen Wiesen in den Niederungen und den höherliegenden weißen Gletschern ein felsiger Grat weiter an der Grenze entlang. Dominiert wird er von der Aiguille de Triolet, die ihrerseits einen Grat zu Tale schickt, und nordwestlich davon vom Mont Dolent, dessen Gipfel die Schweiz, Frankreich und Italien vereint.

Durch felsiges Gelände steigen wir weiter Richtung Süden an und lassen die Lacs de Fenêtre hinter uns. Wir queren ein Zuflüßchen zum kleinsten der Seen und steigen im rauhen Bergkessel Richtung Grat empor. An manchen Stellen verliert sich der Pfad, wir folgen jedoch den Steinmarkierungen und können nicht fehlgehen. Schließlich haben wir die letzten steilen Meter überwunden: Wir stehen im **Fenêtre de Ferret** und zugleich an der Grenze zu Italien (3.30 Std.).

Der Blick aus dem ›Fenster‹ ist großartig. Im Nordwesten enteilt das liebliche, vom Gletscher trogförmig ausgeschliffene Val Ferret, an dessen Flanken die kleinen bis kleinsten Dörfchen

See und Hospiz auf dem Großen St. Bernhard

und Weiler kleben. Im Westen erhebt sich im französischen Hochsavoyen das mächtige Granitmassiv des Mont Blanc; einige seiner Gipfel haben wir bereits von den Ufern der Bergseen aus bestaunt. Südwestlich der steilen, schwarzgrauen Grandes Jorasses erkennen wir jetzt die schneebedeckte Kuppe des Mont Blanc, mit 4807 m der höchste Gipfel Europas. Nach Süden fällt der Blick über die Täler auf die zerklüfteten Felsen rund um den Mont Fallère. Im Südosten unter uns sind bereits der Paßübergang des Großen St. Bernhard und, am östlichen Ende seines kleinen Sees, das berühmte Hospiz zu erkennen.

Über einen Bergpfad steigen wir recht steil und in einigen Windungen den italienischen Hang hinunter Richtung Süden. Weiter unten sind teilweise kaum noch Spuren des Weges zu sehen. Wir orientieren uns jedoch leicht an den Steinmarkierungen, halten die Richtung ein und erreichen über zwei kleine Bäche einen klitzekleinen See. Ein Fußweg führt uns von dort Richtung Osten und, wiederum in einigen Kehren, nach Süden, um bei **Baus** in die Paßstraße über den Großen St. Bernhard einzumünden (4 Std.). Wir folgen der Straße aufwärts Richtung Osten und erreichen nach einigen Kurven den St.-Bernhard-See. Links über uns erkennen wir den Aussichtspunkt Plan de Jupiter. Die Steine eines dem Gott Jupiter geweihten Tempels wurden später für den Bau des Hospizes verwendet. Am westlichen Ufer des Sees treten wir wieder in die Schweiz ein. Rund 200 m weiter treffen wir auf der Paßhöhe des **Großen St. Bernhard** ein (4.30 Std.).

30

In der tiefen Felsschlucht

Von Champex durch die Gorges du Durnand nach Martigny

Auf den ersten Blick ein liebliches Bergflüßchen, legt die Durnand im Verlauf der Wanderung Zeugnis ab von ihrer unwahrscheinlichen Kraft. In einer tiefen Schlucht, die sie über Jahrtausende in den Felsen gegraben hat, präsentiert sie donnernd ihre Wasserfälle und wilden Strudel.

i

WEGVERLAUF: Champex – Gorges du Durnand (1.30 Std.) – Les Valettes (30 Min.) – Martigny (1.30 Std.)

DAUER: 3.30 Std.

LÄNGE: 10 km

HÖHENUNTERSCHIED: ca. 100 HM bergauf, ca. 1100 HM bergab (Champex 1466 m, höchster Punkt am Weg 1580 m, Les Valettes 626 m, Martigny 467 m); gleichmäßig gemächlich absteigend, lediglich ein kurzer, steiler Abstieg in die Durnand-Schlucht

SCHWIERIGKEITSGRAD: leicht

WEGBESCHAFFENHEIT: Fahr- und Fußwege durch den Wald und über Wiesen, durchsetzt von kurzen Wegstücken auf der Fahrstraße

AUSRÜSTUNG: Wanderschuhe

WANDERKARTE: Wanderkarte 1 : 50 000 Entremont (Mont-Blanc–Grand-Combin–Grand-Saint-Bernard), erhältlich in den Verkehrsbüros der Region

EINKEHRMÖGLICHKEITEN: Restaurants in Les Valettes und Martigny-Bourg

HINWEIS: Die ausführliche Besichtigung der Durnand-Schlucht (offen von Mai bis Oktober) beansprucht 1 Std. zusätzliche Wanderzeit.

ANFAHRT: Ab der Bahnstation Martigny im Rhonetal mit dem Postauto über Orsières (umsteigen) nach Champex. Das Postauto verkehrt von Ende Mai bis Mitte Oktober; genaue Fahrpläne sind an jedem schweizerischen Bahnhof zu erfahren. Automobilisten parken in Martigny.

DER WANDERWEG

Von der Postautohaltestelle in **Champex** folgen wir weiter der Straße Richtung Nordwesten und zweigen nach gut 500 m rechter Hand in ein Fahrsträßchen ab. Am nördlichen Dorfrand übernimmt uns ein Fußweg, führt uns am Waldrand vorbei wiederum nach Nordwesten und im Zickzack in den Bergwald hinauf. Am Hang entlang talauswärts wandernd, genießen wir eine schöne Waldpartie, queren einige Runsen, steigen über zahlreiche Kehren kurz ab und erreichen eine Fahrstraße. Wir folgen ihr nur wenige Schritte talauswärts, verlassen sie wieder über ein abzweigendes Sträßchen und wenden uns sofort nach rechts, wo uns ein Fußweg aus dem Wald heraus und an Wohnhäusern, Scheunen und Ställen vorbei nach **Champex-d'en Bas** bringt (40 Min.).

Im Talgrund begleiten wir von dort aus über ein Fahrsträßchen den fröhlichen Bergbach Durnand d'Arpille, erreichen nach einem guten halben Kilometer wieder die Fahrstraße und folgen ihr. Das Fahrsträßchen, das nach rund 100 m in einer Kurve ausschert, lassen wir außer acht. Wenig später wählen wir jedoch einen rechts abzweigenden Fußweg, der kurz durch den Wald führt und uns erneut auf die Straße bringt. Aus dem Wald herausgetreten, führt sie uns an den Hütten von La Poya vorbei und, leicht abfallend, über einen Schlenker nach Norden zum Bergweiler **Le Coucouro** (55 Min.).

Hier folgen wir linker Hand einem Fußweg und besuchen ein zweites Mal den Durnand – allerdings nur ganz kurz, denn sofort trennt uns ein schmaler Wald vom Fluß. Wir folgen ihm Richtung Nordwesten, kreuzen die Straße, um

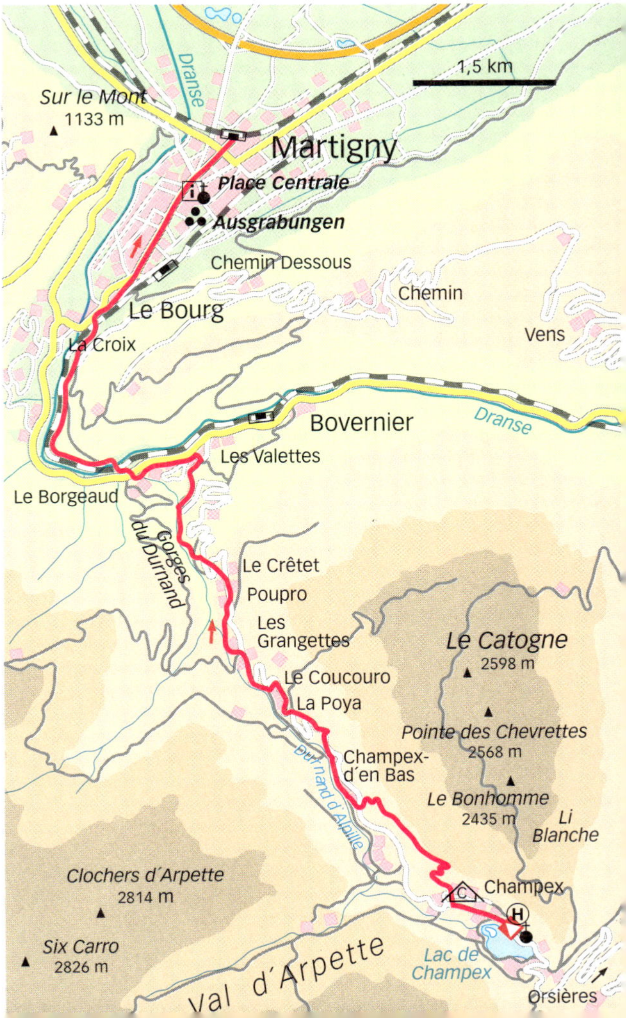

Wanderung 30: Von Champex durch die Gorges du Durnand nach Martigny

sie kurz darauf wieder zu betreten. In **Les Grangettes** (1.05 Std.) verlassen wir sie, queren den kleinen Weiler auf einem linker Hand abzweigenden Fußweg und halten uns an den untersten Häusern rechts. Ein Fahrsträßchen führt uns durch den Wald, unterhalb der Hütten von Poupro vorbei, und mündet schließlich ein weiteres Mal in die Fahrstraße ein. An Ställen und Scheunen vorbei gelangen wir auf ihr nach **Le Crêtet** (1.15 Std.), biegen linker Hand in einen Fußweg ein, halten uns an der nächsten Weggabelung wieder links, folgen kurz darauf der Fahrstraße wenige Schritte bergauf und steigen erneut über einen Fußweg in den Wald ab. Wir queren die Straße ein vorerst letztes Mal und wählen an der nächsten Kreuzung den linken Weg. Im Zickzack geht es immer weiter in den Wald hinab, und bald ist die tiefe, wildromantische Felsschlucht **Gorges du Durnand** erreicht (1.30 Std.).

Am nördlichen Ende der Schlucht führt uns ein Fußweg ohne Wiederaufstieg durch den Wald zurück auf die Fahrstraße. Wir folgen ihr talauswärts, verlassen den Wald und biegen linker Hand in einen Fußweg ein, der uns an den nordwestlichen Rand von **Les Valettes** bringt (2 Std.).

Von hier folgen wir nach links der Straße Richtung Martigny durch die Talebene. Kurz nach der Überquerung des Durnand steigen wir rechter Hand in einen Fußweg ein und erreichen im Wald durch eine Bahnunterführung die Dranse, die einige Meter weiter oben den Durnand übernommen hat. Etwas oberhalb des Flusses verläuft unser Weg Richtung Westen und dreht dann nach Norden ab. Er quert zweimal das Bahntrassee und führt einen knappen Kilometer an den Gleisen entlang, um bei **La Croix** in eine Fahrstraße einzumünden (2.50 Std.).

Wir folgen der Straße nach links, verlassen den Wald, wechseln auf die andere Seite der Bahnschienen und stehen am Eingang von **Le Bourg** (3 Std.). Der Stadtteil von Martigny mutet dörflich an und erinnert an alte Zeiten. An der einzigen, schmalen Gasse drängen sich schiefergedeckte Wohnhäuser, kleine Läden, Handwerkerateliers, Weinkeller und Restaurants eng aneinander. Von 1392 an fanden in Martigny-Bourg berühmte Wochen- und Jahrmärkte statt, später wurden hier wirtschaftliche und politische Entscheide für ganz Martigny gefällt und aufrührerische Ideen geboren, die schließlich zur Abhängigkeit der Unterwalliser von den Oberwallisern führten. Die malerische Gasse endet an einer Kreuzung. Von hier aus führt uns eine Straße schnurgerade Richtung Nordosten, an die Place Centrale im Zentrum von **Martigny** und schließlich zum Bahnhof (3.30 Std.).

AM WEGE

Die imposante **Durnand-Schlucht (Gorges du Durnand)** wurde bereits 1877 dem Publikum zugänglich gemacht. Im Jahr 1988 wurden die Besichtigungsanlagen renoviert und zu einem Rundweg ausgebaut. Reißend, brüllend und tosend heißt uns der Wildbach willkommen. 330 Treppenstufen führen zu 14 Wasserfällen und sprühenden Fontänen, aus nächster Nähe beobachten wir die wilden Wasserwirbel, die Gischt sprüht uns ins Gesicht. An den senkrechten Felsen entlang – mal nah am schäumenden Wasser, dann wieder hoch oben in der Wand – bestaunen wir auf 800 m gut gesicherter Galerien und hölzerner Stege die unerschöpfliche Kraft des Wassers, welches sich in Abertausenden von Jahren über 200 m tief in den Berg gegraben hat.

An der malerischen Place Centrale von **Martigny** atmen wir die Luft des Südens. Unter mächtigen, hundertjähri-

Auf Holzstegen führt der Weg durtch die Gorges du Durnand

Unter den Platanen an der Grande Place in Martigny

gen Platanen trifft sich die Bevölkerung in den Straßencafés – und brechen die Fremden zu hochinteressanten Besichtigungen auf. Bereits von den Kelten besiedelt, ist der Ort am Rhoneknie eine der ältesten Städte des Wallis. Seine Bedeutung verdankte das heutige Handels- und Industriezentrum dem Großen St.-Bernhard-Paß; der Verbindungsweg zwischen der heutigen Schweiz, Savoyen und Oberitalien wurde bereits im Altertum begangen. Wer Martigny beherrschte, beherrschte den Großen St. Bernhard. Noch vor Christi Geburt zogen daher die Römer ein. Zahlreiche Funde zeugen von der Blüte dieser Zeit: Die Archäologen gruben nach der römischen Siedlung Octodurus, entdeckten die Überreste einer ganzen Straße und förderten aus den Läden, Tempeln und einer Basilika eine Vielzahl von Kunstwerken zu Tage. Das Amphitheater, sehr gut erhalten und inzwischen restauriert, faßte rund 5000 Zuschauer und gilt als »sehenswertestes und am meisten besuchtes Bauwerk der antiken Hauptstadt im Wallis«.

Im Verkehrsbüro an der Place Centrale erhalten Sie Pläne, die zu den historischen Stätten – nicht nur aus der Römerzeit – führen. In die Mauer der 1645 begonnenen dreischiffigen barocken Kirche Notre-Dame-des-Champs, mit schönen geschnitzten Flügeltüren, ist ein römischer Meilenstein eingelassen. In der Nähe finden sich das Rathaus aus dem Jahr 1867, mit schönen Glasgemälden im Treppenaufgang, und das Haus Supersaxo aus dem 16. Jh. Der Sitz einer ehemals einflußreichen Walliser Familie gilt als ältestes Haus der Stadt.

Anschließend führt der Rundgang zu den einzelnen Stationen der römischen Straße, zum Amphitheater und schließlich zur Fondation Pierre Gianadda: Auf den Fundamenten eines gallo-römischen Tempels aus dem 1.–2. Jh. wurde aus Beton in modernem Baustil ein Kulturzentrum von Weltgeltung erbaut. Die wechselnden Ausstellungen – etwa mit Werken von Toulouse-Lautrec, Picasso, Giacometti – sind über die Landesgrenzen hinaus bekannt. Im Park sind Skulpturen von Brancusi, Rodin, Miró, Moore und anderen Künstlern zu besichtigen. Im gallo-römischen Museum werden die Funde aus der Stadt aufbewahrt: Münzen, Werkzeuge, Keramik, Schmuck und großartige Bronzeabbildungen, darunter ein berühmter Stierkopf. Unter dem gleichen Dach zeigt schließlich ein Automobilmuseum rund 50 Oldtimer, die jüngsten mit Baujahr 1939.

31

Mit vielen Bähnchen zum Stausee

Vom Lac d'Emosson über den Col de Barberine nach Finhaut

Schon die Anfahrt ist ein Erlebnis: Vier teils sehr steile Bahnen und Bähnchen führen uns an die Staumauer des Lac d'Emosson. Nach einem Spaziergang auf der Mauerkrone führt die Wanderung an dem Stausee entlang, der hoch über dem Val de Trient an der Grenze zu Frankreich thront.

WEGVERLAUF: La Gueulaz/Lac d'Emosson – Col de Barberine (2.20 Std.) – Emaney (1.10 Std.) – Finhaut (1.20 Std.)

DAUER: 4.50 Std.

LÄNGE: 17 km

HÖHENUNTERSCHIED: ca. 500 HM bergauf, ca. 1250 HM bergab (Lac d'Emosson 1965 m, Col de Barberine 2481 m, Emaney 1855 m, Finhaut 1224 m); nach flachen 3 km steiler Auf- und Abstieg über ca. 4 km, anschließend mäßig bergab und schließlich eben bis ans Ziel

SCHWIERIGKEITSGRAD: mittelschwer

WEGBESCHAFFENHEIT: Fuß- und Bergwege am Seeufer entlang, durch Alpmatten, Geröllhänge und Wald

AUSRÜSTUNG: Wanderschuhe, Proviant und Getränke

WANDERKARTE: Wanderkarte 1 : 50 000 Entremont (Mont-Blanc–Grand-Combin–Grand-Saint-Bernard), erhältlich in den Verkehrsbüros der Region

EINKEHRMÖGLICHKEITEN: nur Restaurant in La Gueulaz; keine Einkehrmöglichkeiten auf dem eigentlichen Wanderweg

ANFAHRT: Ab Bahnhof SBB in Martigny im Rhonetal mit der Schmalspurbahn über Finhaut nach Le Châtelard; von dort Standseilbahn nach Château d'Eau, Panoramabähnchen an die Staumauer von Emosson, Standseilbahn auf die Mauerkrone nach La Gueulaz. Ab Le Châtelard verkehren die Bahnen von Mitte Juni bis Ende September. Bei starkem Schneefall zu Beginn und Ende der Saison fallen die Fahrten aus (Auskunft unter ✆ 0 26/68 12 36). Automobilisten parken ihren Wagen in Finhaut.

Von Finhaut Rückfahrt mit der Schmalspurbahn nach Martigny.

DER WANDERWEG

Wir stehen auf dem Geländeeinschnitt von **La Gueulaz,** unmittelbar östlich des **Lac d'Emosson** und wenige Meter von der Grenze zu Frankreich entfernt. Wir steigen einige Meter hinunter und besuchen die imposante Staumauer. In den Jahren 1967 bis 1975 bogenförmig angelegt, gebietet sie 227 Mio. m³ Wasser Einhalt. Von der Krone (180 m hoch,

554 m lang und 9 m breit) genießen wir eine großartige Sicht auf zahlreiche Walliser und Savoyer Gipfel, darunter im Süden das berühmte Mont-Blanc-Massiv.

Am östlichen Ende der Krone zurück, folgen wir der Fahrstraße unter der Luftseilbahnanlage von Barberine hindurch nach La Gueulaz, steigen über eine enge Kurve empor und rechts an der Bergkapelle von La Gueulaz vorbei. Bevor wir nach wenigen Schritten linker Hand in einen Wegtunnel einsteigen, genießen wir das Panorama: Von einem Gipfelkranz umgeben, ruht im abweisenden Talkessel der Lac d'Emosson. Im Norden grüßen Mont Ruan und Tour Sallière, im Westen der Pic de Tenneverge, im Südwesten der Cheval Blanc und im Süden der Grat der Perrons, der Trientgletscher und die Gipfel des Mont-Blanc-Massivs. Unter dem Cheval Blanc ist der kleine Lac du Vieux Emosson zu sehen, von Geröll und Felsen umgeben und im Norden und Westen von einem Grat begrenzt, der die Grenze zu Frankreich bildet. 1976 wurden auf einer 200 Mio. Jahre alten Sandsteinplatte hoch über dem Vieux Emosson zahllose Fußabdrücke von Dinosauriern entdeckt.

Der Tunnel führt uns unter dem Berghang Sur les Conches hindurch nach Nordwesten. Ans Tageslicht getreten, betrachten wir den Stausee, der jetzt unmittelbar unter uns liegt. Im stillen, klaren Wasser spiegeln sich der Mont Blanc – mit 4807 m die höchste Erhebung Europas – und zahlreiche Gipfel der Walliser Hochalpen. Tief unter dem Wasserspiegel liegt der alte Staudamm von Barberine begraben, welcher 1918

Wanderung 31: Vom Lac d'Emosson über den Col de Barberine nach Finhaut

fast ausschließlich von Hand errichtet worden war. Der Lac d'Emosson bezieht sein Wasser aus etlichen kleinen Gletschern der Region, aus dem Vieux Emosson und zum Teil von noch weiter her: Auch der Glacier d'Argentière, bereits auf französischem Boden gelegen, schickt seinen Abfluß über den Emosson zu Tale. Das gestaute Wasser wird in großen Kraftwerken in Le Châtelard und Vernayaz, aber auch in Martigny im Rhonetal in elektrischen Strom umgesetzt.

Durch unberührte, karge Bergwelt folgen wir dem Weg an den felsigen Hängen des Bel Oiseau entlang nach Nordwesten. Wir queren drei kleine, dem See zufließende Wildbäche, dazwischen ein kurzes Tunnelstück (30 Min.) und drehen dann auf einer Felsschulter Richtung Norden ab. Das Gelände wird freundlicher, ist weniger felsig. Wir queren etliche weitere Bächlein und wandern über Alpmatten, hie und da von einzelnen Nadelbäumen durchsetzt, die dann aber nach der Querung eines vom Col du Bel Oiseau hinunterführenden Bergbaches hinter uns zurückbleiben. Über dem nördlichen, spitz zulaufenden Ende des Sees nähern sich uns die Felswand des Mont Ruan und östlich davon die Tour Saillière, die den Bergkessel gegen Norden abschließen. Unter dem Mont Ruan, der die Landesgrenze markiert, schmiegt sich der Glacier des Fonds in den Hang.

Unser Weg führt, einige Schritte vom Ufer entfernt, zur **Alphütte Barberine** (1 Std.). Rund 100 m weiter steigen wir rechter Hand in einen Pfad ein, der, gleichmäßig Richtung Nordosten ansteigend, an einer Hangflanke durch blühende Wiesen führt. Hier gedeihen vor allem die rotblühende Bergprimel und die gelbe Aurikel. Wiederum queren wir einige Bergbäche und überschreiten in der Combe du Col einen wilden Zufluß zum Emosson (1.40 Std.). Am Südhang des Arête des Chaux steigen wir weiter hinan. Der Weg wird steiler, wir befinden uns in den Geröllhalden und erreichen schließlich den **Col de Barberine** (2.20 Std.), wo uns eine prächtige Aussicht auf die beiden Stauseen erwartet.

Der Abstieg – etwas weniger steil als die letzten Meter des Aufstieges – verläuft über einen Bergweg durchs Geröll, vorerst kurz nach Osten und anschließend am Fuß der mächtigen Felswand der Pointes d'Aboillon Richtung Norden. Oberhalb eines Schneefeldes verliert sich der Pfad (2.30 Std.). Steinmarkierungen geben jedoch zuverlässig die Richtung an. Wir steigen durch den Schnee Richtung Nordosten ab und durch die kleine Schlucht der Combe du Col. Der Weg zeigt sich wieder, führt uns Richtung Norden und über die ersten kargen Grasteppiche wieder in felsiges Gelände. Rund 100 m nach dem **Punkt 2170** entspringt rechts unter uns der Triège (2.50 Std.). Nun dreht der Pfad allmählich Richtung Osten ins Tälchen von Emaney ab. Durch Alpmatten begleiten wir einige Meter über dem Bachbett den Triège talauswärts, überqueren zweimal ein Seitenflüßchen und treffen in der Alpsiedlung **Emaney** ein (3.30 Std.).

Unser Weg folgt weiterhin dem Triège und wird allmählich breiter. In einer kleinen Talenge gabelt er sich (3.50 Std.). Wir halten uns rechts, überschreiten – nachdem wir uns an einer weiteren Gabelung erneut rechts gehalten haben – den Triège und gelangen zu den Hütten von **La Tenda** (3.55 Std.). Der schmale Pfad führt uns vorerst Richtung Süden, zwischen Felsen hindurch ein kurzes Stück nach Norden und schließlich gleichmäßig absteigend, nun den Fluß in größerer Entfernung begleitend, an den ersten Arven und Lärchen vorbei. Dann ist der erste Wald erreicht.

Kurz vor dem Weiler **La Crêta** folgen wir einem rechter Hand abzweigenden Weg (4.20 Std.), steigen kurz an und genießen anschließend auf fast ebe-

Blick über den Stausee Lac d'Emosson auf das Argentière-Massiv

nem Wege eine längere, wunderschöne Waldpartie. Nach rund 1 km erreichen wir eine weitere Weggabelung. Wir zweigen nach rechts ab und steigen wiederum leicht in südwestlicher Richtung durch den Wald an. Unterhalb von Punkt 1542 gabelt sich der Weg erneut. Wir halten uns links, verlassen den Wald und folgen unserem Weg über die Alpwiesen von Teppe des Sargneux abwärts, wenden uns an einer weiteren Abzweigung nach links und erreichen den Weiler **Le Tey** (4.40 Std.).

Am unteren Ende der Siedlung übernimmt uns ein Sträßchen und führt uns in einigen Kehren zu den ersten Häusern von Finhaut, wo wir die Fahrstraße überqueren. In wenigen Minuten treffen wir im Dorfzentrum von **Finhaut** ein (4.50 Std.).

AM WEGE

Die Anfahrt zum Lac d'Emosson mit den verschiedensten Gefährten – alle als ›Bahn‹ bezeichnet – ist unvergeßlich. Vom Bahnhof Martigny führt uns die **Schmalspurbahn ›Mont-Blanc-Express‹,** welche das Rhonetal mit dem berühmten französischen Bergsteigerort Chamonix verbindet, ins Val de Trient hinein. Das Etikett ›Express‹ ist etwas hoch gegriffen – hat doch die Bahn schon anfangs, Zahnräder zu Hilfe nehmend, eine Steigung von 20% durch das enge Felstal des Bergflusses Trient hinaufzuklettern – kaum im Schnellzugtempo, versteht sich.

In Le Châtelard steigen wir um in die **Barberine-Standseilbahn.** 1920 angelegt, diente sie ursprünglich dazu, das Material für die Errichtung der Staumauer von Emosson in die Höhe zu bringen. Als das große Werk abgeschlossen war, übernahmen zwei Wagen den Transport von Passagieren. Glücklich, wer schwindelfrei ist: Die Steigung beträgt bis zu 87%! Ab und zu bleibt die Bahn unvermittelt stehen, und schon sehen wir unseren Wagen abkippen. Die »steilste Drahtseilbahn Europas mit Zweiwagenbetrieb« ist jedoch nicht nur steil, sondern auch sicher. An der Bergstation Château d'Eau, einem Wasserturm am Ende einer Druckleitung vom Stausee her, gönnen wir uns eine kleine Pause, lassen das Auge zu den imponierenden Gipfeln im Süden und durch das Val de Trient hinunter ins Rhonetal im Norden schweifen.

Ab Château d'Eau übernimmt uns das elektrische **Emosson-Panoramabähnchen.** Wir wähnen uns im Kinderland: Freie Sicht auf das Mont-Blanc-Massiv gewährend, zuckelt das Gefährt, einem Spielzeug gleich, auf ganzen 60 cm Spurbreite durch den Wald, durch mehrere Tunnel und über die tiefe Bouqui-Schlucht an den Fuß der Staumauer von Emosson.

Die letzte Etappe unserer abenteuerlichen Anfahrt bringen wir mit der 1991 angelegten **Emosson-Standseilbahn** hinter uns, mit einer maximalen Steigung von ›nur‹ 73%.

Hoch über den Schluchten der beiden Bergflüsse Triège und Trient gelegen, bietet der sonnige Ferienort **Finhaut** eine prächtige Sicht auf den Trientgletscher im Süden und zahlreiche Gipfel rundum. Die Wohnhäuser stammen aus dem 19. und dem frühen 20. Jh. Sehenswert ist vor allem die von Fernand Dumas entworfene Kirche aus dem Jahr 1929, bereits heute ein historisches Denkmal. Mit ihren neogotischen, kubistischen und modernistischen Stilelementen und dem Christkönigsfenster über der Orgel hatte sie zahlreiche Diskussionen ausgelöst – und im Wallis eine neue Ära in der Kirchenarchitektur eingeläutet.

32

Ein Bergtal ganz in Grün

Von Champéry durch das Val d'Illiez nach Troistorrents

Wären da nicht die typischen Holzhäuser und die imponierenden Zacken der Dents du Midi, könnte man sich in Irland wähnen: Das eher unbekannte Hochtal Val d'Illiez präsentiert sich einem grünen Garten gleich. An einem wilden Bergfluß entlang, über blumenreiche Wiesen, durch kühle Wälder und an typischen Einzelhöfen vorbei, erwandern wir gemütlich fast das ganze – kurze – Tal.

WEGVERLAUF: Champéry – Brücke bei Buchelieule (1.40 Std.) – Troistorrents (1 Std.)

DAUER: 2.40 Std.

LÄNGE: 9 km

HÖHENUNTERSCHIED: ca. 300 HM bergab (Champéry 1053 m, Troistorrents 744 m)

SCHWIERIGKEITSGRAD: leicht

WEGBESCHAFFENHEIT: Fahr- und Fußwege durch Wiesen, Wald und am Fluß entlang

AUSRÜSTUNG: Wanderschuhe

WANDERKARTE: MPA Wanderkarte 1:25 000 Val d'Illiez

EINKEHRMÖGLICHKEITEN: Restaurant in Buchelieule (auf der anderen Seite der Brücke, am Ufer der Vièze), Restaurants in Troistorrents

ANFAHRT: Ab Aigle oder Monthey (Bahnstationen an der Linie Brig–Sion–Martigny–Lausanne) im Rhonetal mit der Bahn über Troistorrents nach Champéry und ab Troistorrents ins Rhonetal zurück. Automobilisten fahren ab Monthey nach Troistorrents, wo sie den Wagen parken.

DER WANDERWEG

In **Champéry**, dem letzten Ort im Val d'Illiez, endet die Bahnlinie aus dem Rhonetal. Am Bahnhof aus dem Zug gestiegen, folgen wir der Hauptstraße nach Südwesten, Richtung Dorfzentrum. Nach rund 100 m halten wir uns an der Straßengabelung links und erreichen über einen Fußweg eine Kreuzung. Von hier aus führt uns ein Sträßchen nach links (Richtung Südosten) in den Wald hinein. In einer langen, engen Wegschlaufe steigen wir gemächlich abwärts und erreichen bald die **Vièze** (20 Min.), die wir jedoch nicht überqueren.

Wir wenden uns statt dessen dem linken Ufer zu und folgen auf einem Sträßchen dem Flußlauf talauswärts. Vorerst werden wir linker Hand von einer üppig grünen Wiese begleitet, anschließend verläuft der Weg wieder durch den Wald. An einer Gabelung

Die Dents du Midi, von Champéry aus gesehen

wählen wir den linken Weg, verlassen die Vièze für kurze Zeit und durchwandern blumenreiche Bergmatten. Ab und zu begegnet oder überholt uns ein Vehikel – kaum je ein Auto, eher ein Traktor, ein Heuwagen oder ein anderes landwirtschaftliches Gefährt. Im breiten Wiesental, begrenzt durch Wald zur Linken und den Fluß zur Rechten, gelangen wir zu den Häusern von **Préla** (50 Min.).

Einzelne Bauernhöfe – zum Teil mit breiten, mit steinbelasteten Schindeln gedeckten Dächern – und Streusiedlungen sind, anders als in den meisten Walliser Bergtälern, ein charakteristisches Merkmal des Val d'Illiez. Links an einem Fischteich vorbeiwandernd, erreichen wir eine Straßenkreuzung. Wir halten uns rechts, überqueren die Vièze und bummeln auf einem Fußweg am rechten Flußufer entlang talauswärts, vorerst durch eine Wiese, dann nimmt uns wiederum der kühle Wald auf. Die Vièze, ein veritabler Wildbach, rauscht und plaudert, wählt sich ihr Bett wie sie will und stimmt uns ruhig und angeregt zugleich.

Aus dem Wald herausgetreten, wendet sich unser Weg etwas vom Fluß ab und biegt oberhalb eines Steges in ein kleines Sträßchen ein (1.10 Std.). Wir tun einige Schritte Richtung Osten und überschreiten einen kleinen Vièze-Zufluß. Unterhalb der verstreuten Häuser von **Lachat** queren wir einen weiteren Bach und steigen über einen Wiesenhang hinab, um erneut, allerdings nur flüchtig, den Fluß zu begrüßen. In nordöstlicher Richtung führt uns von dort ein Fahrsträßchen leicht bergan. Ein nach kurzer Zeit linker Hand abzweigender Fußweg bringt uns durch die Wiesen an den untersten Häusern von **Les Prabys** vorbei (1.25 Std.). Es geht nun gemächlich abwärts Richtung Norden. An der gegenüberliegenden Talseite grüßt, beherrscht von einer gewichtigen Barockkirche mit Zwiebelturm – das freundliche Dorf Val-d'Illiez. Zurück an der Vièze, folgen wir ihr einige wenige Schritte, um vor der **Brücke nach Buchelieule** einem Sträßchen Richtung Nordosten zu folgen (1.40 Std.).

Leicht ansteigend erreichen wir, an einigen Bauernhöfen vorbei, den Torrent des Crêtes, welcher sich den Weg zur Vièze bahnt, queren ihn und halten uns an der Weggabelung am anderen Ufer links. Am Wald entlang wandern wir durch die Wiesen weiter talauswärts. Immer wieder genießen wir von neuem die harmonische Natur. Für ein Bergtal ist das Val d'Illiez überraschend üppig, freundlich, ja lieblich. Im folgen-

den Waldstück führt unser Weg in einer Kurve über den **Torrent de la Tille,** einen weiteren Zufluß der Vièze (2.05 Std.). Danach verläuft er durch Wiesen und an Einzelhöfen vorbei und trifft schließlich auf eine Fahrstraße.

Wir folgen ihr nach links und in einem Bogen an das linke Ufer der Vièze (2.20 Std.), wo wir uns endgültig von dem fröhlichen Bergbach verabschieden. Nach Norden weiterwandernd, erreichen wir in wenigen Minuten den Weiler **Le Pas.** Nun führt die Straße gleichbleibend Richtung Nordosten, ein letztes Mal durch die Blumenwiesen und an den ersten einzelnstehenden Häusern von **Troistorrents** vorbei, bevor wir das an einem Sonnenhang gelegene Dorfzentrum erreichen (2.40 Std.).

Mächtig erheben sich im Süden über dem grünen Talgrund die Wahrzeichen des Tales, die hohen Felsenpfeiler der Dents du Midi. Im Angesicht der imposanten Zacken erreichen wir, einige Minuten taleinwärts der Dorfstraße folgend, den Bahnhof.

AM WEGE

Auf einem Hochplateau im oberen Teil des Val d'Illiez gelegen, bildet der Skisportort **Champéry** einen der Ausgangspunkte zum größten zusammenhängenden Skigebiet der Welt, den ›Portes du Soleil‹, auf schweizerischem und französischem Gebiet. Die Sicht

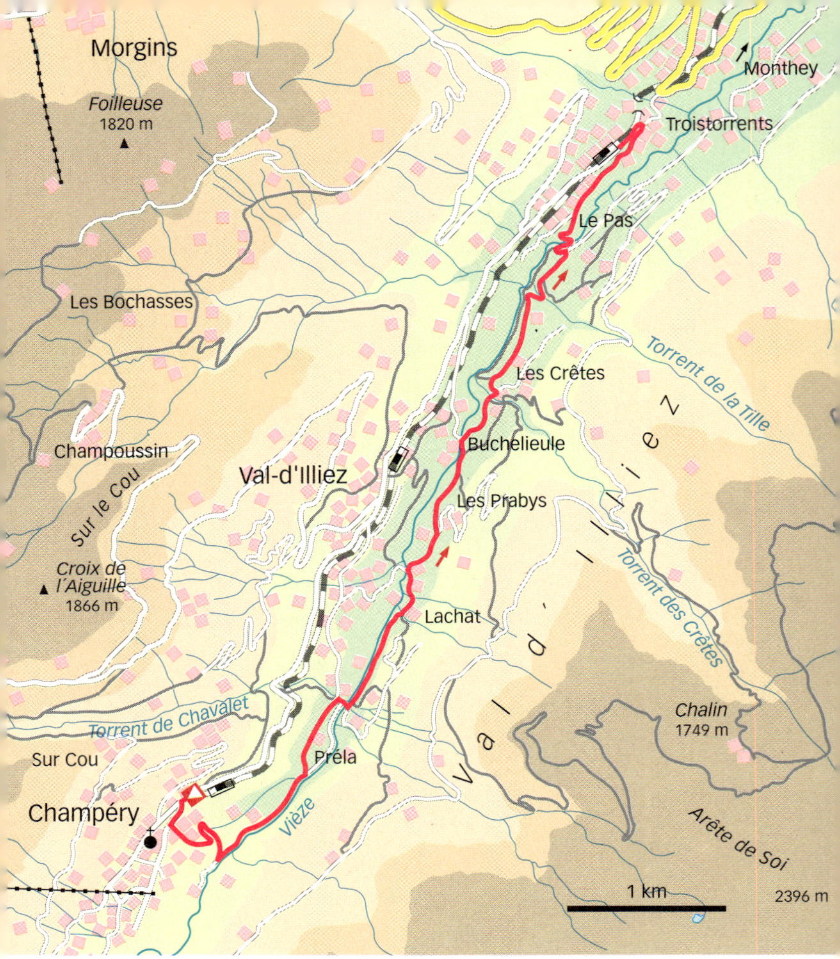

Wanderung 32: Von Champéry durch das Val d'Illiez nach Troistorrents

auf die sieben Zacken der Dents du Midi im Osten und die Dents Blanches im Südwesten ist großartig. Im Jahr 1857 wurde das erste Hotel eröffnet; Champéry gehört damit zu den ältesten Touristenorten im ganzen Alpenraum. Zu einer ›Fremdenstadt‹ ist es nie geworden. Geprägt durch dunkle Holzchalets, hat der Ort seinen ursprünglichen Charakter weitgehend bewahrt. In der warmen Wandersaison finden sich erstaunlich wenige Touristen hier ein. Einen Besuch wert ist die Kirche aus dem Jahr 1966 – vor allem der Abschluß des barocken Glockenturms aus acht gebogenen Steinstützelementen, der das alte Gotteshaus aus dem Jahr 1759 überdauert hat.

Als besondere Attraktion gilt die 1864 eröffnete **Felsengalerie Defago,** rund 2,5 km südlich von Champéry am bewaldeten rechten Hang der Vièze angebracht. 600 m lang, führt sie hoch über dem Tal teils über ein natürliches, pflanzenbewachsenes Felsband, teils wurde sie unter größter Anstrengung in den Felsen gehauen. Die Aussicht – wie aus einem Flugzeug, sagen manche – ist prächtig, der Blick schweift talauswärts über das ganze Val d'Illiez.

33

Geschenke des Gletschers

Von Monthey an den Findlingen vorbei nach Collombey

Eine kurze Wanderung, ein gemütlicher Spaziergang eigentlich nur – aber in gewissem Sinne ein gewichtiger: Auf unserem Weg durch die bewaldete Flanke des unteren Rhonetals treffen wir die größten Findlinge der Schweiz an. Vom Gletscher auf seinem Rückzug liegengelassen, bringen uns die mächtigen Felsbrocken mit ihren Inschriften eine kalte Vergangenheit näher.

WEGVERLAUF: Monthey–Collombey (1.20 Std.)

DAUER: 1.20 Std.

LÄNGE: 6 km

HÖHENUNTERSCHIED: keiner

SCHWIERIGKEITSGRAD: leicht

WEGBESCHAFFENHEIT: Fahr- und Fußwege über eine Moräne durch den Wald, anfangs und am Ende der Wanderung Fahrstraße

AUSRÜSTUNG: gutes Schuhwerk (Wanderschuhe nicht erforderlich)

WANDERKARTE: Landeskarte 1:25 000 Blatt 1284 Monthey

EINKEHRMÖGLICHKEITEN: Restaurants in Collombey

HINWEIS: Die Wanderung ist kurz und unbeschwerlich, es bleibt Zeit und Energie für einen anschließenden Ausflug nach St-Maurice.

ANFAHRT: Mit dem Auto oder dem Zug aus dem Rhonetal (umsteigen in Martigny) nach Monthey.

Von Collombey mit der Schmalspurbahn AOMC (Haltestelle an der Hauptstraße im Dorfzentrum) nach Monthey zurück oder mit den SBB (Station am nordöstlichen Dorfrand) Richtung Martigny–Sion–Brig.

DER WANDERWEG

Vom SBB-Bahnhof in **Monthey** steigen wir durch die Rue de la Gare ins Städtchen hinauf. Im Zentrum wählen wir rechter Hand die Avenue de France. Nach rund 50 m übernimmt uns die Route de Morgins und führt uns am Friedhof vorbei und über einige Kurven an den oberen Stadtrand zum Spital. Unschön gelegen, nämlich auf dem Spital-Parkplatz, erwartet uns die **Pierre des Marmettes** (20 Min.). Über eine Treppe erklimmen wir den Steinriesen, besuchen das klitzekleine Wäldchen und genießen vom ›Gartenhäuschen‹ die Aussicht ins Tal.

Auf dem Schotter der Zahnradbahngleise, die hinter dem Spital ins Val d'Illiez führen, wandern wir talwärts Richtung Norden und treten in den Wald ein. Bald tauchen vor uns, nahe der Bahnlinie gelegen, zwei weitere Felsbrocken auf. Der graue Doppelriese heißt **Pierre à Dzo** und steht ebenfalls unter Naturschutz. Vorsichtig überqueren wir die Schienen, um ihn aus der Nähe zu betrachten.

Bis fast ans Ziel unserer Wanderung begehen wir nun eine Seitenmoräne des ehemaligen Rhonegletschers. Größtenteils bewachsen, ist sie allerdings nicht auf den ersten Blick als solche zu erkennen. Wir folgen einem Weg Richtung Norden und treffen hier und da auf weitere kleinere oder größere Brocken aus dem gleichen Gestein. Rund 300 Mio. Jahre alt, bestehen die Findlinge, anders als der Gesteinsuntergrund dieser Gegend, aus sogenanntem Mont-Blanc-Granit. Das Mont-Blanc-Massiv liegt im französischen Savoyen, die Brocken haben allerdings nicht eine gar so lange Reise hinter sich: Mont-Blanc-Granit kommt auch auf Schweizer Boden vor – etwa in den Tälern von Entremont und Ferret südlich von Martigny. Aus dieser Region führte ein Seitenarm des Rhonegletsches her und bescherte dem Hang oberhalb von Monthey ›unsere‹ Moräne und ihre Granitbrocken, die im Laufe der nächsten Jahrtausende nach und nach verwittern werden.

Auf einem Waldweg begleiten wir die Bahngleise talauswärts. Üppig, oft gar wild wächst der Wald. Besonders schön gedeihen im milden Rhonetalklima die teilweise mächtigen Edelkastanien. Wir verlassen den Wald, folgen unserem Weg noch einige Meter und wenden uns bei der nächsten Kreuzung nach links. Ein Sträßchen führt uns über die Wiesen; nach einer Häusergruppe zweigen wir linker Hand ab und wandern in nördlicher Richtung wieder durch den Wald. Zu unserer Linken tut sich ein großer Steinbruch auf (30 Min.). Im letzten und zu Beginn dieses Jahrhunderts wurde hier – wie auch in dem kleineren Steinbruch, welcher

Die Pierre des Marmettes auf dem Parkplatz des Spitals in Monthey, größter Findling der Schweiz

sich auf der rechten Seite zum Rhonetal hin öffnet – Mont-Blanc-Granit als Baumaterial abgebaut.

Von der Krete des kleineren Steinbruchs führen zwei Wege nach Norden weiter. Wir halten uns rechts, wandern durch das dichte Unterholz und erreichen nach rund 500 m eine weitere Wegverzweigung. Hier wählen wir rechter Hand einen Fußweg. Nach rund 200 m gabelt er sich, wir wenden uns nach rechts und steigen über eine Kurve leicht hinab, um dem Weg anschließend wieder Richtung Norden zu folgen. Bei **Punkt 490** stehen wir erneut an einer Gabelung (45 Min.).

Wir halten uns rechts, einige Meter weiter links und schlagen an der nächsten Verzweigung erneut die nördliche Richtung ein. Von nun an kommen uns keine verwirrenden Pfade mehr in die Quere. Durch den Wald erreichen wir einen weiteren Steinbruch. Unmittelbar unter uns liegt das Dorf Collombey. Der Talboden, vor Abertausenden von Jahren unter dem Eispanzer des Rhonegletschers versteckt, ist heute fruchtbar, wird in dieser Gegend jedoch nicht überall kultiviert. Der Fluß und seine Wasserkraft zogen auch die Industrie an; am deutlichsten fallen uns nordöstlich die großen Anlagen der Erdölraffinerie von Collombey ins Auge.

Unser Waldweg dreht langsam nach links ab, in einer kleinen Kehre steigen wir abwärts. Nach einigen Schritten Richtung Westen erspähen wir wenige Meter oberhalb des Weges und gut getarnt im Unterholz einen weiteren Riesenfindling, den **Bloc Studer** (1 Std.).

Wir verabschieden uns nun von der Moräne und den Findlingen, folgen dem Weg durch die nächste Kehre und steigen Richtung Osten an den Waldrand ab. Hier halten wir uns rechts und erreichen über ein Fahrsträßchen die Hauptstraße, die uns in wenigen Minuten nach **Collombey** bringt (1.20 Std.).

Wanderung 33: Von Monthey an den Findlingen vorbei nach Collombey

AM WEGE

Heute ein bedeutendes Handels- und Produktionszentrum, dominiert von der chemischen und der Metall-Industrie, wurde **Monthey,** die unterste Stadt im Walliser Rhonetal, erstmals 1025 erwähnt. Die Altstadt hat ihr mittelalterliches Gepräge erhalten, die engen Gassen scheinen die Luft der Alpensüdseite zu atmen. Das im 13. Jh. von den Savoyarden errichtete stattliche Schloß wurde im 15. Jh. durch ein Hochwasser der Vièze zerstört, jedoch anschließend wieder aufgebaut. Im 17. Jh. erfolgten umfangreiche Umbauten, so daß die barocken Gebäudeteile, Schloßhof und Arkaden seither das Äußere der Anlage bestimmen. Heute beherbergt es das Museum des alten Monthey, welches uns über die bewegte Geschichte des Städtchens erzählt. Um den alten Marktflecken stritten sich die Sarazenen, die Berner, savoyische Herren – und natürlich die Walliser. Am Fuße des Burghügels lohnt sich ein Blick in die barocke Kapelle Notre-Dame-du-Pont aus dem Jahr 1775.

Unweit des Bahnhofs haben Ringmauern, ein Tor und Ecktürme der alten Stadtbefestigung die Jahrhunderte überdauert. Hier steht auch das 1734 als Patriziersitz errichtete Haus ›Le Crochetan‹, eines der sehenswertesten Gebäude der Stadt.

Der größte erratische Block der Schweiz, die **Pierre des Marmettes,** mißt gut 1800 m³ und ist rund 5000 t schwer. Das Monument bildet einen gleichzeitig kümmerlichen wie auch gewaltigen Rest eines 3 km langen und 330 m breiten Moränenwalls, zurückgelassen vom Rhonegletscher, der in uralten Zeiten das ganze Rhonetal ausgefüllt hatte. Wie uns eine Inschrift aufklärt, erwarb im Jahr 1908 die Schweizerische Naturforschende Gesellschaft den Brocken. Mit diesem Kauf bewahrten die Naturschützer den Stein davor, zerlegt zu werden und als profanes Baumaterial zu enden. Mit dem Kampf um die Pierre des Marmettes wurde der Schweizerische Bund für Naturschutz begründet.

Ebenfalls unter Naturschutz steht die **Pierre à Dzo.** Die Inschrift erzählt von zwei ›Fachleuten‹ verschiedener Ausrichtung, jedoch mit der gleichen Aufmerksamkeit gegenüber der Natur – dem Gamsjäger Jean-Pierre Perraudin und dem Bergwerksdirektor und Geologieprofessor Jean de Charpentier. Im frühen 19. Jh. beobachtete der Gamsjäger aus dem Val de Bagnes mit viel Geduld die Gletscher und kam zu einem damals spektakulären Schluß: Das Eis trägt nicht nur Geröll und kleine Steinbrocken, sondern auch große Felsblöcke zu Tale. Solche fielen dem Jäger auch in weiter Entfernung der Gletscher auf, was ihn davon überzeugte, daß sich die Eisströme in alter Zeit bis weit in die unteren Lagen ausgebreitet haben mußten. Die Theorie der Eiszeiten war geboren. Bis sie sich in der Fachwelt durchgesetzt hatte, dauerte es allerdings noch eine ganze Weile.

Wo wir die Moräne des Rhonetalgletschers verlassen, liegt im Unterholz ein weiterer Riesenfindling, der **Bloc Studer.** Im Jahr 1865 ließ sich ein Bauunternehmer davon überzeugen, daß das Monument der Nachwelt erhalten

Im Kreuzgang der Abtei von St-Maurice

bleiben solle, und schenkte den Block der Schweizerischen Naturforschenden Gesellschaft. Gewidmet ist er, so steht hier zu lesen, Bernhard Studer, einem bedeutenden Geologen und Eiszeitforscher aus dem Kanton Bern.

ST-MAURICE

In wenigen Minuten führt die Bahn von Collombey über Monthey nach St-Maurice, einem der kunstgeschichtlich bedeutendsten Orte der Schweiz. Bereits von den Kelten besiedelt, erlangte das Städtchen, im Rhonetalengpaß zwischen hohen Felswänden gelegen, in den ersten nachchristlichen Jahrhunderten große Bedeutung. Die Römer bauten es zu einem wichtigen Zoll- und Militärposten aus; zeitweise war St-Maurice gar die Hauptstadt des Wallis.

Von bedeutenden historischen Ereignissen legt unter anderem die berühmte Augustinerabtei Zeugnis ab. Hier wurden Ende des 3. Jh. die Gebeine des heiligen Mauritius – welcher der Stadt den Namen gegeben hat – und seiner Getreuen zur letzten Ruhe gebettet. Soldaten der thebäischen Legion, waren sie, der Überlieferung gemäß, heimlich zum Christentum übergetreten. Sie weigerten sich, auf Befehl ihre Glaubensgenossen umzubringen, und wurden dafür von ihren römischen Herren ermordet. Auf dem Märtyrergrab wurde Ende des 4. Jh. eine erste christliche Stätte errichtet. Im Jahr 515 wurde sie zu einer **Abtei** ausgebaut, die die ersten Pilger im ganzen Alpenraum anzog und noch heute zu den bedeutendsten und sehenswertesten Klöstern des Landes zählt. Die bis heute erhaltenen Abteigebäude, darunter die dreischiffige barocke Stiftsbasilika mit ihrem prachtvollen Chorgestühl, wurden im 17. Jh. errichtet. Einzig der Glockenturm stammt noch aus dem 11. Jh. Die Kirche birgt einen überaus reichen und künstlerisch wertvollen **Kirchenschatz,** eine der bedeutendsten sakralen Sammlungen der Christenheit. Auf Anfrage können die zahlreichen Prunkstücke besichtigt werden. Den Reliquienschrein des heiligen Mauritius aus getriebenem und vergoldetem Silber aus dem 12. Jh. zieren Christus-, Apostel- und Engelsfiguren. Die Wasserkanne aus Gold und Email soll Karl der Große, nachdem er sie vom Kalifen von Bagdad erhalten hatte, der Abtei geschenkt haben. Aus vergoldetem und versilbertem Kupferblech besteht der gotische Reliquienschrein aus dem Jahr 1225. Aus dem 7. Jh. stammt das merowingische Reliquienkästchen des Priesters Theoderich, aus Gold gearbeitet, besetzt mit Edelsteinen und Perlen. Ebenfalls edelsteinbestückt ist das Büstenreliquiar des heiligen Candidus aus dem 12. Jh. Unter den weiteren Objekten sind ein altrömisches Sardonyxgefäß und eine Inschriftensammlung zu bestaunen. Im Hof hinter der Abtei sind Fundamente von sechs Kirchenbauten aus dem 4.–11. Jh. ausgegraben worden.

Durch die Altstadt führt eine der engsten Straßen des Kantons. Heute **Grand-Rue** genannt, markiert sie die alte Römerstraße. Zwischen ihren Bürgerhäusern, Adelssitzen und Herbergen ist das Stadthaus zu entdecken. Besonders sehenswert sind das **Maison de la Pierre** mit seinem prächtigen, südlich anmutenden barocken Arkadenhof. Wie auch das **Maison de Bons** stammt es aus dem 18. Jh. Beide Gebäude weisen schöne Barocktreppen und schmiedeeiserne Gitterpforten auf. Der Grand-Rue weiter folgend, erreichen wir über die Brücke aus dem Jahr 1491 – während Jahrhunderten der einzige auch im Winter gefahrlose Zugang ins Wallis – in einer Felsenge das alte **Schloß.** Die im späten 13. Jh. von den Savoyarden angelegte und im 16. Jh. erneuerte Festung dokumentiert heute die Walliser Militärgeschichte.

34

Ein Naturschutzgebiet am Genfer See

Von Le Bouveret durch das Rhonedelta nach Villeneuve

Wo sich in früheren Zeiten der Fluß ungehindert seinen Weg bahnte, sind auch nach dessen Korrektur noch Auenwälder, stille Gewässer und Riedflächen zu finden. Auf dem Weg vom Wallis in den Kanton Waadt entdecken wir ein bedeutendes Naturschutzgebiet, queren Flüsse und Kanäle und wandern am unversehrten Ufer des Genfer Sees entlang.

i

WEGVERLAUF: Le Bouveret – Villeneuve (2 Std.)

DAUER: 2 Std.

LÄNGE: 7,5 km

HÖHENUNTERSCHIED: keiner

SCHWIERIGKEITSGRAD: leicht

WEGBESCHAFFENHEIT: Fahr- und Fußwege durch Auenwald und Wiesen, an Flüssen und Kanälen entlang

AUSRÜSTUNG: festes Schuhwerk (Wanderschuhe sind nicht erforderlich)

WANDERKARTE: Wanderkarte 1 : 25 000 Le Bouveret–Port-Valais, erhältlich in den Verkehrsbüros der Region

EINKEHRMÖGLICHKEITEN: Restaurants in Villeneuve

HINWEIS: Von Villeneuve aus ist in kurzer Zeit das Salzbergwerk von Bex zu erreichen: mit dem Zug über Aigle nach Bex (ca. 20 Min.) und weiter mit dem Postauto zum Weiler Les Dévens oberhalb von Bex (ca. 15 Min.); dort führt ein Wegweiser zum Salzbergwerk. Die Grubenbahn fährt zu den geführten Besichtigungen vom 1. April bis 15. November täglich um 10, 13 und 16 Uhr ab. Warme Kleidung mitnehmen!

ANFAHRT: Mit dem Zug aus dem Rhonetal (Sion–Martigny) bis Le Bouveret am Genfer See.

Von Villeneuve zurück mit der Bahn Richtung Rhonetal (Martigny–Sion–Brig). Zwischen Villeneuve und Le Bouveret verkehren zudem (manchmal mit einem Abstecher an das französische Seeufer) Kursschiffe – ideal für jene, die ihren Wagen in Le Bouveret parken wollen.

DER WANDERWEG

Am Bahnhof von **Le Bouveret** schlagen wir das Sträßchen in Richtung Südosten ein und wandern am Seeufer und dem großen Bootshafen entlang. Auch wenn es heute vor allem von Genfer-See-Schiffen angelaufen und von deren Passagieren besichtigt wird, hat das kleine Dorf im Rhonedelta doch die Ambiance eines alten Fischerortes bewahren können. Hinter dem Hafen dreht

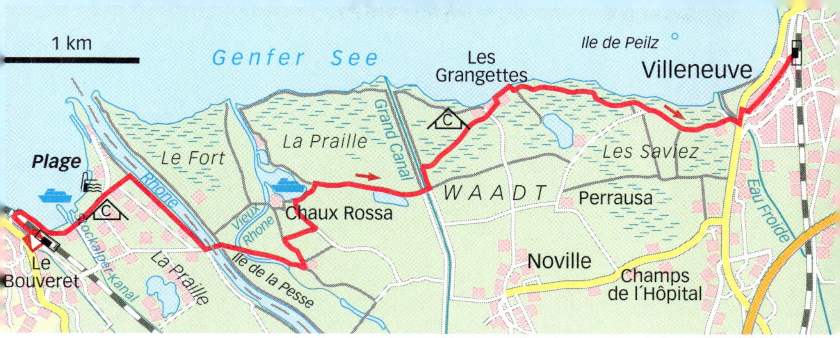

Wanderung 34: Von Le Bouveret durch das Rhonedelta nach Villeneuve

der Weg gegen Nordosten, verläuft etwas weiter vom Seeufer entfernt und führt uns über den schmalen Stockalper-Kanal. Seinen Bau in Auftrag gegeben und bezahlt hatte 1651–1659 Kaspar Jodok von Stockalper, zu dieser Zeit der wichtigste Kaufmann des Wallis. Die Umsetzung seines Plans, dank einer Verbindung zum Genfer See den Handel im Wallis anzukurbeln, ließ er sich viel Geld kosten. Heute der Entwässerung dienend, galt die Anlegung der Wasserstraße als großartiges Pionierwerk.

Am Schwimmbad in der Bucht der Rhonemündung vorbei, wandern wir geradeaus weiter und erreichen rasch die **Rhone** (20 Min.). Vor seiner Korrektur im 19. Jh. war der Fluß während der Jahrhunderte immer wieder über die Ufer getreten. Zwischen zwei Hochwasserdämmen kanalisiert, fließt er heute einen halben Kilometer nordwestlich von uns gesittet in den Genfer See. Einige Meter vom Ufer entfernt führt uns ein schnurgerades Sträßchen taleinwärts. Links gedeiht zwischen Fluß und Weg ein Auenwald, rechter Hand läuft uns das hier begradigte Flüßchen La Benna entgegen. Auf einer Brücke queren wir anschließend die Rhone. Ruhig fließt das Wasser der Mündung entgegen. Die Vorstellung, daß die Rhone dem Genfer See pro Sekunde durchschnittlich rund 200 kg Steine und Geröll zuführt, fällt schwer. Bei Hochwasser kann das Geschiebe bis auf die fünffache Menge anwachsen. An der Mündung wird ein großer Teil davon ausgebaggert und abtransportiert. Mitten auf der Brücke betreten wir den Kanton **Waadt** (35 Min.).

Am anderen Ufer verzweigt sich der Weg. Wir halten uns rechts, wandern durch den Auenwald und queren die idyllische Vieux Rhone – die ›alte Rhone‹ –, die ihren Lauf noch selber bestimmt. Die Begradigung der ›neuen‹ Rhone hat zwar die alte Landschaft grundlegend verändert, dennoch sind einige alte Wasserläufe und Sümpfe erhalten geblieben. Bis kurz vor Villeneuve gilt das ganze Gelände als ökologisch wertvolles Altwassergebiet; in den feuchten und nassen Zonen leben Amphibien und gedeihen seltene Pflanzen.

Wir verlassen den Wald und zweigen im Gelände von L'Essert bei einem Gebäude nach links in einen Weg nach Nordwesten ein. Nach rund 250 m biegen wir rechts ab und erreichen ein Fahrsträßchen. Dieses führt uns in Richtung des Genfer Sees durch ein weiteres Stück Auenwald zum Jachthafen von **Chaux Rossa** (50 Min.), angelegt im größten von mehreren stehenden Gewässern im Deltagebiet.

Wir wandern an seinem Ufer entlang Richtung Nordosten und zweigen gleich anschließend rechts in ein Sträßchen in Richtung Osten ab. Durch den Wald und über freies Feld erreichen wir ein weiteres stehendes Gewässer, einen kleinen See ohne Zu- und Abfluß. Nördlich von uns dehnt sich ein Sumpfgebiet aus. Noch einige Schritte, und wir stehen am **Grand Canal** (1.05 Std.), der

Der Jachthafen von Chaux Rossa im Rhonedelta, im Hintergrund rechts die Dents du Midi

die fruchtbare Ebene entwässert und vor dem Versumpfen bewahrt. Auf einer Brücke überschreiten wir den Kanal und wandern an seinem Ufer entlang dem Genfer See entgegen. Nach rund 150 m zweigt rechts ein Weg Richtung Nordosten ab. Im sumpfigen Auenwald wuchert das Grün, Rinnsale und Bächlein graben sich ihre Furchen, geben alte Wege auf, ziehen neue Schlaufen, wie es ihnen beliebt.

An einem Zeltplatz vorbei erreichen wir den kleinen Ort **Les Grangettes** und damit endlich das Ufer des Genfer Sees (1.20 Std.). Wir umgehen die wenigen Gebäude, ziehen Richtung Nordosten und überqueren einige Meter vom Ufer entfernt auf einem Steg ein kleines Flüßchen. Durch Auen und sumpfiges Gelände, an schönen Schilfbeständen vorbei, wandern wir auf gutem, wenn auch schmalem Weg rund 1,5 km am See entlang.

Das Rhonedelta bietet vielen Vögeln Lebensraum. Zugvögel rasten hier, manche bleiben den ganzen Winter über, und im Frühling brüten hier auch bedrohte Arten. Einen halben Kilometer vom Ufer entfernt sichten wir die kleine Ile de Peilz, am gegenüberliegenden Ufer grüßt Montreux. Im Nordosten ist auf einem dem Ufer vorgelagerten Inselchen das trutzige Château de Chillon zu sehen, darüber erheben sich die Felsen der Rochers-de-Naye. Im Süden beherrschen die markanten sieben Zacken der Dents du Midi die Szenerie.

Wir erreichen den Wildbach **Eau Froide** (1.45 Std.), losgeschickt von den Gletschern der Waadtländer Alpen, und folgen dem Flüßchen ein kurzes Stück taleinwärts. Über eine Brücke treffen wir am Stadtrand von **Villeneuve** ein. Durch die Altstadtgassen nordostwärts ziehend, gelangen wir schließlich unterhalb eines Rebberges zum Bahnhof (2 Std.).

DAS SALZBERGWERK VON BEX

Seit 1560 wird in einer Saline oberhalb von Bex im Kanton Waadt Salz gewonnen. Die Besichtigung des heutigen, 1684 eröffneten Salzbergwerks dauert zwar ›nur‹ zweieinhalb Stunden, führt uns aber gleichzeitig durch die 300jährige Geschichte eines unserer Grundnahrungsmittel.

Eine Ausstellung zeigt rund 200 Objekte zum Thema Bergbau. In einem

Solereservoir aus dem Jahr 1826 lassen wir uns anschließend anhand eines Modells und einer audiovisuellen Vorführung in die Geschichte des ›weißen Goldes‹ einführen und die riesige, fast 50 km lange Salzgewinnungsanlage erklären. Von dem wahren Labyrinth von Schächten, Stollen, Treppen und riesigen unterirdischen Hallen stehen nur wenige Kilometer zur Besichtigung offen. Die jedoch haben es in sich: Quietschend und rumpelnd bringt uns eine Grubenbahn durch 2 km lange Stollen in das Abbaugebiet im Berginnern. Auf einem geführten Rundgang lernen wir die spektakulärsten wie auch die gängigsten Methoden kennen, die zur Salzgewinnung angewandt wurden und werden. Kaum vorstellbar, welch große Anstrengungen nötig waren, damit die Salzquellen gefunden und das Salz aus dem Gestein herausgebrochen werden konnten! Die gewaltigen Eindrücke können wir anschließend in einem unterirdischen Restaurant zu bewältigen versuchen.

Halsensee im Binntal (Wanderung 3)

Abbildungs- und Quellennachweis

Thomas Andenmatten, Brig Titelbild, Titelvignetten, Rückseite; S. 1, 9, 10, 11, 12, 13, 17, 23, 26, 27, 28, 31, 33, 35, 40/41, 49, 53, 54, 59, 60, 64/65, 67, 71, 72, 75, 77, 83, 103, 111, 117
Archiv für Kunst und Geschichte, Berlin S. 21 unten, 131
Adriana Claude, Zinal S. 150/151
Michel Darbellay, Martigny S. 14, 15, 16, 19, 21 oben, 24, 86/87, 120, 124/125, 128, 133, 136/137, 140, 155, 159, 161, 165, 166, 168, 170, 173, 178/179, 183, 185, 189, 193, 194, 198/199, 202/203, 208, 212/213
Office du Tourisme Grimentz S. 154
Office du Tourisme Monthey–Choëx–Les Giettes S. 206
Office du Tourisme Sierre S. 119
Photo Klopfenstein, Adelboden S. 46/47, 98, 100/101, 106/107, 214/215
Verkehrsbüro Saas Fee S. 88
Verkehrsbüro Saas Grund/Franz Eyer S. 82
Verkehrsbüro Täsch S. 95
Walliser Verkehrsverband, Sion S. 144

Karten und Pläne: Elsner & Schichor, Karlsruhe

Zitat S. 88 aus: Carl Zuckmayer, »Als wär's ein Stück von mir«.

Wanderinfos von A bis Z

ANREISE MIT DEM AUTO

Mit dem Auto ist das Wallis bequem über das Fernstraßennetz – zum überwiegenden Teil per Autobahn – zu erreichen: von Deutschland aus über Schaffhausen, von Österreich aus über St. Margrethen und St. Gallen nach Winterthur und weiter über Zürich, Bern und Thun, durchs Kandertal nach Kandersteg, von dort Autoverladung mit der Bahn durch den Lötschbergtunnel nach Goppenstein oder Brig. Ab Goppenstein Autostraße rhonetalabwärts Richtung Sion. Ab Basel über Olten nach Bern und weiter wie oben oder über Fribourg ins Unterwallis. Zur Einreise in die Schweiz benötigen Automobilisten Paß oder Personalausweis, Fahrzeugpapiere und nationalen Führerschein sowie eine gültige Autobahnvignette.

ANREISE MIT DER BAHN

Intercity-Züge aus Deutschland und Österreich verkehren in der Regel im Stundentakt nach Basel und Zürich. Ab Basel und Zürich-Hauptbahnhof verkehren ebenfalls stündlich Schnellzüge nach Brig im Wallis, teilweise direkt, teilweise mit Umsteigen in Bern. Ab Brig fährt die Schweizerische Bundesbahn durch das Rhonetal über Sion und Martigny nach Lausanne.

Von allen größeren deutschen und österreichischen Bahnhöfen kann das Gepäck bis zum Zielbahnhof aufgegeben werden.

ANREISE MIT DEM FLUGZEUG

Swissair, Lufthansa und Austrian Airlines bieten täglich Direktflüge von den meisten Flughäfen in Deutschland und Österreich nach Zürich und Genf an. In beiden schweizerischen Flughäfen erfolgt das Umsteigen in die Bahn direkt auf dem Flughafenareal. Ab Zürich-Flughafen erreicht die mehrmals stündlich verkehrende Bahn Zürich-Hauptbahnhof in rund zehn Minuten. Ab Genf-Flughafen verkehrt die Bahn via Lausanne (meistens mit Umsteigen) über Martigny und Sion nach Brig.

Auskunft erteilen die **Swissair** in Zürich, ✆ 01/8 16 22 11, oder die Agenturen der Luftfahrtgesellschaften in Deutschland und Österreich.

AUSKUNFT

... in Deutschland

Schweiz Tourismus
Kaiserstraße 23
60311 Frankfurt/M.
✆ 0 69/25 60 01–0
Fax 0 69/25 60 01 10

Kasernenstraße 13
40213 Düsseldorf
✆ 02 11/3 23 09 13
Fax 02 11/13 34 36

Speersort 8/IV
20095 Hamburg
✆ 0 40/32 14 69
Fax 0 40/32 39 00

Leopoldstraße 33
80802 München
✆ 0 89/33 30 18
Fax 0 89/34 53 46

Unter den Linden 24
10117 Berlin
✆ 0 30/2 01 20 50
Fax 0 30/2 01 20 51

... in Österreich

Schweiz Tourismus
Kärntnerstrasse 20
1015 Wien
✆ 02 22/5 12 74 05
Fax 02 22/5 13 93 35

... in der Schweiz

Schweiz Tourismus
Bellariastrasse 38
8027 Zürich
✆ 01/2 88 11 11
Fax 01/2 88 12 05

Walliser Verkehrsverband
15, rue de Lausanne
1951 Sion 1
✆ 0 27/22 31 61
Fax 0 27/23 15 72

Fast jeder Ort im Wallis verfügt über ein **Fremdenverkehrsamt (Verkehrsbüro/Office du Tourisme),** Auskunft erteilt der Verkehrsverband Wallis. Das Verkehrsbüro vermittelt Hotel- und Privatzimmer, Ferienwohnungen und Pauschalangebote, zudem sind Prospektmaterial, Fahrpläne und zahlreiche weitere Informationen erhältlich.

AUTOFAHREN

Auf Autobahnen ist die **Autobahnvignette** zum Preis von sFr. 40,– (Autobahngebühr) obligatorisch. Sie ist erhältlich bei Postämtern, Tankstellen und Automobilwerkstätten in der Schweiz sowie bei Automobilclubs und den Büros von Schweiz Tourismus in Deutschland und Österreich. Wird ein Autofahrer auf schweizerischen Autobahnen ohne gültige Vignette ertappt, muß er sFr. 100,- Strafe zahlen und für sFr. 40,– eine Plakette erwerben.

Die Höchstgeschwindigkeiten betragen 120 km/h auf Autobahnen, 80 km/h auf Landstraßen und 50 km/h innerorts. Obligatorisch: Anlegen der Sicherheitsgurte im Auto, Helm für den Motorradfahrer. Bei Unfällen mit Personenschaden ist die Polizei (✆ 1 17) zu rufen, über ✆ 1 44 ist der Sanitätsnotdienst erreichbar. Autobahnen und Autostraßen verfügen über Notrufsäulen. Notrufzentrale: TCS Genf, ✆ 0 22/35 80 00. Auf Autobahnen und in Städten kann rund um die Uhr an vielen Tankstellen mit 10- und 20-Franken-Scheinen Benzin bezogen werden.

Straßenzustands- und Verkehrslageberichte werden von den meisten Radiostationen unmittelbar vor oder nach den Nachrichten sowie nach Bedarf gesendet. Informationen über den Straßenzustand erhält man in der Schweiz über ✆ 1 63.

CAMPING

Das Wallis verfügt über zahlreiche Campingplätze. Zur Hauptreisezeit (Juli/August) empfiehlt es sich, seinen Stellplatz reservieren zu lassen. Auskünfte erteilt Schweiz Tourismus oder die Broschüre ›Campingferien in der Schweiz‹, gegen Gebühr erhältlich beim **Schweizerischen Camping- und Caravaning-Verband,** Habsburgerstrasse 35, 6000 Luzern, ✆ 0 41/ 23 48 22.

Wildes Campen wird nur mit Genehmigung des Grundstücksbesitzers toleriert.

DIPLOMATISCHE VERTRETUNGEN

Deutsche Botschaft
Willadingweg 83
3006 Bern
✆ 0 31/3 59 41 41
Fax 0 31/3 59 44 44

Deutsches Generalkonsulat
Ch. du Petit Saconnex 28c
1211 Genf 19
✆ 0 22/7 30 11 11
Fax 0 22/7 34 30 43

Österreichische Botschaft
Kirchenfeldstrasse 28
3005 Bern
✆ 0 31/3 51 01 11
Fax 0 31/3 51 56 64

Österreichisches Konsulat
Avenue d'Ouchy 66
1000 Lausanne 6
✆ 0 21/6 17 28 94

EINREISE- UND ZOLL-BESTIMMUNGEN

Zur Einreise in die Schweiz benötigen Staatsbürger der Bundesrepublik Deutschland einen Reisepaß (weniger als 1 Jahr abgelaufen) oder einen gültigen Personalausweis. Kinder bis 10 Jahre: Kinderausweis ohne Fotografie; bis 16 Jahre: Kinderausweis mit Fotografie oder Eintrag im Paß eines Elternteils.

Österreichische Staatsangehörige benötigen zur Einreise in die Schweiz entweder einen Reisepaß, nicht länger als fünf Jahre abgelaufen, oder einen gültigen Personalausweis.

Bei der Einreise in die Schweiz sind pro Person zollfrei: Persönliche Effekten wie Kleider, Toiletten- und Sportartikel, Foto- und Videokameras mit Filmen usw. sowie Reiseproviant für einen normalen Tagesbedarf. Rauchwaren: 200 Zigaretten oder 50 Zigarren oder 250 g Pfeifentabak. Alkoholische Getränke: 2 l mit Alkoholgehalt unter 15% (Bier, Wein), 1 l mit Alkoholgehalt über 15% (Schnaps). Andere Waren zu Geschenkzwecken bis zu einem Gesamtwert von sFr. 100,– (für Fleischwaren gelten besondere Bestimmungen). Personen unter 17 Jahren dürfen je die Hälfte zollfrei einführen. Für die Ein- und Ausfuhr von Devisen bestehen keine Vorschriften.

FEIERTAGE

1. Januar
2. Januar (Berchtoldstag)
Ostermontag
Auffahrt (Christi Himmelfahrt)
Pfingstmontag
Fronleichnam
1. August (Nationalfeiertag)
15. August (Mariä Himmelfahrt)
1. November (Allerheiligen)
8. Dezember (Mariä Empfängnis)
25. Dezember
26. Dezember (Stefanstag)

FESTE UND VERANSTALTUNGEN

Das Wallis kennt zahlreiche kirchliche und weltliche Feste und Veranstaltungen, die berühmtesten unter ihnen sind die Fronleichnamsprozessionen im Lötschental und in Visperterminen, die Kuhkämpfe im Unterwallis, das Schäferfest auf dem Gemmipaß. Zu verschiedenen Zeiten finden in vielen Orten Alpauf- und -abzüge, Älplerfeste, Musikfestwochen sowie lokale Veranstaltungen aller Art statt. Auskünfte erteilen der Walliser Verkehrsverband und die lokalen Verkehrsbüros.

GELD

In den großen Ferienzentren und oft auch in kleineren Orten werden in Geschäften, Hotels und Restaurants die gängigen Kreditkarten angenommen. In den abgelegeneren Regionen wird nur Bargeld akzeptiert.

GESUNDHEIT

Deutsche Krankenkassen erstatten in der Schweiz entstandene Kosten gegen Vorlage der Rechnungen nach speziellen Tarifen. Über Einzelheiten informieren die Kassen.

Zwischen den offiziellen österreichischen und schweizerischen Krankenkassen besteht kein entsprechendes Abkommen, es empfiehlt sich daher der Abschluß einer privaten Krankenversicherung.

HAUSTIERE

Hunde und Katzen müssen gegen Tollwut geimpft sein. Die Impfung muß älter als 30 Tage sein, darf aber höchstens ein Jahr zurückliegen.

JUGENDHERBERGEN

Das Wallis verfügt über rund zehn Jugendherbergen. Sie stehen allen Gästen offen, die eine gültige Mitgliedskarte besitzen. Sind die Plätze beschränkt, genießen Jugendliche unter 25 Jahren ein Vorrecht. Familien und Gruppen benötigen eine spezielle Mitgliedskarte. Mitgliedsausweise sind bei folgenden Stellen erhältlich:

... in Deutschland
Deutsches Jugendherbergswerk
Postfach
32754 Detmold
✆ 0 52 31/740 10
Fax 0 52 31/74 01 49

... in Österreich
Österreichischer Jugendherbergsverband
Schottenring 28
1010 Wien
✆ / Fax 02 22/5 33 53 53

... in der Schweiz
Schweizerische Jugendherbergen
Schaffhauserstrasse 14
Postfach 1 61
8042 Zürich
✆ 01/3 60 14 14
Fax 01/3 60 14 60

KARTEN

In nahezu allen Verkehrsbüros sind lokale Wanderkarten mit eingezeichneten Routen erhältlich. Empfehlenswert sind Karten im Maßstab 1:50 000 oder 1:25 000. In einzelnen Fällen werden Wanderkarten im Maßstab 1:40 000 angeboten. Sie sind genau, können jedoch den an die gängigen Maßstäbe gewohnten Wanderer möglicherweise verwirren. Wo Wanderkarten fehlen, bieten sich die hervorragenden Blätter 1:50 000 oder 1:25 000 der offiziellen Schweizerischen Landeskarte, erhältlich in den lokalen Buchhandlungen, an.

MUSEEN

Brig
Stockalperpalast: Schloßmuseum und heimatkundliche Sammlung. Dokumente über Brig, das Oberwallis und zur Geschichte der Familie von Stockalper sowie der Bischöfe von Sitten (Bildnisse, Münzen, Mobiliar). Sammlung zur Walliser Volkskunde. Graphiksammlung zum Oberwallis. Geöffnet Mai bis Oktober; Führungen mit Palastbesichtigung jeweils um 9, 11, 14, 15 und 16 Uhr. ✆ 0 28/23 25 67

Ernen
Museum in der Kirche: Paramente, Monstranzen, Reliquiare, Prozessionskreuze, Meßkännchen und Kelche aus dem 15.–18. Jh. Dokumente, Weihegaben, Votivtafeln. Geöffnet Juni bis Oktober zu verschiedenen Zeiten. Auskunft unter ✆ 0 28/71 11 29 oder 71 15 62
Museum im Zendenrathaus: Folterkammer mit Werkzeugen. Erinnerungsstücke an Kardinal Matthäus Schiner: Möbel, Bilder, Kanne von 1601. Fahnen, reiche Dokumentensammlung, besonders über die neun Landeshauptmänner der Pfarrei Ernen. Geöffnet nach Vereinbarung mit dem Verkehrsbüro, ✆ 0 28/71 15 62

Großer St. Bernhard
Hospizmuseum: Römische Funde vom Großen St. Bernhard: Statuen, Votivtafeln, gallische und römische Münzsammlung, Zinn. Dokumente über die Region, das Hospiz und seine

Geschichte. Sammlung von Mineralien und Insekten der Region. Geöffnet im Juni und September 8–12 und 13–18 Uhr, im Juli/August 8–19 Uhr. ✆ 0 26/ 87 12 36

Abteischatz: Hostiengefäße, Kelche, Reliquien, Statuen, Ornamente, Manuskripte – darunter ein Gebetbuch von 1475 –, Reliquienbüste aus dem 18. Jh., byzantinisches Patriarchen-Kreuz aus dem 14. Jh. Geöffnet im Juni und September 9–12 und 13–18 Uhr, im Juli/ August 8–17 Uhr. ✆ 0 26/87 12 36

Isérables

Volkskundemuseum: Werkzeuge und Geräte aus Landwirtschaft und Kunsthandwerk, Kristalle. Geöffnet nach Vereinbarung unter ✆ 0 27/ 86 23 42

Kippel

Lötschentaler Museum: Objekte und historische Fotografien zur Kultur des Lötschentals: Land-, Alp- und Milchwirtschaft, Bauernstube, Küche, Hausrat, Möbel, Werkzeuge zur Holzbearbeitung, Geräte zur Bearbeitung von Wolle und Flachs, Textilien und Trachten, Masken, Brauchtumsrequisiten, Andachts- und Votivbilder; wechselnde Ausstellungen. Unregelmäßige Öffnungszeiten, Auskunft unter ✆ 0 28/ 49 14 44 oder 49 18 71

Leuk

Heimatmuseum und Bischofsschloß: Landwirtschaftliches Gerät, Werkzeuge, Haus- und Sennereieinrichtungen aus dem alten Leuk; Küche, Kammer. Geöffnet samstags 14–16 Uhr, für Gruppen nach Vereinbarung unter ✆ 0 27/63 12 23

Martigny

Fondation Giannada: Gallo-römisches Museum: Archäologische Funde aus Martigny (Opfergaben, Münzen, Grabsäulen, Keramik, Schmuck, Bronzestatuen), Leben in und um Martigny in der Römerzeit (Märkte, Einfuhr, Produktion, Mobiliar, Heizung, Wasserversorgung usw.). Oldtimer aus den Jahren 1897–1939, darunter Rolls Royce, Hispano-Suiza und der Delaunay-Belleville des russischen Zaren Nikolaus II. sowie in der Schweiz hergestellte Fabrikate. Wechselausstellungen. Im Garten Skulpturen zeitgenössischer Künstler. Öffnungszeiten: Mitte Mai bis Oktober 10–18 Uhr, übrige Monate 10–12 und 13.30–18 Uhr. ✆ 0 26/ 22 39 78

Monthey

Museum des alten Monthey: Mobiliar, Dokumente, Stiche. Industrie und Kunsthandwerk aus der Gegend. Geöffnet montags 15–19 Uhr, mittwochs 9–11 und 15–19 Uhr, freitags 9–11 Uhr. ✆ 0 25/71 26 42 oder 72 28 70

Münster

Museum für sakrale Kunst: Kirchenschatz: Skulpturen und Gemälde vom Hochmittelalter bis zum 19. Jh. Liturgische Geräte, v. a. Kreuze und Kelche. Liturgische Kleidung, besonders Meßgewänder aus dem 17. und 18. Jh. Zeugnisse zur Volksfrömmigkeit. Dokumente, Bücher und Bilder zur Geschichte der ehemaligen Großpfarrei Münster. Geöffnet nach Vereinbarung unter ✆ 0 28/73 11 62

Plan-Cerisier

Mazot-Museum: Werkzeuge und Geräte zum Weinbau. Geöffnet dienstags 16–18 Uhr oder nach Vereinbarung unter ✆ 0 26/22 17 70, 22 71 07 oder 22 25 29

Riederalp

Alpmuseum: Die Alphütte aus dem Jahr 1606 präsentiert sich in ihrer ursprünglichen Form und Ausstattung. Alpwirtschaft, Schaukäsen, altes Handwerk. Geöffnet von Mitte Juni bis Mitte Oktober jeweils dienstags, donnerstags und sonntags 14–17 Uhr oder nach Vereinbarung unter ✆ 0 28/27 13 65

Saas Fee

Saaser Museum: Möblierte Saaser Wohnung um 1900, Geräte für Haus- und Landwirtschaft, Einrichtungsgegenstände, Saaser Mineraliensammlung, Sportartikel vom Beginn des Sommer- und Wintertourismus, Saaser Trachten, Speicher, Original-Arbeitszimmer des Dichters Carl Zuckmayer, sakrale Kunstsammlung, Gletschergeschichte des Saastals. Wechselausstellungen. Geöffnet Juni bis Oktober dienstags bis sonntags 10–12 und 14–18 Uhr; in den übrigen Monaten montags bis freitags 14–18 Uhr. ✆ 028/57 23 15, 57 21 45 oder 57 14 75

St-Gingolph

Museum des alten St-Gingolph: Leben und Traditionen in St-Gingolph und der Region, Leben am Genfer See, Geschichte der Schiffahrt auf dem Genfer See vom Beginn an. Geöffnet Juli/August jeden Samstag 15–17 Uhr, in den übrigen Monaten jeden ersten Samstag des Monats. ✆ 025/81 31 39

St-Maurice

Militärmuseum im Schloß: Ausrüstung, Uniformen und Fahnen der Walliser Regimenter von 1815 bis heute. Dokumentensammlung zur Militärgeschichte des Kantons Wallis. Geöffnet Juni bis September dienstags bis sonntags 10–12 und 14–18 Uhr, in den übrigen Monaten bis 17 Uhr. ✆ 027/21 69 11 oder 025/65 24 58

Kirchenschatz im Kloster: Eine der bedeutendsten Sammlungen mittelalterlicher Goldschmiedekunst in Europa. Hervorragende Kunstwerke, vor allem aus merowingischer Zeit; Reliquien und liturgische Objekte aus dem Hochmittelalter, darunter mehrere Reliquienschreine; Inschriftensammlung, eine goldemaillierte orientalische Kanne und ein altrömisches Sardonyxgefäß, Textilien aus dem Mittelalter. Führungen zu verschiedenen Zeiten, Auskunft unter ✆ 025/65 11 81

Saxon

Museum des alten Saxon: Küche, Eßzimmer und Kammer. Werkzeuge zur Herstellung von Brot, Käse und Wein sowie für das Seiler- und Schreinerhandwerk. Waffen aus dem 19. Jh., religiöse Objekte. Dokumente zur alten Wasserleitung von Saxon. Altes Schulzimmer, Vögel und Säugetiere der Region. Geöffnet nach Vereinbarung unter ✆ 026/44 15 19

Sierre

Zinnsammlung im Rathaus: Zinnobjekte aller Art aus dem 17.–19. Jh., vor allem schweizerischer und französischer Fabrikation. Geöffnet montags bis donnerstags 8–12 und 14–17 Uhr, freitags 8–12 und 14–16.30 Uhr. ✆ 027/57 11 71

Rilke-Stiftung: Sammlung von Briefen und Manuskripten Rainer Maria Rilkes, Dokumentation zu den bevorzugten Themen des Dichters. Geöffnet Mitte März bis Mitte November dienstags bis sonntags, 15–19 Uhr. ✆ 027/56 26 46 oder 55 16 03

Sion

Archäologisches Museum: Reichhaltige archäologische Sammlung zur Frühgeschichte und gallo-römischen Zeit des Wallis, darunter Skulpturen, Glas und Keramik. Geöffnet dienstags bis sonntags 10–12 und 14–18 Uhr. ✆ 027/21 69 11 oder 21 69 16

Kunstmuseum in der Majorie: Reichhaltige Sammlung von Werken Walliser Künstler und Werken mit Walliser Themen vom späten Mittelalter an. Geöffnet von Mai bis September dienstags bis sonntags 10–12 und 14–18 Uhr, in den übrigen Monaten bis 17 Uhr. ✆ 027/21 69 11 oder 21 69 02

Naturhistorisches Museum im Lycée-Collège: Geologie, Mineralogie, Zoologie und Botanik des Wallis. In einem speziellen Saal werden die 1979 beim Stausee Vieux-Emosson entdeckten Dinosaurierspuren dokumentiert.

Geöffnet dienstags bis sonntags 14–18 Uhr. ✆ 0 27/21 69 11

Valeria-Museum: Elfenbeinschnitzereien und Textilien aus vorchristlicher Zeit. Religiöse Objekte aus dem Mittelalter. Zur Walliser Geschichte alte Waffen und Uniformen der Walliser Regimenter sowie der Walliser Söldner in fremden Kriegsdiensten. Sitten, Gebräuche und Trachten aus verschiedenen Walliser Tälern. Geöffnet von April bis Oktober dienstags bis sonntags 9–12 und 14–18 Uhr, in den übrigen Monaten bis 17 Uhr. ✆ 0 27/21 69 11 oder 21 69 22

Villette
Musée du Vieux-Pays (Heimatmuseum): Nachbildung einer Wohnung aus der Zeit um 1800. Holzwerkzeuge, Textilweberei, Küche. Geöffnet nach Vereinbarung unter ✆ 0 26/36 13 17

Vissoie
Ethnologisches Museum: Landwirtschaftliches Gerät, Holzwerkzeuge, Küche und Schlafzimmer mit Mobiliar, Keller und Objekte zum Weinbau. Geöffnet nach Vereinbarung unter ✆ 0 27/65 13 19

Zermatt
Alpines Museum der Walliser Alpen: Dokumentation zur Erschließung der Walliser Alpen (Zermatter Führer und berühmte Alpinisten). Kartographische und volkskundliche Dokumente; Küche/Schlafstube des 17. Jh., Mineralien, einheimische Tier- und Pflanzenwelt. Geöffnet von Juni bis Oktober sonntags bis freitags 10–12 und 16–18 Uhr, in den übrigen Monaten 16.30–18.30 Uhr. ✆ 0 28/67 22 52

Zinal
Haus des alten Zinal: Alte, ursprüngliche Wohnung mit Küche und Schlafzimmer. Geöffnet Juli/August dienstags und freitags 16–18 Uhr oder nach Vereinbarung unter ✆ 0 27/65 10 35

NATURSCHUTZGEBIETE

In den Naturschutzgebieten – z. B. Aletschwald, Pfynwald, Derborence und weitere – ist das Stören und Sammeln von Pflanzen und Tieren sowie Hinterlassen von Abfällen strikt verboten.

NOTRUF

Polizei	1 17
Pannenhilfe	1 40
Sanitätsnotruf	1 44
Feuerwehr	1 18
Bergrettung	01/3 83 11 11 (Schweizerische Rettungsflugwacht)

ÖFFENTLICHE VERKEHRSMITTEL

Das Wallis ist – wie die ganze übrige Schweiz – sehr gut durch öffentliche Verkehrsmittel erschlossen. Durch das ganze Rhonetal verkehrt die Bahn – Schnellzüge im Stundentakt, Regionalzüge zum Teil auch häufiger. Alle bewohnten Nebentäler sind zu einem kleinen Teil ebenfalls mit der Bahn, größtenteils jedoch mit dem Postauto erschlossen. Die bedeutendsten Postauto-Linien gehen von den Bahnhöfen in Brig, Sierre, Sion und Martigny aus. Achtung: Die Postautos verkehren nicht so häufig wie die Bahn, manchmal nur wenige Male täglich. Die höhergelegenen Ortschaften werden zum Teil nur im Sommer bedient. Zudem verbinden im Wallis an die hundert Seilbahnen und Sessellifte Tal- mit Bergregionen. Detaillierte Auskünfte über Bahn-, Postauto- und Seilbahn-/Sesselliftfahrpläne sind an jedem schweizerischen Bahnhof erhältlich.

Kinder unter 6 Jahren reisen gratis, bis 16 Jahre bezahlen sie den halben Tarif. Für Gäste, welche sich mehrere Tage oder Wochen in der Schweiz aufhalten, empfiehlt es sich, sich am Bahnschalter nach den zahlreichen Vergünstigungen zu erkundigen, welche gleichermaßen für Reisen mit der Bahn wie mit dem Postauto, teilweise auch für Seilbahnen, Sessellifte und Schiffe gelten: Erhältlich sind verbilligte Rund- und Rückfahrkarten, Familien-Ermäßigungen, Ferienbillette und -abonnements, schweizerische und regionale Ferienkarten (Netzkarten), Halbtaxabonnements (Reisen zum halben Preis) sowie – bereits ab wenigen Personen – Gruppenermäßigungen.

ÖFFNUNGSZEITEN

In größeren Ortschaften sind die Geschäfte in der Regel von 8 oder 9 bis 18.30 Uhr geöffnet. Manche schließen über Mittag, an einem Nachmittag pro Woche sowie samstags ab 16 Uhr. Gewisse Geschäfte, z. B. Bäckereien, Souvenirläden usw., sind oft auch sonntags für einige Stunden geöffnet. In kleineren Orten gelten meist reduzierte Öffnungszeiten. Die **Postämter** sind in der Regel montags bis freitags 8–18 Uhr und samstags 8–11 Uhr, in den kleineren Orten jedoch oft nur wenige Stunden täglich geöffnet.

REISEZEIT

Die günstigste Wanderzeit sind Sommer und Herbst, von Juni (bei guter Witterung schon ab Mai) bis Oktober. Für Wanderungen in den höheren Lagen sind zu Beginn und Ende der Wandersaison die Verhältnisse (Schnee) gut zu prüfen. Für die Wanderungen durch die Rebberge im Rhonetal bietet sich vor allem der Herbst oder auch der Frühling an, da es im Sommer zu heiß ist.

SPRACHE

Im Oberwallis sprechen die Einheimischen einen schweizerischen Dialekt, der nicht ohne weiteres zu verstehen ist. Das gleiche gilt für die lokalen Dialekte im Unterwallis, welche mitnichten mit dem Französisch der Franzosen zu vergleichen sind. Die jeweilige Hochsprache wird jedoch verstanden, in den Tourismuszentren des französischsprachigen Wallis wird auch Deutsch gesprochen.

TELEFON

Telefonvorwahlen

… in die Schweiz	00 41
… aus der Schweiz nach Deutschland	00 49
… aus der Schweiz nach Österreich	00 43

Einige Telefonautomaten akzeptieren nicht mehr, wie früher, Kleingeld. Sie sind mit einer Telefonkarte zu sFr. 10,- oder 20,-, erhältlich in Postämtern und an Kiosken, zu bedienen.

THERMALBÄDER

Das Wallis verfügt über hervorragende Thermalbäder mit teilweise angegliederten Hotels:

Breiten (Goms), ✆ 0 28/27 13 45 (Verkehrsbüro)

Brigerbad (bei Brig), ✆ 0 28/23 19 01 (Verkehrsbüro)

Leukerbad (Mittelwallis, in der Bergregion nördlich der Rhone), ✆ 0 27/62 11 11 (Verkehrsbüro)

Ovronnaz (Unterwallis, in der Bergregion nördlich der Rhone), ✆ 0 27/85 11 11 (Thermalbad)

Saillon (Unterwalliser Rhonetal), ✆ 0 26/43 11 11 (Thermalbad)

PERSONEN- UND SACHREGISTER

ORTSREGISTER